ハイデガーと時間性の哲学

——根源・派生・媒介

峰尾　公也

MINEO, Kiminari

溪水社

目次

凡例

一、《 》は引用文中の「 」の代用として用いたものである。

一、〔 〕内は引用者による補足である。

一、〔……〕は引用者による中略である。

一、〈 〉は文意の明確化のために用いたものである。

一、ハイデガー、レヴィナス、リクール、デリダからの引用にさいしては、著作の略号、頁数の順に記した。略号については巻末の文献表を参照せよ。

一、特に注記のない場合、引用文中の傍点は原文の筆者による強調である。

ハイデガーと時間性の哲学——根源・派生・媒介

序論　時間性の哲学——存在と時間の連関の解明

本書の課題は、ハイデガーの哲学を「時間性（Zeitlichkeit）」という主題への一貫した取り組みとして明らかにすることで、この哲学の根本問題を根源と派生の問題として浮き彫りにし、その問題の解決の糸口を媒介という概念を用いて提示することにある。

ハイデガーがはじめて、アリストテレスからベルクソンに至るまでの伝統的な時間論を解体し、そこで問題となってきた時間を可能にしているものとして、現存在の時間性を探究した。われわれがこの探究を「時間論」とは呼ばず「時間性の哲学」と呼ぶのは、時間性は、時間の一種ではなく、時間を可能にしているものを指しており、いわゆる時間論の探究する対象とは異なっているからである。時間性の哲学は、伝統的な時間論がそうするように、時間とは何かと問うことで、その本質を明らかにしようとしているというよりはむしろ、時間はいかに可能になっているのかと問うことで、その根源を明らかにしようとしている。(一)そしてハイデガー以後に展開された時間に関するいくつかの哲学はまさに、彼の時間性の哲学との対決を通じて構築された。本書では、それらの哲学のなかでも特に、レヴィナス、リクール、デリダの哲学を取り上げることにしたい。というのも彼らはみな、ハイデガーの哲学の中心主題を「時間性」に見定めたうえで、そこに潜む根本問題にそれぞれの仕方で答えようとしているからである。われわれは、ハイデガーの時間性の哲学を、フランスで展開されたその哲学との対決を視野に入れつつ、批判的に検討することを試みる。

以上の課題を遂行するにあたり、われわれはまず、そこにおいて「時間性」が中心的に論じられている、一九二〇年代後半のハイデガーの諸テクスト、とりわけ『存在と時間』とその周辺講義の読解から出発する。この時期のハイデガーは、存在論の伝統のなかでつねに問題となってきたが、根底的には解明されてこなかった存在と時間の連関を、現存在と時間性の連関として解釈することを自身の課題としていた。この課題はたとえば、一九二八年の「論理学の形而上学的な始元諸根拠」講義における次の記述のうちで明確に提示されている。

> したがって、現存在についてと同様、時間についても根源的な解釈が、すなわち、存在と時間の連関の根源的な解明が着手される必要がある。〔……〕現存在と時間性とのあいだの根源的連関という形而上学的な根本問題は〔これまでの伝統のなかで〕立てられておらず、それがその準備となるはずの存在問題一般はなおさら立てられていない。(二)

さらに、ここで提示されている存在と時間の連関の解明という課題は、一九二〇年代後半のハイデガーの思索に固有のものではなく、そこにおいて「時間性」がもはや表明的な主題としては取り上げられていない、一九三一年の「人間的自由の本質」講義や、一九六二年の「時間と存在」講演における次の記述のなかにも継続的に見出される。

> たしかに存在は経験され、時間も経験されるが、しかし存在と時間はどうか。両者を一緒になるように強いる、この「と」が問題の本来の指標である。存在者は何であるかという主導的な問いは、存在と時間のもつこ

の「と」を問い、かくして両者の根底を問うところの根本の問いへと変わらなければならない。[三]

存在と時間、時間と存在は、これら双方の事柄の連関〔*Verhältnis*〕を、つまり双方の事柄を一緒に保持し〔*halten*〕、その連関を持ちこたえている〔aus*halten*〕事態〔Sach*verhalt*〕を名づけている。思索がこれら双方の事柄を持ちこたえることを企て続けるとすれば、この事態について深く考えることが思索には課されている。[四]

このように存在と時間の連関の解明という課題は、ハイデガーの前期のみならず後期の思索においても依然として中心的であり、彼はこの連関を、前期には「時間性」ないし「時性（Temporalität）」として、後期には「存在と時間」の「と」を規定する「性起（Ereignis）[五]」として、それぞれ解明しようと試みていた。

　にもかかわらず、この課題は彼の哲学の解釈者たちによって必ずしもつねに重視されてきたわけではなかった。彼らのなかの数人は、『存在と時間』の第一部第二編における時間性の分析のうちに打破しがたい混乱と挫折を見るがゆえに、その第一編における世界内存在の分析までにこの著作の実質的成果を制限する。[六]その結果、この著作の解釈にさいしては、現存在の存在を世界内存在として明らかにしたという点が特に評価される一方、この世界内存在という存在体制をそもそも可能にしている時間性の分析のほうは、ほとんど省みられることがなくなる。たしかに『存在と時間』がその第一部第三編において挫折を余儀なくされたのは、「時間性」や「時性」に関するハイデガーの理論のうちに、或る克服しがたい難題が見て取れることと無関係ではない以上、[七]このような解釈は必ずしも誤りとは言えないだろう。しかし、もし単にそこに難題があるという理由でこの理論を無視するならば、存在と時間の連関の解明というハイデガー哲学の中心課題が見失われるばかりか、ハイデガー以降の、特にフランスの哲学者たちによるこの課題への継続的着手を理解しうる視座もまた見失われることになる。というのも、フランスにおけるハイデガー哲学の受容に共通した特徴の一つは、彼の哲学の中心課題を存在と時間の連関の解明として捉えたうえで、彼の前期の思索において中心的であった「時間性」という主題への取り組みが、外見上それが消失している後期の思索のうちになお何らかの仕方で継続していると考える点にあったからである。[八] したがって、ハイデガーとフランスにおける彼の哲学の継承者たちはまさに、この「時間性」という主題によって密接に結びついており、それを度外視して両者の関係を紐解くことはできないだろう。そこで本書では、はじめに、ハイデガーの時間性の哲学の概略を示すことで、そこに含まれた根本問題を根源と派生の問題として浮き彫りにし（第一部）、次いで、フランスの哲学者たちによるその問題の解決への取り組みを、特に媒介という概念を用いて明らかにすることを試みる（第二部）。

第一部　ハイデガーの時間性の哲学

一九一五年、ハイデガーは「歴史科学における時間概念」と題する試験講義を行ない、その内容は翌年、『哲学と哲学的批判のための雑誌』のなかで論文の形で公表された。分量もさほど多くなく、概してあまり参照されることもないこの論文は、「時間」という主題への彼の最も早い時期の関心を記録しているという点で、われわれにとって興味深いものである。この論文のなかでハイデガーは、自然科学と歴史科学双方の「形而上学的な基礎づけ」[九]のために、個々の科学の時間概念の論理的構造の解明を試み、自然科学的な時間概念の構造を量的な位置の継起として、歴史科学的な時間概念の構造を質的な時代の継起として、それぞれ明らかにしていた。[一〇]

この試験講義以降、ハイデガーは、一九二四年の「時間の概念」草稿や、一九二五年の「時間概念の歴史への序説」講義といった「時間」を主題とする論考を経て、一九二七年に『存在と時間』を刊行するに至るわけだが、この著作の第二編第五—六章の課題の原型はすでに試験講義の時点で成立していたと見ることができよう。というのも、彼は『存在と時間』のその箇所で、自然科学的な時間概念の基礎としての「時間内部性（Innerzeitigkeit）」と、歴史科学的な歴史概念の基礎としての「歴史性（Geschichtlichkeit）」とを本質的に区別したうえで、両者を現存在の「時間性」によって統一的に基礎づけようとしているからである。そのままの形ではないものの、自然科学と歴史科学の双方を、両者の基礎概念である「時間」についての形而上学的探究によって基礎づけようとする狙いが一貫して認められる。このような狙いのもと、ハイデガーは同書において、現存在の存在の意味を時間性として明らかにする「実存論的分析論（existenziale Analytik）」を通じて、諸学の基礎づけを果たしうる存在論、つまり「基礎存在論（Fundamentalontologie）」の創設を試みていた。したがって、この基礎存在論の創設がいかに遂行されているのかを示すには、ハイデガーが「時間内部性」と「歴史性」それぞれを時間性によってどのように基礎づけているのかを明らかにする必要があろう。この基礎づけは主として、彼が「派生（Ableitung）」や「発源（Entspringen）」もしくは「演繹（Deduktion）」と呼ぶような手続きによって果たされている。そこでわれわれは、これらの手続きを考察の俎上に載せることで、この基礎存在論の内実と成果を吟味することにしたい。

以上の課題設定のもと、この第一部でわれわれはまず、時間性からの時間内部性の「派生」の解明を試みる（第一章）。次に、これもやはり一種の「派生」によって説明されている、本来性と非本来性の関係を考察したうえで、時間性からの歴史性の「演繹」を明確化させる（第二章）。最後に、以上で明らかとなった時間内部性と歴史性の共通の根としての時間性を、時性との関係において考察する（第三章）。

第一章　時間性と時間内部性

ハイデガーの時間性の哲学の主要な特徴は、彼が「時間性」と名づけるものと、主に自然科学や伝統哲学において「時間」として解釈されてきたもの、つまり「通俗的時間概念」を明確に区別する点にある。後者は、ハイデガーが「時間内部性」と名づけるものに基づいており、この時間内部性が時間性から派生したものであるということを示すことは、彼の哲学の本質的課題に属している。この課題がどのように遂行されているのかを見極めるために、以下に続く第一章でわれわれは、ハイデガーにおける時間内部性の「派生」を次の手順で解明することを試みる。まず、ハイデガーによる「時間性」の規定と諸性格を確認し、それを「通俗的時間概念」との対比によって明確化させる（第一節）。次いで、通俗的時間概念がそれに基づいているとされる「時間内部性」を取り上げ、ハイデガーがそれを「時間性」からどのように「派生」させようとしているのかを明らかにする（第二節）。それから、現存在が日常的に配慮している「世界時間」の諸性格を明示することで、この世界時間が根源的自然とのあいだにもつ直接的な絆が、先に明らかとなった派生にとって或る問題を引き起こすということを指摘する（第三節）。最後に、そこで指摘された問題が時間内部性の派生を限界づけているがゆえに、この派生はけっして「隙間なし」には成立しないということを示す（第四節）。

第一節　時間性と通俗的時間概念

（1）時間性とその脱自的‐地平的性格

『存在と時間』の実存論的分析論のうちで「時間性（Zeitlichkeit）」の分析がきわめて重要な位置を占めているということに異論はないだろう。この著作のさしあたっての課題は、「存在を了解している現存在の存在としての時間性から、時間を存在了解の地平として根源的に解明すること[一]」であった。なるほど、現存在が「存在」について何らかの漠然とした了解をもっているということは事実として確認されるとしても、その了解がどのように可能になっているのかは明らかでない。そこでハイデガーは、現存在がそのような了解をもっているのは、それに基づいて存在了解が可能になる地平を時間がなしているからだと考え、その時間を現存在の時間性として解釈しようと試みる。以下、この解釈にさいしてハイデガーが時間性をどのようなものとして提示しているのかを確認することにしよう。

第一に、時間性とは、現存在に特有の「時間的な（zeitlich）」な構造であり、それは「自己の外に（Ausser-sich）」ということによって性格づけられる。「時間性は、根源的な《自己の外に》そのものである[二]」。それに対して、現存在以外の存在者は「時間のうちに（in der Zeit）」あり、そのようなものとして、それ自身の内部に閉ざされている。ただ現存在のみが自己の外に立つことによって世界のうちで実存することができるのであり、そのことが現存在の根本体制である「世界内存在（In-der-Welt-sein）」を可能にしている[三]。

第二に、先述の「自己の外に」を、ハイデガーは特に「脱自的（ekstatisch）」という用語によって規定している。「時間性としての時間性そのものは根源的な〈自己の外に〉であり、つまり脱自〔ἐκστατικόν〕である。われわれは、このような脱出という性格を、用語上、時間の脱自的性格と名づける」[一四]。こうした「脱自」にはどれも、その脱出先としての「どこへ（Wohin）」ないし「脱自域（Ekstema）」が属しており、ハイデガーはそれを「地平（Horizont）」や「地平的図式（horizontales Schema）」と名づける[一五]。それゆえこの性格は、厳密には「脱自的‐地平的（ekstatisch-horizontal）」[一六]と形容されなければならない。このように時間性を「脱自的‐地平的」なものとする性格づけは、フッサールが志向性を「ノエシス的‐ノエマ的（noetisch-noematisch）」構造によって、つまり「志向作用（intentio）」と「志向されるもの（intentum）」の共属性によって性格づけていたことを彷彿とさせるが、ハイデガーによれば、時間性は志向性の一種ではなく、むしろ志向性の「可能性の条件」である[一七]。

　最後に、「脱自態（Ekstase）」という用語の意味を明確化させることにしよう。ハイデガーは「時間性の本質は、諸脱自態の統一において時熟することである」[一八]と述べたうえで、次の三つをこの「脱自態」として挙げている。「われわれは、将来〔Zukunft〕、既在性〔Gewesenheit〕、現在〔Gegenwart〕を、それ自身のうちに等根源的に共属している時間性の三つの脱自態と名づける」[一九]。ここでは当然、これらの脱自態が、未来・過去・現在として示される客観的時間の諸様態とどのような関係にあるのかと問われよう。通常、そうした客観的時間は、現存在の構造にかかわる何かではなく、現存在とは独立に存続する性質や枠組みのようなものと考えられている。しかしハイデガーの見解では、客観的時間は、現存在の脱自、つまり時間性と独立には成立しえない。というのも、客観的時間の諸様態の根源には時間性の諸脱自態が、すなわち、未来の根源には将来が、過去の根源には既在性が、客観的時間様態としての現在の根源には脱自態としての現在が、それぞれ見出され、これらの脱自態が客観的時間の諸様態を可能にしているからである[二〇]。

（2）通俗的時間概念との対比

われわれは、ハイデガーが時間性を、客観的時間の根源にある現存在の脱自として規定していることを確認してきた。この客観的時間は、主として自然科学の領域で「時間」という言葉で理解されてきたものであり、[二一]ハイデガーはそれを「通俗的時間概念（vulgärer Zeitbegriff）[二二]」と名づける。さらに形而上学の領域でも、時間はつねにそのようなものとして解釈されてきたため、彼はこの通俗的時間概念を、アリストテレスからベルクソンに至るまでの時間論の歴史のうちで継承されてきた「伝統的時間概念」と並置している。[二三]したがって『存在と時間』における存在論の伝統の「解体（Destruktion）」という企図は、「こうした伝統的時間概念と通俗的時間概念が一般に時間性から発源している〔entspringen〕ということ、またいったいどのようにしてそこから発源しているのかを明らかにすること[二四]」を本質的な課題として含んでいる。

それでは、この通俗的で伝統的な時間概念とは具体的にどのようなものであるのか。アリストテレスのもとですでに、時間は「今（νῦν, Jetzt）」が絶え間なく継起していくような事態として理解されており、[二五]そのことはしかも、彼の時間理解を素朴に継承してきた形而上学の伝統においても同様である。[二六]それゆえハイデガーは、この通俗的で伝統的な時間概念を、特に「今継起（Jetztfolge）[二七]」や「今時間（Jetzt-Zeit）[二八]」といった用語によって規定する。以下、先に明らかとなった時間性を、この「今継起」としての通俗的時間概念と比較してみよう。

第一に、時間性が「有限的」であるのに対して、今継起としての時間は「無限的」である。[二九]時間性は、現存在の根本的な在り方として、現存在の死がそれである明確な終わりをもつのに対して、今継起としての時間は始まりも終わりももたず、[三〇]無際限に継起する。通俗的にも伝統的にも、有限性は無限性の欠如態や派生態と考えられることが多いが、ハイデガーによれば反対に、永遠や無限性は現存在の有限性から派生した「非‐有限性（Un-endlichkeit）」にほかならず、有限的な時間性のほうが無際限の今継起としての時間よりも根源的である。[三一]

第二に、時間性の根本現象が「将来」であるのに対して、通俗的に理解された時間は「今」や「現在」を根本現象としている。「脱自的 - 地平的時間性は第一次的には将来から時熟する。それに対して通俗的時間理解は、時間の根本現象を今のうちに、しかもそのまったき構造という点では切り落とされた単なる今のうちに見ており、その今は『現在』と名づけられている」[三二]。実際、アリストテレス以降の時間論の伝統においてはつねに、時間の基本的な要素は「今」とみなされ、過去は「もう今でない」ものとして、未来は「まだ今でない」ものとして、それぞれこの「今」を中心に解釈されてきた[三三]。その一方でハイデガーは、根源的時間性に関する優位を「将来」に認めることで[三四]、それが「既在し現在化する将来（gewesend-gegenwärtigende Zukunft）」[三五]という形で統一されることと、「時間性は非本来的時間性として先述の〔今継起としての〕《時間》を時熟させる」[三六]ことを示そうとする。

第三に、これは時間性と通俗的時間概念の双方に共通する点だが、「時間は総じていかなる存在者《である〔sein〕》のでもない」[三七]以上、「時間性が存在する」とか「時間が存在する」とかいった表現は不正確である。それならば、時間性や時間はいかなる動詞を述語として伴いうるのか。ハイデガーは「時熟する（sich zeitigen）」という動詞を提案している[三八]。それゆえ、以下の論述にさいしてわれわれも、時間や時間性を主語とする場合にはつねにこの動詞を用いることにしよう。

最後にもう一点、時間性と通俗的時間概念の関係について本質的なことを指摘しておく。『存在と時間』においてこの関係は「派生」や「発源」によって、すなわち「通俗的時間概念が時間性から派生する」という主張によって説明されている[三九]。ところで、以下でわれわれが慎重に追跡したいと考えているこの「派生」は、主要な二つの中間段階である「時間内部性」と「歴史性」を含んでおり、ハイデガーは次のように書くことで、これらの段階のいずれもが時間性からの「派生」ないし「演繹」によって解明されるべきだと主張している。

まず、歴史性が現存在の根源的時間性から純粋に「演繹〔deduzieren〕」されるべきである。しかし、時間内部性としての時間もまた現存在の時間性から「生じてくる〔stammen〕」かぎり、歴史性と時間内部性は等根源的〔*gleichursprünglich*〕であることが明らかとなる。[四〇]

このように、時間性とはまさに、そこから時間内部性と歴史性という二つの幹が等根源的に派生してくる共通の根にほかならない。[四一]手はじめに、われわれは時間性からの時間内部性の派生を解明することにしよう。[四二]

第二節　時間内部性の派生

（1）時間性と時間内部性の区別

前節で指摘したように、現存在が世界内存在として「時間的に」あるのに対して、それ以外の存在者は世界内部的存在者として「時間のうちに」ある。そしてこの「時間のうちに」あるということを、ハイデガーは術語的に「時間内部性（Innerzeitigkeit）」と名づける。[四三]時間内部性は「世界内部的存在者の時間規定」[四四]であり、そのような存在者は「時間内部的存在者（innerzeitiges Seiendes）」[四五]である。とはいえ現存在の実存様態は、その現存在が自己をどのように了解するかに応じて変化するため、[四六]現存在が自己を世界内部的存在者として非本来的に了解するならば、それは時間内部的存在者として非本来的に実存する。[四七]そしてその結果、この非本来的な現存在は、自分を含むすべての存在者がそのうちにある時間を根源的なものと錯覚することで、自分が本来的にそれである時間性という根源を忘却するに至る。

このように時間性と時間内部性の区別は、現存在と世界内部的存在者の在り方の、より単純化して言えば、人間と事物の在り方の区別に対応している。しかしこの区別は伝統的に見落とされてきたため、たいていの場合、人間も事物も等しく「時間のうちにある」ものだと理解されてきた。このような理解において時間は、あらゆる存在者がその内部に一緒に投入されている容器のようなものとして思い描かれており[四八]、それによりまた、この容器としての時間のうちにあるか否かが、存在者が存在するか否かの判断基準として機能するようになる[四九]。そのため、存在論の伝統においてはつねに「存在する」とは「時間のうちにある」ことだと解釈されてきた。それに対して、ハイデガーは「《非時間的》なものも《超時間的》なものも、その存在に関しては《時間的に》ある[五〇]」と述べることで、「非時間的」なものや「超時間的」なものといった時間のうちにないものも、何らかの仕方で「時間的に」あると主張する。実際、感覚的対象のような時間のうちにある存在者も、理念的対象のような時間のうちにない存在者も、それらを了解している現存在の「時間的」性格に結びついていることに変わりはなく、この意味で言えば、一切はまさに「時間的に」存在しているわけである。それゆえ『存在と時間』におけるハイデガーの本質的課題の一つは、伝統的な時間内部性としての時間解釈のうちで見過ごされてきたような、現存在の存在に固有の時間性を明らかにすることで、存在と時間の根源的連関を復元することにあった。この課題を遂行するにはしかし、時間性と時間内部性が互いにどのように関係しているのかを先に明らかにしておく必要があり、ハイデガーはそれを根源と派生の関係として明らかにしようとしている。次の引用箇所から読み取れるように、彼が本来的時間性を「根源的時間」と名づけるのは、時間内部性として通俗的に理解された時間がそこから派生（＝発源）すると考えられているためである。

したがって、現存在の常識的理解〔Verständigkeit〕にとって接近可能な「時間」が根源的ではなく、むしろ本来的時間性から発源するものとして証明されるとすれば、命名はいっそう有力なものからなる〔*a potiori fit denominatio*〕という命題に従って、いまや掘り出された時間性を根源的時間と名づけることが正当化される。(五一)

しかし、この考えは奇妙ではないか。というのも、もし時間性と時間内部性の区別が、現存在と世界内部的存在者の在り方の区別に対応しているとすれば、それは根本的な、あるいはこう言ったほうがよければ、等根源的な区別であって、根源と派生の区別ではないように思われるからである。現存在なしには世界がありえない以上、(五二)現存在なしにはいかなる世界内部的存在者もありえないということは確かだが、そのことと、現存在から世界内部的存在者が派生するということとは別問題である。明らかに、世界内部的存在者は現存在によって生み出されたものではなく、現存在がさしあたりたいてい配慮という仕方でかかわっている「それ自体として」ある存在者であって、(五三)この存在者それ自体が現存在から直接的に生じてくるはずがない。同様に、時間性から時間内部性が派生するというハイデガーの主張も、時間性から時間内部性が直接的に生じてくるという主張として理解されるならば、あらゆる存在者を主観や意識へと還元し尽くす一種の素朴観念論と類似した立場の樹立を余儀なくさせるであろう。ハイデガーがそのようなことを目指していない以上、(五四)われわれは「派生」の意味を明確化させることで、彼がそうした立場をいかに回避しているのかを示さなければなるまい。

(2) 派生についての二種類の説明

この「派生」は何を意味しているのか。ハイデガーはそれについて明確な説明を与えていないが、それとほとんど同義のものとして用いられている「発源（Entspringen）」という語に関して次のような記述が目に留まる。

現存在の存在の存在論的根源は、その根源から発源するものよりも「いっそう乏しい」のではなく、それから発源するものを強大さの点ではじめから凌駕しており、存在論的領野における一切の発源は退化〔Degeneration〕である[五五]。

ここでの「退化」という表現が、根源性のもつ強大さの減少という消極的な含意をもっていることは明らかであり、それゆえ「派生」にもこれと同様の含みを読み取ることができよう。それからまた、ハイデガーにかぎらず一般に、これら「派生」や「発源」といった語が、或る根源的なものから派生的なものが一方向的に生じてくるような働きを指すものとして用いられるということにも同意されよう[五六]。これらの点を踏まえつつ、以下でわれわれは時間内部性の派生についてのハイデガーの説明を辿るが、彼が提示している説明はいくぶん複雑であり、しかも二種類あるように見える。それらの説明を一つずつ考察していくことにしたい[五七]。

（a）第一の説明は「水平化（Nivellierung）」という用語によって提示されている。「通俗的時間概念はその由来を、根源的時間の水平化に負っている」[五八]。キルケゴールに由来することで知られるこの用語は『存在と時間』の至るところに見出される[五九]。例によって、ハイデガーはこの用語の意味を明確には規定していないが、それが用いられているどの箇所でも、或る種の存在者に特有の根源的性格が、あらゆる存在者に適用可能な派生的性格へと水平化される働きが指示されているように見える。したがってそれは、キルケゴールがこの語によって理解していたような、単独者に特有の個別的性格が、大衆性という没個別的性格へと水平化される働きと同じか、あるいは少なくともそれと共通部分をもつと見てよいだろう。一種の通俗化の働きであるこの水平化によって、現存在に特有の有限的な時間性は、すべての存在者にとって共通の無際限の今継起へと派生する。それはつまり「純粋な始まりも終わりもない無際限の今継起への根源的時間性の水平化[六〇]」である。そしてなぜこの水平化が起こるのかと問えば、それには、こうした水平化を引き起こす動性が現存在の存在体制の一契機である「頽落（Verfallen）」に根ざしているからだと答えられる。[六一] 現存在は、根源的には「時間的に」存在しているにもかかわらず、「時間のうちに」ある存在者の在り方にならって自身の存在を了解することで、時間性を今継起へと水平化させようとする「頽落」という動性を本質的に備えている。

（b）いま考察した説明は、実際には、時間内部性の派生を引き起こす要因についての説明であって、派生そのものについての説明ではなかった。ところで、ハイデガーは派生そのものの説明として別の視点からの説明を試みている。それがいかなる説明であるのかを理解するために、次の記述を手がかりとしたい。

> 時間性そのものに、実存論的‐時間的な世界概念という厳密な意味での世界時間〔Weltzeit〕のようなものが属しているということがいかにして可能であり、なぜ必然であるのかが理解へともたらされるべきである。それがなされることではじめて、存在者が「そのうちで」現われるような通俗的に知られている「時間」と、またそれと一体となってこの存在者の時間内部性が解明を得る。[六二]

はじめに、この引用箇所における「世界時間」という目新しい用語に注目しよう。この用語は、フッサールの著作のなかにも見られるものの、ハイデガーがそれに与える意味は彼とは異なっている。[六三] 世界時間は、フッサールにとっては客観的時間の一種であったのに対して、[六四] ハイデガーにとっては「どんな主観よりも《いっそう主観的》である」と同時に「どんな客観よりも《いっそう客観的》である」[六五]、つまり主観と客観双方の根底にあるものである。したがってそれは、もっぱら主観にのみ帰属的とみなされているカント的な時間とも区別されなければならない。[六六] この世界時間は、世界内部的存在者が「そのうちに」ある時間であり、[六七] 時間性とは本質的に異なっているにもかかわらず、「時間性そのものに属している」とも主張される。そしてなぜそうなのかと言えば、「世界を可能にしている実存論的‐時間的条件は、時間性が脱自的統一として地平のようなものをもっているということに存している」[六八]からであり、要するに時間性は、その脱自的‐地平的性格によって世界との可能的連関を最初から有しているからである。他方で、そのような連関がどのように成立するのかと問えば、その問いはここではまだ着手することのできない根本問題、すなわち「超越（Transzendenz）」の問題にふれている。[六九]とはいえ先取りして述べておくと、現存在は世界へと向けて自己を超越する（＝乗り越える）ことによって世界内存在となるがゆえに、この超越という働きこそが、現存在への世界の帰属を、それゆえまた時間性への世界時間の帰属を成り立たせているものである。

　さて、時間性には世界時間が属しているということが明らかとなった。この世界時間を媒介として、時間性は通俗的時間概念へと派生する。したがって、世界時間から通俗的時間概念への最終的な移行がどのように起こるのかを示せば、当該の時間内部性の派生は一定の解明を果たされたことになろう。それを示すためにわれわれは、世界時間が、現存在によって「配慮される時間」として、[七〇]さしあたり、ハイデガーが「手許的（zuhanden）」と呼ぶような在り方をしているのに対して、通俗的時間概念は、一種の理論的な抽象物として、彼が「眼前的（vorhanden）」と呼ぶような在り方をしているという点を指摘することにしたい。[七一]ハイデガーが「通俗的時間概念」と呼ぶものは、「通俗的」と形容されているとはいえ、現存在が日常的に配慮している時間ではなく、主として科学者や哲学者が「時間」という言葉で理解しているもの、つまり無際限の今継起を指している。この通俗的時間概念は、現存在が世界時間を水平化しつつ隠蔽するという仕方で解釈することによって成立したものであり、[七二]この解釈においては、世界時間のもつ実践的な本質性格のいくつか（次節で示すように、そこには少なくとも有意義性と日付可能性が含まれる）は剥ぎ取られている。[七三]それゆえこの解釈においては、ハイデガーが「手許のものの脱世界化（Entweltlichung）[七四]」と呼ぶような働きが生じており、そのような働きを通じて世界時間は通俗的に知られている「時間」へと派生する。

以上、時間内部性と通俗的時間概念は、時間性から直接的に生じるのではなく、時間性に属している世界時間を媒介として、またそれを脱世界化するような特定の解釈を通じて、間接的に派生するということが示された。したがって、この世界時間という媒介項こそが、『存在と時間』におけるハイデガーの立場を、あらゆる存在者を現存在の直接的所産とみなすような素朴観念論的立場から決定的に区別させているわけである。とはいえこの世界時間そのものが十分に解明されないかぎり、時間性からの時間内部性の派生には一定の隙間が残り続けることになろう。次にわれわれは、この世界時間に関するハイデガーの記述を検討することで、それによる媒介が両者の隙間を埋め切らないということを示してみたい。

第三節　世界時間と自然時間

(1) 世界時間の三つの本質性格

本節では、これまでもっぱらそれが時間性に属しているということだけが明かされてきた世界時間を、その本質性格に関して解明することを試みる。そのために、ここで最初に注目したいのは、この世界時間へと、現存在はさしあたりたいてい「配慮」という実践的な仕方でかかわっているという点である。そしてそれは何より、そのような時間について、現存在が「語り出す（aussprechen）」ことによってである。現存在は普段、たとえば「いま」「そのとき」「あのとき」といった言葉で時間を語り出す。[七五] そのさいこの現存在が意図しているのは、これらの時間が何かをするのに相応しかったり相応しくなかったりするということを対話者に告げることである。[七六]「いまこの仕事に取りかかるべきではない」「そのときになったら出発すべきだ」「あのとき彼女を引き止めるべきだった」等々。このように語り出された世界時間はどれも「……するための」時間であり、それが属している世界と同様、「有意義性（Bedeutsamkeit）」という性格をもつ[七七]。この性格に加えて世界時間はさらに、（a）「日付可能性（Datierbarkeit）」、（b）「緊張性（Gespanntheit）」、（c）「公開性（Öffentlichkeit）」という三つの本質性格を備えており[七八]、それらを順次確認していくことにしよう。

（a）「日付可能性」。「われわれは、〈……しているいま〉としてのいま、〈……するそのとき〉としてのそのとき、〈……したあのとき〉としてのあのときといった関連構造を、日付可能性と名づける[七九]」。ここでの「日付をつける（datieren）」という動詞は、暦や時計によって示される時間に基づいて、手紙や日記に日時を記入するという通常の意味で理解されてはならない[八〇]。この動詞が意味しているのは、たとえば、現存在が「そのときに」と語り出すさいに、この「そのとき」と関連している特定の存在者を配慮することによってなされる一種の日付付与の働きである[八一]。現存在が「夜が明けたらそのときに」と語り出す場合、この「そのとき」を規定しているのは「日の出」という現象であり、この現象は「太陽」という存在者と関係している[八二]。したがってこの発言にさいしては、太陽から「そのとき」に日付がつけられていると主張することができる。それからまた、通俗的時間概念における「今」が、他のどの存在者とも関係していない独立した点のようなものとみなされているのに対して[八三]、現存在によって語り出され、日付をつけられた「いま」は、それに日付をつける現存在と、そのさいに現存在が配慮している存在者（太陽や月など）との双方に関連づけられている。それゆえ、世界時間のもつこうした二重の関連構造を、ハイデガーは日付可能性と名づけるのであって、それが意味しているのは、現存在が好き勝手に日付をつけることで世界時間が時熟するということではなく――そのような仕方で時熟する世界時間は、以下で取り上げる「公開性」という性格をもつことができないだろう――世界時間そのものに属する一定の日付可能性に基づいて、現存在はさまざまな仕方で日付をつけることができるということであり、また「暦的な日付は、単に日常的な日付をつけることの特殊な様態にすぎない[八四]」ということである。

（b）「緊張性」。「私が或る《いま》から発して《そのとき》と言う場合、私はつねにすでに、そのときに至るまでの或る特定のあいだのことを意図している」[八五]。この「あいだ」や「そのときに至るまで」といった諸性格において分節化されうるものを、ハイデガーは「緊張性」と名づける[八六]。われわれはこの緊張性を、現存在が「いま」と語り出す場合を例にとって解説することにしよう。まず明らかに、この「いま」は数学的な点としての今ではない[八七]。それはたとえば「食事中」「夕方」「夏のあいだ」「坂道を登っているとき」などであり、これらはいずれも一定の幅をもって緊張している[八八]。たとえ「いまこの瞬間に」と語り出すとしても、その瞬間にもやはり若干の幅があり、さもなくばそれは語り出されたときにはもうすでに「いま」でなくなっているはずである。このように、日常的に語り出されるどんな世界時間（いま、そのとき、あのとき）にも一定の緊張性が属しており、もしそうでなければ、現存在は個々の互いに切り離された点的な今の継起をもつにすぎず、それらの持続や「あいだ」といったものを理解することができないだろう。

ちなみに、この緊張性についてハイデガーは、現存在の「伸張性（Erstrecktheit）」から理解されないかぎりは「隠蔽されたままに留まる」と述べることで[八九]、それがこの伸張性に根を下ろすものだと指摘している。このように緊張性は、根底的には伸張性と別のものではなく、それゆえ時間性と世界時間の双方に共通して見出される性格である（おまけにこの性格は、通俗的時間概念の「連続性」にもその痕跡を留めている[九〇]）。ところで、次章でわれわれが言及するように、この伸張性は、時間性の本質性格であるにもかかわらず、時間性の分析のうちでは解明されず、歴史性の分析のうちで「生起（Geschehen）」と名づけられることではじめて解明の対象となる[九一]。そしてこのことは、この緊張性ないし伸張性が、世界時間と時間性だけでなく、歴史性——たとえそれが時間性に根を下ろしているとしても——にも根源的に属しているということを示している。したがってこの性格は、ハイデガーが本質的に区別している時間性と歴史性と時間内部性（世界時間）のすべてに根源的に属しており、その区別と位階を揺り動かす可能性を秘めている。とはいえここではまだ、われわれはそのような可能性を示唆するまでに留めておこう。

（c）「公開性」。「計算され、語り出された時間という意味での時間の最後の性格として、われわれは時間の公開性を挙げる」[九二]。この性格はさほど説明を要さない。というのも、現存在が時間を語り出すということは当然、誰かに向けて語り出すということであり、それゆえ語り出された時間が他の人々と共有可能な公開性をもつことは自明だからである。そして現存在が時間について語り出すことでそれを公開的にするというこのことが、現存在自身がそれである固有の根源的時間（時間性）と、現存在が配慮する共通の時間（公開的時間）との、時間の二重化を引き起こす。現存在が獲得したり喪失したりしうるのは後者の時間だけであり[九三]、時間を喪失した現存在も時間的に存在していることに変わりはない。とはいえ日常的には、現存在は公開的時間を唯一の時間とみなすことで、その根源である時間性を忘却しており、結果として公開的時間のほうが或る種の客観性を獲得するに至る[九四]。

さて、現存在が公開的時間を配慮するとき、その配慮が多くの場合、自然との何らかの関係をもっているという点に着目しよう。先の日付可能性の説明のなかで指摘したように、公開的時間は、原初的には太陽という自然的存在者から日付をつけられていた。昼夜の循環や日の位置や空模様の漸次的変化は、現存在が普段、それを通じて時間を知るような太陽の運動の諸効果である。時計や暦にしても、そもそもは天空における太陽の運動に基づいて形成されたものであることは指摘するまでもない。「《時間》がさしあたりまず自身を示すのは、まさしく天空においてである」[九五]。そうだとすると、公開的時間はその根源を天空にもつということになりはしないか。この問いに対するハイデガーの返答は否定的である。彼は公開的時間の根拠をあくまで現存在（の被投性）に認めている。「現存在の被投性こそ、公開的時間が《与えられてある》ことの根拠である」[九六]。なぜなら、公開的時間が時熟するには、現存在がそこへと投げ込まれている世界のうちで、自分の視界が規則的に明るくなったり暗くなったりすることだけで十分だからである。たとえば、窓もなければ時計もなく、室温が一定で、太陽の運動とはまったく無関係な規則で明かりが点いたり消えたりする部屋があったとすれば、そのなかに長期間置かれた複数の現存在は、実際のそれとはまったく異なるリズムの昼夜の観念をもつことになろう。その場合に、この観念はもはや太陽とは少しも結びついていないが、とはいえ或る種の公開的時間をなすように思われる。太陽や時計は、現存在がそれを使って日付をつけるための道具にすぎず[九七]、それらの道具性はつねに現存在の配慮に依存している。古代より、時間が天空と結びついたものとみなされ、しかも「時間は天空と同一視されさえもする」[九八]ことは確かだが、そのことは単に、現存在が時間について語り出したり計測したりするために、天空における太陽や月といった存在者が最も好都合であったということを理由としているにすぎない。太陽は同じ天の下にいるすべての者にとって共通尺度として働き、きわめて広範囲に及ぶ公開性を時間に付与することができるが[九九]、そのことは、太陽をそのようなものとして配慮する現存在と独立には成り立たない以上、ハイデガーによれば、太陽は公開的時間の根源ではなく、現存在が日付をつけるために使用する道具であることに変わりはないのである。

(2) 世界時間への自然時間の還元——ミシェル・アールの批判の検討

いま指摘したように、『存在と時間』の実存論的分析論において自然は、第一次的には、道具としての自然を意味しており、さらに自然科学が対象とするような「自然」に至っては、その道具性を喪失した眼前のものの一種とみなされている[一〇〇]。それはしかし、自然が人間にとっての道具や事物にすぎないと考えられているからではなく、この分析論のうちでは、現存在によって配慮されているかぎりでの自然が主要な研究対象となっているからである。にもかかわらず、道具や事物といった世界内部的存在者へと自然を還元しているという趣旨の批判が『存在と時間』に対して頻繁に提出されてきた[一〇一]。この種の批判は、古くはカール・レーヴィットの批判にまで遡るが[一〇二]、われわれとしては、なかでも特に本書の主題とかかわりが深いと見える、ミシェル・アールの批判を取り上げることにしたい。この批判は、『存在と時間』における世界内部的存在者への自然の還元が同時にまた世界時間への自然時間の還元を含んでいることを問題視しているという点で、本書の主題と密接に結びついている。

『大地の歌』という著作のなかで、アールは「『存在と時間』において、自然は《眼前のもの〔étant-subsistant〕》へと還元されている」[一〇三]と、あるいはより慎重な表現では、「『存在と時間』は、自然的存在者という概念が根源的ではないということを示そうと長々と努めている。自然的存在者は世界を基礎づけるどころか、世界の原初的構造をなすものの実践的な道具性のこの経験から間接的に派生する」[一〇四]と指摘している。これらの指摘によって彼が暗に非難しているのは、『存在と時間』の世界性の分析においては「純粋な自然」への現存在の直接的な接触の可能性が最初から除外されており、それは道具や事物との交渉を通じて間接的に接触可能になるにすぎないということである。こうした非難は、彼の次の記述のうちで特に明瞭に表現されている。

> われわれは自然を——窓から眺めながら——あらゆる実践的企投や知的関心の外で把握するとき、たとえ形而上学的な実体とも、客観的な力とも、ときおり詩人たちを慰める森羅万象の母（！）とも呼ぶことができない規定不可能な現前にすぎないとしても、そのようなものとして解釈することができるし、そうすべきなのではないか。「自然の美」が陽光の射す間に驚くほど多様な形や色に包まれてわれわれの心を打つとき、一匹の遊んでいる動物を観察するとき、春に草原にいるとき、波の倦むことなきざわめきを耳にするとき、のちに切断されるものとして与えられるいかなる道具的関係も存在しない。たとえもっと後の時期のハイデガーが言うように、諸存在者として与えられているのはつねに、昼や夜、春や冬、草原や森や海であって「自然」ではけっしてないということを認めざるをえないとしても、そうした接触は直接的である。反ロマン主義的な冷淡さにおける『存在と時間』の分析は、もしそれがこの哲学者の最後の言葉であったならば、生からすっかり切り離

され、巨大な作業場として仕切られ、それに固有の空間へと中心化され……大地に対して盲目な、世界という息の詰まる光景へと導くであろう。[一〇五]

われわれが思うに、この批判は或る素朴な――とはいえ必ずしも誤りとは言えない――確信に基づいている。それはすなわち、自然は人間によって生み出されたものではなく、むしろ人間のほうが自然によって生み出され、それによってたえず取り囲まれているものだという確信である。ハイデガーが自然を、もっぱら世界の内部でのみ、しかも第一次的には道具として出会われるものとみなすとき、たしかに彼はこうした確信に背いているように見える。しかしそのような判断を下す前に、ハイデガーが『存在と時間』のなかで自然について言及している次の箇所を検討しておく必要があろう。

> 森は営林であり、山は石切場であり、川は水力であり、風は「帆にはらむ」風である。発見された「周囲世界」とともに出会われるのは、このような仕方で発見された「自然」である。そうした「自然」そのものは、その手許的という在り方が無視されるならば、単にその純粋な眼前性において発見され、規定されうる。しかし、このような〔純粋な眼前性という〕在り方での自然の発見には「生命のたゆまぬ営み」としての自然や、われわれに襲いかかってくる自然や、風景としてわれわれの心を奪う自然は隠蔽されたままに留まっている。[一〇六]

われわれを「取り囲んで」いる「自然」は、たしかに世界内部的存在者ではあるが、しかし手許のものの在り方を示しているのでもなければ「自然物〔Naturdinglichkeit〕」という在り方での眼前のものの在り方を示しているのでもない。[一〇七]

これらの箇所でハイデガーが主張しているのは、世界内部性には手許性とも眼前性とも異なる第三様態があり、或る種の「自然」がそこに分類されるということであろうか。仮にそうだとすれば、「ピュシスの根源的経験」としての「自然」について、アールが「間接的な派生態としてではなく、手許性〔Zuhandenheit〕からも眼前性〔Vorhandenheit〕からも免れた新たな種類の存在として理解されるべきではないか」[108]と問うとき、ハイデガーはすでにそうした「自然」を明確に認めていたことになろう。しかし、そのように考えるのは性急である。なぜならこれらの主張は、そこで問題となっている「自然」が「純粋な眼前性」や「《自然物》という在り方」ではない眼前性という在り方をしているという可能性を除外していないからである。たしかに、ここでの「自然」を世界内部性の第三様態とみなす解釈も不可能ではないだろうが、後者の引用箇所の直前でハイデガーは、「手許性と眼前性は〔世界内部存在者の存在としての〕実在性の二つの様態という役割を果たす」[109]と書いており、しかもこうした世界内部性の二様態説は他のどの箇所でも一貫して保持されているように見えるため[110]、そのような第三様態をハイデガーがここで例外的に付け足しているとは考えにくい。したがってわれわれは、そのような自然を、ハイデガーは「純粋な眼前性」や「自然物」とは異なる在り方をした眼前のものとみなしており、これらの箇所を引き合いに出すだけでは、レーヴィットやアールの批判に対する反証とはなりえないと考える[111]。そこで次に、一九二九年の論文「根拠の本質」における次のハイデガーの記述を検討してみよう。

このように方向づけられた現存在の分析論において、一見したところ自然が――自然科学の対象としての自然のみならず、根源的な意味での自然さえも（これについては『存在と時間』六五頁下方を参照せよ）――欠けているように見えるとすれば、それにはいくつかの理由がある。決定的な理由は、自然が周囲世界の範囲内では出会われえず、そもそも第一次的には、われわれがそこへと自分を関係づけているものとしても出会われえないということにある。自然は根源的には現存在のうちで、その現存在が情態的に気分づけられた現存在として存在者のただなかにあるということを通じてあらわになっている。しかし、情態性（被投性）が現存在の本質に属しており、気遣いという十全な概念の統一において表現されているかぎり、ここにおいてのみはじめて自然の問題のための基盤が獲得されうる。（二二）

この箇所でハイデガーは、レーヴィットやアールによって提出された批判に対する一種の弁明を行なっているように見える。（二三）というのもここで彼は、先に取り上げた『存在と時間』での主張とは異なり、「自然が周囲世界の範囲内では出会われえない」と述べることで、世界内部的存在者への自然の還元不可能性を暗に認めているからである。もっとも、このことは『存在と時間』の分析論が現存在の周囲世界の内部で出会われるかぎりでの自然を問題としており、そのような制限の外で見られた自然を取り扱うことができなかったということを述べているにすぎず、ハイデガー自身の考えの変化を示しているわけではないだろう。先存在論的な了解によって自身の存在へとすでにかかわっているような現存在を分析の対象とするかぎり、了解ではなく情態性を通じてあらわになるような、現存在がそのただなかにある自然を問題とすることはできず、したがってその自然を、この分析論は探究の枠外に最初から置かざるをえなかった。とはいえアールが指摘したように、そうした自然もなお何らかの仕方で分析されるべきだという点については、ハイデガーもここで一定の譲歩を示しているように思われる。

以上、世界内部的存在者への自然の還元に関するアールの批判を、自然に関するハイデガーの記述と照合しつつ検討してきた。われわれはこの批判を、ハイデガーが自然を世界へと単純に還元しているという趣旨の批判と解するならば不当だが、『存在と時間』の分析論が、自然を、世界のうちで出会われるかぎりでしか問題にできないような制約のもとで展開されているという点に関する批判と解すならば、一定の妥当性をもつものと考える。ところで、われわれにとってより重要なのは、この批判が『存在と時間』における自然時間の世界時間への還元に対する非難を含んでいる点であり、それを検討してみることにしよう。

　この点に関してもアールは、純粋な自然への現存在の直接的な接触に関する先の批判と同様、「時計を正当化する自然時間への直接的な接触方式はないのか」[二四]と問うことで、『存在と時間』におけるそうした接触方式の欠如を問題視している。実際、ハイデガーが主張しているように「時間性が時計の根拠である」[二五]とすれば、この著作のうちではそのような接触は認められていないと言わざるをえない。自然時間にかかわる彼のこうした否定的見解はさらに、一九二七年の「現象学の根本諸問題」講義（以下「根本諸問題」講義と略記）における次の極端な主張にまで通じている。

　われわれは実際、世界は眼前のものではなく、自然ではなく、自然の被発見性をはじめて可能にするものであるということを知っている。それゆえまたこの〔世界〕時間を、頻繁になされるように、自然時間や自然的時間と呼ぶことは不適切である。あらゆる時間が本質的に現存在に属しているかぎり、いかなる自然時間もない。しかし、たしかに世界時間はある。[二六]

ここでハイデガーは、少なくとも或る観点において、自然時間を世界時間へと還元することで、現存在とは独立に存続しうる自然時間の実在性を否定しているように見える。それゆえこの箇所を引用しつつアールは、「《それ自体としての》自然時間の可能性を排除することによって、ハイデガーは現象学的記述の限界を越え出ているのではないか」[二七]と反論する。もっとも「あらゆる時間が本質的に現存在に属しているかぎり」という条件節がある以上、この反論に対しては、ハイデガーはここで自然時間を無条件に排除しようとしているわけではないと返答されよう。しかしこの条件は、『存在と時間』の基本的な、しかも中心的とさえ言える条件であって、まさしくこの条件に基づいてハイデガーは、現存在の時間性から時間内部性を派生させようと試みていたのであるから、そうした排除は少なくともこの著作の分析論の範囲内では実際に起こっていたことだと認めざるをえない。したがってわれわれは、アールのこの反論に同意しつつ次のことを認めるべきだと考える。それはすなわち、時計や暦によって測られる時間、つまり通俗的に理解された時間は、現存在の時間性だけに根を下ろしているのではなく、根源的自然にも根を下ろしており、それゆえただ時間性のみから派生させられるわけではないということ、別言するに、そうした時間は、太陽や月といった自然的存在者と、単にそれらを配慮する現存在の世界時間を媒介としてのみ間接的に関係するのではなく、その配慮に先立ってすでに直接的に結びついており、そうした直接的な絆を時間性からの派生のみによって説明することは不可能だということである。

第四節　時間内部性の派生の限界——根源的自然による抵抗

前節の議論を通じて、通俗的時間概念はただ現存在の時間性のみから派生するのではなく、その派生に尽きないものが根源的自然のうちに発見されるということが示された。したがって、時間性だけが通俗的時間概念を可能にしているわけではなく、時間性から派生させることのできない根源的自然もまた、何らかの仕方で通俗的時間概念の成立に寄与していると考えられる。もっともわれわれは、その根源的自然が何であるのかと問うことはできない。なぜなら、そのように問うやいなや、それは一種の世界内部的存在者となり、もはや根源的自然ではなくなってしまうからである。それゆえ『存在と時間』においてハイデガーは、自然を、現存在が世界のうちでそれと出会うかぎりで問題とすることで、根源的自然を自身の分析論の枠外に置いていた。しかしながら、現存在がそのただなかへと情態的に投げられているこの根源的自然を、現存在の時間性よりも派生的だと主張できるいかなる論拠もそこでは提示されていない以上、時間性からの派生によって通俗的時間概念の成立を説明し尽くすことはできないだろう。根源的自然は、すでにそれを乗り越えた現存在から出発して、その存在の意味を時間性として明らかにすることを目指す実存論的分析論の課題の性質上、そこでは原理的に説明不可能なままに留まっている。したがってわれわれは、時間性からの時間内部性の派生はけっして隙間なしには成立しえず、一定の限界をもつと結論づけなければならない。

　そういうわけで、先述のハイデガーの試みにおいて真に問題含みであるのは、派生そのものというよりむしろ、時間性の性格づけや時間内部性の派生に関して彼が用いる「隙間のない」や「隙間のある」といった「隙間」にかかわる諸表現である。これらの表現は、たとえば『存在と時間』の次の箇所に見出される。

> しかしながら、根源的で本来的な時間性から非本来的な時間性を隙間のない〔lückenlos〕仕方で示しうるためには、第一に、ただかろうじて粗雑に特徴づけられただけの根源的な現象を具体的に仕上げることが必要となる。[一八]
>
> それゆえ、時間性についてのこれまでの性格づけは、この時間性という現象のすべての次元が考察されてきたわけではなかったという点において、そもそも不完全であるだけでなく、根本からして隙間のある〔lückenhaft〕ものである。[一九]

これらの箇所でハイデガーは、「隙間のある」ということを即座に「粗雑さ」や「不完全さ」と同列的に捉えることで、それを埋めることを自身の課題としているように見える。ところが実際には、この隙間は、時間内部性の派生が、それゆえまた時間性の哲学が一定の限界内で成功するために必要なものであり、それを埋めるならば、彼は『存在と時間』において自身が設定した超越論的ないし現象学的な記述の限界を踏み越えてしまうことになろう。なぜなら、通俗的時間概念が或る面で時間性によって可能になっていることは疑いえないとしても、別の面では根源的自然にも根を下ろしており、この後者の側面は、時間内部性の派生のうちに、また時間性そのもののうちに隙間を残し続けるからである。時間性は、たとえその本来的様態においてであれ、けっして隙間なくその全体が示されるようなものではなく、本質的に隙間をもつものであって、そのことが認められないかぎり、ハイデガーの分析論は、現存在の時間性を通俗的時間概念の唯一の根源とすることで、その時間概念が根源的自然とのあいだにもつ直接的な絆を切断せざるをえなくなる。

　このような次第である以上、いま指摘したような時間内部性の派生に存する問題が『存在と時間』の挫折の一要因であると考えることができる。ハイデガーが「通俗的」や「非本来的」といった形容詞によって性格づける事象の一部は、ただ単に派生的というわけではなく、或る種の根源的なものをうちに秘めており、その根源的なものは時間性からの派生という手続きに抵抗することで、時間性と時間内部性とのあいだに、さらには根源的時間性の単一的な自己完結性の内部に隙間を残し続ける。したがって、時間性という最も深い層から世界時間を通じて時間内部性という最も浅い層へと隙間のない派生によって移行しようとする『存在と時間』の試みは、最も浅いとされる層になお根源的なものが発見されるがゆえに、一定の限界を前に立ち止まらざるをえない。以上の事態をわれわれは、ポール・ヴァレリーの示唆に富んだ言葉を借りて、「人間における最も深いもの、それは皮膚である」[二〇]と要約することにしよう。

第二章　時間性と歴史性

前章でわれわれは、時間性と時間内部性の関係を、特に前者から後者の「派生」という過程に着目しつつ考察してきた。時間内部性と歴史性のそれぞれが時間性から等根源的に派生してくるとハイデガーが主張している以上[三]、もう一方の幹である歴史性の「演繹」という過程に関する分析がこの考察を補うのでなければならない。そのため、本章の課題は時間性と歴史性の関係についての考察となる。この課題はしかし、非常に困難な課題である。というのも、少なくとも見かけ上、『存在と時間』における時間性と歴史性の関係には深刻な曖昧さがあり、そのことはしかも、この著作の挫折の要因と無関係ではないからである。ハイデガーは、一方で、時間性を歴史性と同一視しつつ、他方で、歴史性を時間性から演繹しようとしている。おまけに、外見上矛盾したこれら二つの操作がいかに両立しうるのかについて、彼自身が明確な解答を与えているようには見えない。実際、非本来的時間性として明らかになる時間内部性が、本来的時間性から派生するということが仮に認められるとしても、ハイデガーがこの本来的時間性から演繹しようとしている歴史性もやはり、現存在の本来的な在り方である以上、そのいずれもが現存在の本来的な在り方である時間性と歴史性という二つの実存範疇のうち、一方を他方から演繹するということがどうして可能であるのか。このように問うことでわれわれは、時間内部性の派生の場合と同様、この歴史性の演繹も或る限界をもつということを示したいと考えている。この限界は、本来性と非本来性の区別や、時間性と歴史性の区別を、根源と派生の区別として思考することによって生じる限界であり、（二二）ハイデガーが派生的とみなすもののうちに潜む根源的なもの――われわれが後で「根源的歴史」と呼ぶもの――の抵抗によって課される限界である。

それゆえ本章ではまず、ハイデガーにおける「本来性」と「非本来性」の区別の基本的定義を明確化させることで、この区別に関してときおり見られるいくつかの誤解を防止し、なおかつこの区別に含まれた二つの問題、すなわち、無差別相の問題と、二者択一性の問題を検討する（第一節）。次に、そこにおいて「現存在の存在」つまり「気遣い」の意味が「根源的で本来的な時間性」として明らかにされている『存在と時間』第六五節の議論を考察する（第二節）。それから、本来的時間性と非本来的時間性を、それぞれに固有の脱自態の在り方に応じて解明したうえで、本来的現在としての「瞬間」の規定の空虚さと、根源的時間性における将来の優位という主張のうちに潜む或る問題点を指摘する（第三節）。最後に、ハイデガーにおける時間性からの歴史性の演繹を検討することで、この演繹もやはり、語りや言語のもつ非時間的にして歴史的な性格を前にして立ち止まらざるをえず、それらの根である根源的歴史による抵抗によって限界づけられているということを示す（第四節）。

第一節　本来性と非本来性

『存在と時間』において、時間内部性は非本来的時間性から、歴史性は本来的時間性から、それぞれ解明されるべきものとして提示されている。（二三）この点を見極めるために、われわれは「本来性（Eigentlichkeit）」と「非本来性（Uneigentlichkeit）」の区別をあらかじめ明らかにしておかなければならない。というのも、この区別は広く誤解や無理解にさらされており、しかも解釈者たちによるその説明の仕方もきわめて多様だからである。われわれはまず、ハイデガー自身によるこの区別の基本的定義を確認することで、よく見られるいくつかの誤解を防止することにしたい。

(1) 基本的定義の明確化

『存在と時間』のなかでこの区別が最初に導入されている箇所[一四]を注意深く読むならば、少なくとも次の三点が異論の余地なく認められることになろう。(一) この区別は、現存在の可能的な存在様態に関する区別である。(二) 本来性とは、現存在が「自分の存在において自己自身を選び獲得している」存在様態であるのに対して、非本来性とは「自己を喪失している」存在様態である。(三) 非本来性は「より少ない」や「より低い」といったことを意味しておらず、むしろ現存在の「このうえなく充実した具体相」である。

以上の三点に加えて、ここで注目すべき重要な点は、ハイデガーの分析論においては、現存在の実存様態と了解様態とのあいだに対応関係があり[一五]、自己を本来的(ないし非本来的)に了解することは、本来的(ないし非本来的)様態で実存することに等しいという点である。ハイデガーが「本来性」と呼ぶものは、第一次的には、現存在が自己をそのものとして了解することに存している。要するに、本来性とは自己了解の真正さである。強調点を明確化させるために、ここで敢えて極端な例を挙げると、たとえば狼に育てられた少女は、さしあたり自己を狼として了解しており、それゆえ狼として実存している。これはもちろん、自己をそのものとしては了解していないため、非本来的様態である。もっとも、私が自己を人間として了解したからといって、それが即座に本来的様態をもたらすわけではない。私が自己をその根源的な在り方である「死へとかかわる存在(Sein zum Tode)」として、つまり不可避的な死という可能性によって限界づけられた有限的な存在可能として了解するとき、私の実存様態ははじめて本来性という資格を得る。それに対して、私が単に生物学的な「人間」として自己を了解しているとき、この「人間」は可死性をうちに含みはするものの、自身の不可避的な死の引き受けという強度には達していない。死の引き受けなしに本来性は可能でなく、[一二六]その反面、この死からの「逃避（Flucht, Ausweichen）」[一二七]はすべて非本来性へと通じている。

さて、このように了解様態と実存様態とのあいだに対応関係があるとすれば、どちらか一方のみが単独で本来的であること、すなわち、自己を本来的に了解しつつ非本来的に実存したり、自己を非本来的に了解しつつ本来的に実存したりすることはありえないだろう。これにはしかし異論の余地がある。というのも、自己を本来的に了解している者が、日常生活のうちでのさまざまな職務に追われて世界へと没入した結果、非本来的に実存せざるをえないという事態は容易に想像可能だからである。このような異論に対してわれわれが与えうる返答は、そのような実存もやはり本来的であろうというものである。ハイデガーにおける本来性と非本来性の区別は、具体的な行為や決意の内容には少しもかかわりがなく、[一二八]それらの行為や決意をする自己の了解様態と実存様態のみにかかわっている。したがって、本来的に自己を了解し、それゆえまた本来的に実存している現存在の実存様態が、自分の行為や決意の内容によって左右されることはありえない。

(2) 誤解の防止

以上の基本的定義の確認が、今後はいくつかの誤解の防止を可能にする。それらの誤解を次の五点に整理することにしよう。（a）非本来性と日常性を同一視する誤解、（b）不安と本来性の在り方を同一視する誤解、（c）本来性と非本来性を道徳的概念とみなす誤解、（d）非本来性を自己関係性の喪失とみなす誤解、（e）不安の「孤立」に関する誤解。

（a）われわれが避けるべき第一の誤解は、非本来性を日常性と単純に同一視することから生じるものである。

たしかにハイデガーは、日常性の分析のうちで取り上げた実存様態を最終的に非本来性として明らかにすることで、両者を結局は同一視しているように見える。（二九）けれども、さしあたりたいてい現存在がそれとして実存している日常性が非本来性として明らかになったからといって、すべての日常性が非本来的であると主張されたわけではない。身近にある液体の一つを対象として何らかの分析や試験にかけたところ、それが水だったと判明したとしよう。そこから日常的に使用される液体はすべて水であると結論づけるのは奇妙である。ハイデガーの記述が、日常性と非本来性についてそのように結論づけているように見えるのは事実だが、それは外見上のことにすぎず、日常性と非本来性は同じ一つの様態というわけではない。（三〇）この点を見誤ると、現存在はつねに本来性か非本来性かのいずれか一方の様態で実存しており、しかも日常性は非本来性と同一なのだから、本来的に実存している現存在は、ハイデガーが日常性の分析の枠内で記述していた実践的な振る舞いを行使できないという誤った理解へと導かれる恐れがある。このような理解は完全に誤りである。なぜなら本来性は、非本来性からの離反を要求するとしても、日常性からの離反を強いるとはかぎらないからである。したがってたとえば、本来的に実存している現存在は道具を使えないのではないかと訝る必要はまったくない。なぜなら、本来性と非本来性は自己関係性の二つの様態にすぎず、道具のような世界内部的存在者との関係に適用可能な区別ではないからである。それゆえまた、本来的に実存している現存在と非本来的に実存している現存在とで、道具の使用の仕方に変化が生じることもありえないだろう。仮にあったとしても、その変化の直接的な原因は、この区別とはまったく別のものにあろう。非本来性から本来性への変様は、行為する現存在の実存変様であって、（三一）その行為の内容の変化ではない。最後に、本来性も非本来性も客観的に観察可能な特性ではなく、現存在は他人の実存様態について本来的か非本来的かを判断するいかなる基準も持ち合わせていないと付言しておこう。凡庸に見える者を非本来的だと決めつけることも、聖人君子を本来的だと称えることも、まったくの無根拠でしかありえないだろう。この区別が適用可能なのは、私がそのつどそれである存在者だけである。

（b）われわれが避けるべき第二の誤解は、不安の経験を本来的実存の在り方と同一視することに存する。不安の経験は、本来性への実存変様のための必要条件であって十分条件ではない。仮にそれが十分条件であるとすれば、現存在は本来的であるためにいかなる決意も選択も必要としないことになろう。不安は現存在に、自分がかつて非本来性を無自覚的に選択したことと、それだけが唯一の可能な選択肢ではなかったことを自覚させる。そして本来性もまた選択可能であったことを、この不安の経験のうちで良心の声（本来性における現存在から非本来的に実存している現存在への呼びかけ）が告知する。そして不安のうちで告げられた本来性の選択を「後から取り戻すこと（Nachholen）」が決意性の役割である。[一三二] 他方、不安を決意的に引き受けるのではなくそれに翻弄されている者は、自分に提示されている本来性という可能性を取り戻すことはなく、非本来的な実存様態のままに留まり続ける。[一三三]

（c）第三の誤解は、本来性と非本来性を方法的概念ではなく、道徳的概念とみなすことに存する。本来性と非本来性の区別は、その見かけに反して、何らかの道徳的評価にかかわる区別ではないとハイデガーは忠告している。[一三四]『存在と時間』のうちに「本来的であるべき」という要請があるとしても、それは道徳的要請ではまったくなく、現存在の根源的構造、つまりその意味を明らかにするための方法的要請にすぎない。[一三五] これと同様のことが、本来性と密接に結びついた不安や死や負い目などについても言える。[一三六] これらに対してハイデガーが与えているように見える特権もやはり、現存在をその根源的構造において明らかにするという課題のうちでそれらが占めている方法的機能から理解されるべきものである。[一三七] この課題において、非本来性とは異なる本来性という可能性があることに気づき、現存在の根源的構造がそれを通じて可視的となるその本来性を選び取る必要があるということは明白である。まず、不安がこの気づきをもたらし、次いで、その不安を通じて明らかとなった本来性の選択の取り戻しとしての決意性が、本来的自己への世人の実存変様を遂行する。したがってこの特権は、現存在の根源的構造を可視的にするという特定の目標のうちでの特権でしかなく、それ以外の目標のために役立ちうるものではない。要するに、本来性や不安や死や負い目のもつ道徳的ないし実存的な価値の称揚を、ハイデガーの記述から直接的に引き出すことは不可能だということである。非本来性についてもこれと同じことが言える。本節の冒頭で示したように、非本来性は何らかの価値の欠如によって特徴づけられるどころか、むしろ「このうえなく充実した具体相」であり、それが本来性よりも価値の点で劣っていると主張することは適切ではない。(一三八)

(d) それからまた、この非本来性は自己喪失的な存在様態であって、自己関係性の喪失ではないということにも注意しよう。「非本来性においても、現存在にとっては一定の仕方で自分の存在が問題となっている」(一三九)。本来性と非本来性は、自己関係性の二つの(獲得的ないし喪失的な)様態の区別であって、自己関係性の有無に関する区別ではない。本来性は、モラトリアム期の若者がどこか遠くの場所にそれを探しに出かけるような「本当の自分」とはまったく異なっている。本来性は、経験として新たに獲得されうるものではなく、あるがままの自己に関する自覚を通じて想起ないし再発見されるものである。現存在が世界のうちにどれほど深く没入していようとも、それによってもはや本来的でありえないほどに自己を喪失することはなく、本来的でありうるという可能性そのものが失われてしまうことはない。また逆に、或る現存在が本来的に実存することに成功したとしても、その成功は二度と覆らないほどに盤石なものではなく、非本来的実存へと頽落する危険はつねにその現存在を脅かし続ける。

(e) 最後に、現存在を「孤立させる〔vereinzeln〕」不安という根本気分を通じてのみ本来性が取り戻されるとしても、(一四〇)このことは、そのように取り戻された本来性が実際に他の人々から距離をとり、孤独となることをその現存在に要求しているわけではないという点に注意しよう。ハイデガーは次のように書くことで、本来的自己であることが世人自己として実存している日常的な共同性からの離脱を必要としないと主張しているように見える。「本来的に自己であることは、世人から解放された主体の例外状態に基づいているのではなく、本質的な実存範疇としての世人の或る実存変様である」(一四二)。したがって現存在は、本来的であるために無人島に渡る必要はなく、群衆のただなかで孤立することができる。ハイデガーが「孤立」という言葉で言わんとしているのは、実生活の水準で孤独になることではなく、自分を他の人々と混ぜ合わせて了解している頽落状態から引き剥がし、自分に固有の諸可能性だけを、とりわけ死という究極可能性を、不安の経験を通じてあらわにするような一種の開示の働きにほかならない(一四三)。

以上、われわれは本来性と非本来性の区別に関してときおり見られるいくつかの誤解を予防してきた。それらを要約しておこう。（a）非本来性と日常性は、その特徴の大半が重なり合っているとしても、同じ一つの様態というわけではない。（b）不安の経験を本来的実存と同一視してはならない。不安の経験は、本来性と非本来性の双方の可能性に対して開かれているような経験であり、本来性はこの経験を通じて、決意性によって後から取り戻される。（c）本来性と非本来性は、道徳的概念ではなく方法的概念である。本来性やそれと関連づけられた不安や死や負い目などに対してハイデガーが与えている特権は、現存在の根源的構造をあらわにするというこの分析論の課題のための方法としてもつ特権であって、何らかの道徳的評価にかかわる特権ではない。（d）非本来性を自己関係性の喪失と解することで、喪失された自己を経験的に再獲得することが目指されていると考えてはならない。本来的自己への実存変様はただ、あるがままの自己に関する自覚を通じてのみ果たされる。（e）本来的自己が不安の経験を通じて孤立させられた自己だとしても、この孤立は、実際に他の人々から距離をとることを意味しているのではなく、自分に固有の諸可能性を開示することを意味している。

（3）無差別相の問題

われわれは『存在と時間』における本来性と非本来性の区別を明らかにしてきた。この著作のなかでハイデガーは、これら二つの実存様態に加えて、両者の無差別相としての「平均性（Durchschnittlichkeit）」を導入しており、この様態も解明しておく必要があろう。彼はそれを次のように導入している。

> 現存在は分析の出発にさいしてまさしく、或る特定の仕方で実存するという差別相において解釈されるべきではなく、その無差別的な〈さしあたりたいてい〔Zunächst und Zumeist〕〉という在り方においてあらわにされるべきである。〔……〕われわれは現存在のこの日常的な無差別相〔Indifferenz〕を平均性と名づける。[一四三]

このように平均性とは、実存論的分析論がそこから出発するような、現存在が「さしあたりたいてい」それとして実存している日常的な無差別相である。この無差別相は、特にヒューバート・ドレイファスによって重視されたことで注目を浴び、それ以降、ウィリアム・ブラットナー、マルゴット・フライシャー、ダニエル・ダールシュトロムらによって討議の対象となってきた。われわれはまず、この無差別相に関するドレイファスの主張を検討してみたい。

『世界内存在』においてドレイファスは、ハイデガーが「世人自己（Man-selbst, one-self）」と呼ぶような自己様態を、すべての現存在が「つねにすでに」それとして実存している無差別的様態とみなし、実存論的分析論はまさにこの「無差別的様態における現存在」[一四四]から出発すると主張した。ドレイファスによれば、「現存在はつねにすでに〔always already〕公共的振る舞いのうちで社会化されているため、現存在はつねに世人自己である」[一四五]。かくしてハイデガーが「無差別相」とみなす平均性は、ドレイファスや彼の弟子たちのもとでは、すべての現存在がそこから出発する、まだ本来的でも非本来的でもないが、とはいえ一定の社会的バイアスをすでに蒙った中立様態を意味するものとして解釈されることになる。

しかしながらこの解釈は、われわれが思うに、次の二つの問題を孕んでいる。第一に、ハイデガー自身が「世人自己」を「非本来的自己」と明確に同一視している以上[一四六]、この世人自己を本来的でも非本来的でもない自己様態として解釈することは不可能に見えるという問題であり、第二に、本来的でも非本来的でもない、つまり自己自身であるのでも自己自身でないのでもないような中立様態がそもそも実存可能であるのかという問題である。

第一の問題は、ハイデガーが日常性の分析の範囲内で、非本来的現存在に固有の特徴と、現存在一般に共通の特徴を一緒に取り扱っていることから生じたものである。したがってこの問題を解決するには、「世界内存在」や「気遣い」のような、現存在一般の普遍的構造に関する無差別相と、特定の現存在の日常的様態に関する無差別相とを明確に区別する必要がある。ハイデガーが「平均性」と名づける無差別相によって意味されているのは後者であり、それは現存在が「さしあたりたいてい」それとして実存している様態であって、ドレイファスが主張するような、現存在が「つねにすでに」それである世人自己ではない。異なる水準に置かれたこれら二種類の無差別相を混同することによって彼は、非本来的現存在に特有の「世人自己」という様態を現存在一般の普遍的様態と錯覚している。

次に、第二の問題、すなわち、日常的な無差別相を、本来性と非本来性という二つの実存様態に加えて選択可能な第三様態とみなすドレイファスの解釈が果たして支持可能かどうかという問題を検討してみたい。たしかに、ハイデガー自身は「この〔現存在の実存という〕存在可能は、そのつど自身の存在可能として、本来性か非本来性か両者の様態的な無差別相へと開かれている[一四七]」と書くような場合に、これら三つの様態へと現存在がつねに開かれているということを主張しているように見える。しかし他方で、彼は「日常性という名称のもとで現存在の実存論的分析論のためにさしあたっての地平として眼差しのうちにあった事柄は、現存在の非本来的歴史性として明らかになる[一四八]」と主張することで、この平均性を結局のところ非本来性として明らかにしており、これら二つの様態を実際には区別して論じていないということが確認される。もっとも、われわれは先に、日常性と非本来性とを単純に同一視すべきではないと忠告してきた。日常的な無差別相と非本来性は、一緒に論じられてはいるが同じ一つの様態ではないのであって、そのことをいかに整合的に理解するかが目下の問題を解くための鍵となる。

　そこでこの第二の問題に対する解決の糸口として、われわれは次の仮説を提出してみたい。それはすなわち、ハイデガーが「無差別相」として規定する日常性や平均性が意味しているのは、すでに一定の自己了解はなされているが、それがどのような了解であるかについての自覚がまだなされていない現存在の実存様態であるという仮説である。それらはつまり、実際にはすでに本来性か非本来性いずれかの様態であるが、そのことがまだ現存在にはっきりと自覚されていない状態である。われわれは先に、本来性は、現存在が或る選択をはじめて行使することに存するのではなく、無自覚的になされた選択を自覚することでそれを「後から取り戻す」ことに存するということを指摘してきた。この自覚に先立つ状態は、本来的とも非本来的とも厳密には形容できない。というのも、現存在はあくまでその自覚を通じて本来的か非本来的いずれかの様態をとるからである。解釈者はときに、この自覚に先立つ無差別相を非本来性と単純に同一視してきたが(四九)、そのような解釈をとる場合、自分が非本来的であることを自覚したうえで、その状態に留まることを敢えて選択している自己欺瞞的な現存在がいかなる様態で実存しているのかが不可解となるという問題が生じるように思われる。おそらくこの場合、その現存在は自分の非本来的な在り方をきちんと自覚しているため、本来的に実存しているということになるのであろうが、それならばしかし、現存在は本来的に実存するために、本来性という可能性を敢えて選択する必要はないということになりはしないか。この結論は奇妙に思われる。平均性とは、われわれの考えでは、本来的か非本来的かの自覚に先立つものとして見られた現存在の実存様態であり、必ずしも非本来性と一致するわけではないが、かといって本来性とも非本来性とも区別された中立様態というわけでもない。

以上、ハイデガーにおける「無差別相」の問題を検討してきた。われわれは、この無差別相を本来的でも非本来的でもない中立様態として理解する必要はなく、それゆえ現存在が実存可能なのはつねに本来性か非本来性いずれかの様相だけであると考える。ところが、ここで新たな問題が浮上する。それはすなわち、果たして現存在は、そのつど本来性か非本来性かの二者択一的な選択を行なっているのかという問題であり、現存在によってなされる選択はすべて、本来的か非本来的かに隈なく分類可能であるのかという問題である。（一五〇）

（4）実存様態の二者択一性の問題

われわれがここで検討する問題を次のように定式化しておこう。すなわち、現存在は果たして本来性か非本来性かをそのつど二者択一的に選択するのか、別言するに、或る現存在が本来的に実存していると言われるとき、その現存在は少しも非本来的ではないのか。一見さほど重要には見えないこの問いは、われわれの議論にとってきわめて重要な次の結論へと通じている。それはつまり、まさしくこの実存様態の二者択一性のために、ハイデガーは、本来性と非本来性との事実的な重なり合いや結びつきといった契機を分析し損なっており、それによりまた、これら二つの様態の等根源的な関係を、根源と派生の関係によって説明せざるをえなくなっているという結論である。以下、それを明らかにすることにしよう。

先にわれわれは、ハイデガーが平均的な無差別相を結局のところ非本来性として明らかにしているということを指摘した。とはいえこれら二つの実存様態は同じ一つの様態ではなく、少なくとも原則上、この無差別相が本来性として解明されることもありうると考えられなければならない。ところがハイデガー自身は、そのような解明を一切提示しておらず、しかも本来性を、日常性の分析の後ではじめて、その日常性が不安において崩壊することによって明らかになるようなものとして分析しており、それゆえあたかも日常性のうちには本来的なものが何もないかのような議論の運びとなっている。こうした議論構成は、『存在と時間』の刊行後まもなくド・ヴァーレンスやレヴィナスといった解釈者たちによって厳しく糾弾されてきた。[一五一] たしかに、ハイデガーは日常性のうちに本来的なものがありうるということを否定してはいないが、それがもっぱら非本来性として明らかになるという前提のもとに日常性を描写しており、したがってその日常性は、世界へと没入した現存在の自己喪失的な在り方以外のものではありえなかった。しかし明らかに、現存在は普段、少しも死を引き受けていないわけではなく、また完全に世界へと没入しきっているわけでもない。そうしてみると、ハイデガーが日常性として描写している実存様態は、実際には、われわれが普段それを生きている日常性ではなく、分析の都合上、人為的に作り出された自己喪失的な日常性にすぎないように思えてくる。

とはいえ、なぜ日常性はこのように描写されているのか。それは、ハイデガーが本来性と非本来性を二者択一的な二つの可能性としたために、これら双方の混合ないし結合によって特徴づけられる具体的な実存様態を分析できなかったからである。『存在と時間』において、ハイデガーは本来性と非本来性を、二つの「根本可能性(Grundmöglichkeit)」[一五二]と頻繁に表現しており、この表現は、これら二つの可能性がいずれも根本的、つまり等根源的であるということを意味しているように見える。ところが、同書の別の箇所で彼は「非本来性はその根底に可能的な本来性をもつ」[一五三]とも書いており、この記述は、本来性のほうが非本来性よりも根源的であるということを主張しているように見える。そして、この著作全体を通じてハイデガーが保持しようとしているのは明らかに後者の主張である。なぜなら彼は、以下で詳述するように、まさに本来的実存の分析を通じて現存在の根源的な構造全体を明らかにしようと試みており、非本来的実存はもっぱらこの根源的な構造全体を隠蔽する派生的様態として特徴づけられているためである。他方でしかし、現存在がそれによって本来的に実存するようになる決意性が、或る面では世界や世人へと繋がれたままであり続けるとハイデガーが主張している以上、[一五四] 非本来性から完全に切り離された本来的実存などありえないことは明白である。[一五五]こうして結局、本来性だけが根源的なのではなく、非本来性もまた或る意味で根源的であるということが認められなければならない。ただそのことが認められるかぎりでのみ、いずれか一方の実存様態へと純化されることのないような、つまり部分的に本来的で部分的に非本来的であるような実存様態が分析可能となるのであって、これこそ、われわれが普段それを生きている日常性なのである。

　いまわれわれが示唆したような日常性は、本来性と非本来性の関係を、根源と派生の関係によって説明しようとするハイデガーの分析のうちでは主題化されないままに留まっている。彼は日常性を、それ自体として非本来的なものとみなしているわけではないにせよ、それを非本来的なものとして描写せざるをえない前提のもとに自身の分析論を展開させている。その前提とはつまり、本来性と非本来性を二者択一的な様態としたうえで、非本来性として明らかにされた日常性の崩壊を通じてのみ本来性が分析可能になるという前提であり、一言で言えば、本来性は日常的にはすっかり隠蔽されているという前提である。こうした前提に基づいて彼は、現存在が普段選択している非本来的な実存様態は、その背後に隠されている本来的な実存様態から派生したものにすぎないと考えるのであって、このことは非本来的時間性が本来的時間性から派生すると考えられているのと同様である。すなわち、彼は「本来的時間性から非本来的時間性が発源する」[一五六]と主張し、その本来的時間性を、非本来的時間性として明らかとなる時間内部性がそこから派生してくるという理由で「根源的時間」と名づけている。[一五七]かくして『存在と時間』の分析論が示そうと努めるのは、ハイデガーが「根源的で本来的な時間性」と名づけるものが現存在の存在の意味をなし、その存在のあらゆる構成要素を統一的に可能にしているということであった。そこで次に、彼がそれをどのように示しているのかを明らかにすることにしたい。

第二節　気遣いの意味としての時間性

本節で、われわれは『存在と時間』第六五節の議論の考察を試みる。間違いなく、この節は実存論的分析論の頂点の一つである。というのもここではじめて、気遣いの意味が時間性であるということ、つまりハイデガーがこの分析論を通じて明らかにしようとしていたことが示されるからである。

はじめに、ハイデガーによる「気遣い（Sorge）」の定義と、この節での彼の課題を明確化させておこう。気遣いとは、本来的であれ非本来的であれ、現存在がつねにすでにそれとして実存している「構造全体」[一五八]であり、この意味で「現存在の存在」[一五九]をなしている。前節で、われわれはハイデガーにおける無差別相を、現存在が「つねにすでに」それである根源的構造に関するものと、「さしあたりたいてい」それである日常的な実存様態にかかわるものとに区別してきた。彼が「平均性」と名づけるのは後者の無差別相であり、それに対して「気遣い」は前者の無差別相の一種である。そしてこの気遣いの構造は、同様にそれぞれ無差別的である、「自身に先立って（Sich-vorweg）」（実存性）・「……のうちにすでにある（Schon-sein-in...）」（事実性）・「……のもとにある（Sein-bei...）」（頽落性）[一六〇]という三つの構成契機の統一からなり、[一六一]これら三つの契機はそれぞれ、こちらもやはり無差別的である、将来・既在性・現在という時間性の三つの脱自態によって可能になっている。[一六二]

ところで、こうした気遣いの構造や、それを可能にしている時間性の構造は、現存在が普段、世界のうちで世界内部的存在者を配慮したり、他の人々を顧慮したりしているあいだは隠蔽されたままに留まっている。ハイデガーはいかにしてこの気遣いや時間性の構造を、それらを隠蔽している日常的な配慮や顧慮から切り離して分析することができるのか。不安のもつ方法的機能が発揮されるのはまさにここである。なぜなら「不安においては、周囲世界のうちの手許のものは、また総じて世界内部的存在者は沈没する」[一六三]からである。不安は、世界内部的存在者との現存在の交渉を停止させることで、その現存在の存在をそのものとして開示する（＝孤立させる）働きであり、この意味で、ハイデガー現象学における一種の「還元」の役割を担っている。[一六四]そしてこの還元としての不安を通じて後から取り戻された本来性の分析を通じてのみ、気遣いの根源的な構造全体は可視的となる。

（1）根源的で本来的な時間性

当該の第六五節でハイデガーは、気遣いの意味としての時間性を「根源的で本来的な時間性（ursprüngliche und eigentliche Zeitlichkeit）」[一六五]という形で頻繁に表現している。この表現はいくぶん混乱を招くものであろう。というのも、素朴に考えて、根源性と本来性は即座に同一視されうるものではないからである。[一六六]実際、ハイデガーは気遣いを、本来的であれ非本来的であれ、すべての現存在に共通する無差別的構造として導入していたのであるから、気遣いの意味である時間性も同様に、本来的であれ非本来的であれ、すべての現存在に共通している無差別的なものでなければならないように思われる。そのうえ、ハイデガーは根源的時間性を、本来性と非本来性の双方を「可能にする（ermöglichen）」[一六七]ものとして提示している以上、根源的時間性と本来的時間性は異なる水準に置かれていると考えざるをえない。これらの点に関して、マルゴット・フライシャーは、ハイデガーの論述に「曖昧さ」[一六八]を指摘する一方、ウィリアム・ブラットナーは「本来的時間性は根源的時間性の単に一つの様相にすぎない」[一六九]と主張することで、この曖昧さを解消しようと試みる。要するに彼女らは、ハイデガーのこの表現を修正することで、根源的時間性と本来的時間性とを明確に切り離すべきだと主張するわけである。しかし実際のところ、両者は切り離されるべきなのであろうか。

この問題に関して、ダニエル・ダールシュトロムは次のように述べることで、先のフライシャーやブラットナーの主張に反論した。[一七〇]「ハイデガーによる根源的時間性と本来的時間性との結合は、現存在が存在可能であるという事実によって正当化される」[一七一]。前節で明らかにしたように、現存在はそのつど本来性か非本来性のいずれかでありうるのであって、本来的でも非本来的でもない平均的な無差別相でもありうるわけではない。同様に、現存在が根源的には存在可能であるとしても、それはつねに一定の仕方での、つまり本来的か非本来的いずれかの仕方での存在可能であって、そのいずれでもない中立的な存在可能一般ではないだろう[一七二]。そしてもちろん、現存在の根源的な存在可能がそのものとして可視的となるのはただ、現存在の本来的な存在可能の分析を通じてのみである。これこそ、次のハイデガーの記述の言わんとしていることにほかならない。「現存在の本来的な全存在可能を示すことによって、実存論的分析論は現存在の根源的な存在の体制を確保する」[一七三]。したがって本来的時間性と根源的時間性の結合についても、現存在がそのつど選択しうるのは本来的時間性か非本来的時間性いずれかであり、ただ本来的時間性を選択した現存在の分析を通じてのみ、根源的時間性の構造は可視的となるという仕方で理解されうる。

　このダールシュトロムの指摘は、本来性と根源性とのあいだの先述の曖昧さを或る面で解消しているが、とはいえなぜ本来性だけが根源性と結びついているのかという点に関してなお謎を残したままである。というのも、非本来性もやはり一種の「根本可能性」である以上、それが現存在に根源的に帰属していることに変わりはなく、非本来性の分析を通じてしか明らかとならないような現存在の根源的構造もあるのではないかという疑念が払拭しきれないからである。実際、われわれは前節の議論のなかで、ハイデガーの分析論においては、本来性が或る面では非本来性と結びついたままであり続けるということを明らかにしてきた。そしてもし本来性が非本来性と不可分であるとすれば、根源的時間性は本来的時間性とだけでなく、非本来的時間性とも不可分であるということを認めざるをえない。したがってここでも、もっぱら本来的時間性のみの分析を通じて根源的時間性の構造全体を明らかにしようとするハイデガーの試みが或る限界をもつことが明らかとなる。それはすなわち、非本来的時間性の分析を通じてしか明らかとならない根源的時間性の構造が不可視的なままに留まるという限界である。たとえば、気遣いの一契機である「……のもとにある」（頽落性）は、根源的時間性の一契機である「現在」に根を下ろすものだが、この「現在」は本来的時間性よりもむしろ非本来的時間性の分析を通じて明瞭化されうるのではないか。われわれがこのように問うのは、何と言っても、「現在」は世界内部的存在者との交渉を現存在に可能にする脱自態である一方、現存在がそれを通じて本来的時間性を後から取り戻すような不安の経験が、まさしく世界内部的存在者との交渉を停止させているからである。もし本来的時間性において「現在」がまったく機能していないとすれば、われわれは再度、この本来的時間性は根源的時間性の構造全体を明らかとすることなどできないと結論づけざるをえない。とはいえこの点に関しては、ハイデガーが「本来的現在」とみなしている「瞬間」の規定を検討することが不可欠である。われわれは次節、その検討を試みることにしたい。

（2）自己性（自立性）と時間性

気遣いに関する先述の説明のなかでわれわれは、気遣いの三つの構成要素の統一を暗に前提としてきた。したがって、何がこの統一を可能にしているのかと問われよう。この問いに対する返答は、直前の第六四節のなかですでに与えられている。すなわち「《自我》が気遣いの構造全体の全体性を《とりまとめている》ように見える」[一七四]。もっとも、ハイデガーによれば、この「自我」をそのようなものとして実存論的に解釈するには、「思惟実体（res cogitans）」という伝統的な自我観から、より具体的に言えば、カントの自我観と、彼が独断的に継承しているデカルトの自我観から距離をとらなければならない[一七五]。なぜならこれらの自我観は、自我を実体的なものとして捉えることで、自我に固有の同一性を、事物に固有の同一性と混同する誤りを共有しているからである[一七六]。それに対してハイデガーは、自我に固有の同一性を、事物に固有の恒常的な同一性とは区別された、或る種の可変性をもった「自立性（Selbständigkeit）[一七七]」ないし「自‐立性（Selbst-ständigkeit）[一七八]」と名づけ、さらに「本来的な存在可能という現象が〔……〕自己の自‐立性へのまなざしを開く[一七九]」と主張する。彼によれば、現存在の本来的実存の分析を通じて可視的となった気遣いの構造のうちにはすでにこの自‐立性が含まれているがゆえに、「気遣いは自己というようなものに基礎づけられることを必要とせず、むしろ気遣いの構成要素としての実存性が現存在の自‐立性という存在論的体制を与えている[一八〇]」。このようにハイデガーは、気遣いの構造のうちにあらかじめ含まれた自立性によってその構造の統一性はすでに確保されていると考えるため、その構造を統一する超越論的自我のようなものを気遣いとは別に設置する必要を認めない。「自己‐気遣い（Selbst-sorge）という表現は同語反復であり〔……〕、気遣いはそれ自身のうちにすでに自己という現象を蔵している[一八一]」。それゆえ時間性が気遣いを可能にするのは、その統一を可能にしている自己を最初からうちに含んだものとして可能にするという仕方においてである。そしてこのことは、気遣いのみならず自己によるその統一を可能にしているのもやはり時間性だということを意味している[一八二]。このように時間性は、気遣いの統一性とともに自己の同一性を可能にしている根源的な綜合作用であり、ハイデガーは同時期の他の執筆物のなかで、カントにおける超越論的構想力の綜合作用をそのようなものとして解釈しようとしていた。われわれは次章でその解釈を詳しく取り上げることにしよう。

第三節　本来的時間性と非本来的時間性

前節においてわれわれは、時間性が気遣いを可能にしているということを、すなわち、将来・既在性・現在という時間性の三つの脱自態が、実存性・事実性・頽落性という気遣いの三つの構成契機をそれぞれ可能にしているということを指摘した。さらに、本来的時間性の分析が根源的時間性の構造を可視的にできるのに対して、非本来的時間性はその構造を隠蔽しているということも明らかにした。しかし、この後者の点に関してわれわれは、非本来的時間性の分析を通じてしか明らかとならない根源的時間性の構造もあるのではないかと問うことで、ハイデガーにおける「根源的で本来的な時間性」という表現に疑問を呈してきた。この疑問に答えるためにわれわれは、本来的時間性と非本来的時間性の各様態を確認したうえで、本来的現在としての瞬間の問題と、根源的時間性における将来の優位の問題を検討することにしたい。

（1）三つの脱自態

時間性は、将来・既在性・現在という三つの脱自態の統一として時熟するが、(一八三) これら三つの脱自態は、本来的であるか非本来的であるかに応じて、それぞれ異なる様態を示す。以下、三つの脱自態を、（a）将来、（b）既在性、（c）現在の順に取り上げ、それらの各様態を確認しておこう。

（a）「将来（Zukunft）」。現存在は、本来的であれ非本来的であれ、つねに将来している。この将来は未来と似た何かではなく、その根源にある現存在の働きであって、「到来する（zukommen）」という動詞から理解されるべきものである（それゆえ「到来」と訳したほうが誤解の危険は少ないだろう）。ハイデガーはこの将来という脱自態を、特に「自己を自分へと到来させる（Sich-auf-sich-zukommenlassen）」(一八四) という表現で示している。この表現が意味しているのは、現存在はつねに可能性としての自己を自分へと到来させるという仕方で脱自しているということであり、そのことが、気遣いの一契機である「自身に先立って」という在り方（実存性）を可能にしている。したがって将来とは、自分を自己へと関係づける、つまり自己関係性を構成する働きの一つである。

このような将来は、本来的には「先駆（Vorlaufen）」、非本来的には「予期（Gewärtigen）」としてそれぞれ具体化される。(一八五) 現存在は普段、つまり非本来的に実存している場合、今後起こりうるさまざまな出来事を予期し、それらの出来事の実現を待ちながら生きている。他方、本来的に実存している場合、現存在は自身の諸可能性へと、またそれらの可能性のなかで最も極端な可能性である死へと先駆することで、その死によって限界づけられた自身の「本来的な全存在可能（eigentliches Ganzseinkönnen）」[一八六]を引き受けている。それに対して、自身の死を漠然と予期しているとき、この現存在は、その死という可能性を極力考えないように努めることで、この本来的な全存在可能から逃避しようとするであろう。ときにその死が避けがたいということが悟られるとしても、そのような場合にこの非本来的現存在は、来世や輪廻のような神話的表象を持ち込むことで、その死をできるかぎり変装させようと努める。このとき死は、そのものとしては、つまり「追い越し不可能な可能性」[一八七]としては引き受けられておらず、それゆえこの予期は、現存在が本来的にそれである「死へとかかわる存在」から逃避するような、非本来的時間性の一契機である。

（b）「既在性（Gewesenheit）」。現存在は、本来的であれ非本来的であれ、つねに既在的にある。この語のうちに含まれた gewesen は sein の過去分詞形であり、「かつてあった」ということを意味する。ただしそれは「かつてあったが今はもうない」過去のこととしてではなく、「かつてあったという仕方で現にある」こととして理解されなければならない。現存在はつねに、かつてあった自己を自分へと「帰来させる（zurückkommen lassen）」[一八八]という仕方で脱自しており、そのことが、気遣いの一契機である「すでに……のうちにある」という在り方（事実性）を可能にしている。それゆえこの既在性もまた、将来と同様、現存在の自己関係性を構成する働きの一つである。

このような既在性は、本来的には「取り戻し（Wiederholung）」として、非本来的には「把持（Behalten）」ないし「忘却（Vergessenheit）」として具体化される。[一八九]取り戻しが「かつてあったという仕方で現にある」事実的な諸可能性にかかわるのに対して、把持は「今はもうない」出来事にかかわる。現存在は、かつて選択したかもしくは選択し損なった事実的な諸可能性によって制限された世界のうちにすでに投げられており、この諸可能性を取り戻すことで、自身の「本来的な全存在可能」を引き受けることができる。ところが現存在は、さしあたりたいていこの諸可能性を取り戻さずに、それを単なる過去の出来事として把持することで、本来的自己を忘却している。というのもその場合に、自己は把持の対象となることで世界内部的存在者へと水平化され、そのように水平化された非本来的自己が唯一の自己とみなされているからである。現存在は本来的自己を忘却することによってはじめて、自分以外の存在者を把持したり把持し損ねたりすることができるのであり、通常の意味での「忘却」はこの把持し損ねることを意味する[一九〇]。

（c）「現在（Gegenwart）」。現存在は、本来的であれ非本来的であれ、つねに現在している。この脱自態としての現在が名称上、客観的な時間様態としての現在と重複しているからといって、両者を混同してはならない。脱自態としての現在は、客観的な時間様態としての現在の根源にある働きであり、この働きが「周囲世界的な現前者を行為しつつ出会わせること[一九一]」を現存在に可能にすることで、その現前者の「もとにある」という気遣いの一契機を可能にしている。それゆえ先の二つの脱自態とは異なり、この現在は他者関係性を構成する働きである[一九二]。

なるほどこの現在は、日常的な、それゆえまた非本来的な時間性において特に優位に働くが、本来的時間性のなかでまったく機能していないわけではない。しかしながら、この本来的時間性における現在の様相に関するハイデガーの記述は必ずしも明瞭とは言えず、率直に言って混乱させるものである。というのも彼は、定義上、本来的現在を「瞬間（Augenblick）」、非本来的現在を「現在化（Gegenwärtigen）[一九三]」としつつも、同時にまた、無差別的な脱自態としての「現在」をときに「現在化」とも言い換えており[一九四]、現在はつねに非本来的な現在化だと考えられているように見えるからである。こうした見かけは、彼が「非本来的現在を現在化と名づける」と書いた直後に、「形式的に解されるならば、あらゆる現在が現在化しつつあるが、あらゆる現在が《瞬間的に》あるとはかぎらない[一九五]」と続けていることにより、さらにもっともらしさを増す。「あらゆる現在が現在化しつつある」とすれば、この現在化という非本来的現在を免れうるいかなる可能性も現存在には残されていないことになろう。とはいえ、われわれとしては、そのような判断を下すことはまだせずに、たとえあらゆる現在が非本来的現在であるとしても、瞬間という本来的現在が現存在にとって選択不可能となったわけではないという仮説を立て、それを検証してみることにしたい。実際、「あらゆる現在が《瞬間的に》あるとは限らない」という後半の記述は、瞬間という本来的現在もまた選択可能であるということを暗示しているように見える。

(2) 瞬間の問題

この仮説を検証するにあたり、いま一度「瞬間」の問題を明確化させておく。先に指摘したように、この問題は、「現在」が世界内部的存在者との交渉を現存在に可能にする脱自態である一方、本来的時間性は、その交渉を停止させるような不安を通じてのみ現存在にとって選択可能となる以上、この本来的時間性のうちに「現在」の占めうる場所はないのではないかという疑念として定式化されうる。実際、先にわれわれが引いた「あらゆる現在が現在化しつつある」というハイデガーの記述は、「現在」は結局のところ非本来的時間性のうちにしか占めうる場所をもたないという主張として、この疑念を裏付けているように見えた。そして仮にそうだとすれば、瞬間とは、単に理論上の、つまり実際には選択不可能な脱自態だということになろう。

このような結論を、ハイデガーは避けようと努めたに違いない。というのも彼の分析論は、そのなかのどれ一つが欠けても成立しえないような、先駆・取り戻し・瞬間という三つの構成契機の統一からなる本来的時間性の分析を通じて、根源的時間性の構造の全体性を明らかにしようとするものだからである。現在は「将来と既在性のうちに包み込まれて」[一九六]おり、固有の場所をもたないにもかかわらず、根源的時間性の一契機をなしている。したがって、その根源的な現在を明らかにしうる瞬間も、本来的時間性のうちに何らかの場所を——たとえそれが「無場所的」であろうと(一九七)──占めうるのでなければならず、そのため彼は瞬間を、そこにおいて「何も起こりえない(一九八)」ようなもの、つまりいかなる内容ももたないようなものとしつつも、実際に選択可能な一様態として導入せざるをえなかった。こうした瞬間の規定はしかし、先に見てきた「先駆」や「取り戻し」と比して明らかに具体性に乏しく、それはまさに、オットー・ペゲラーをして、この規定は「空虚なまま」だと指摘させるほどである(一九九)。そうはいっても、ハイデガーが瞬間について何の規定も施していないわけではなく、その規定を見極める必要があろう。

　ハイデガーは瞬間を、彼が「状況（Situation）」と呼ぶようなものを開示する働きとして規定している。そのため以下では、彼がヤスパースから得たか、あるいは少なくとも彼と共有しているこの「状況」という概念が(二〇〇)、瞬間を理解するうえで重要な役割を担うことになる。まずは、ハイデガーによる「状況」の定義の確認から始めよう。

> 状況とは、決意性のうちでそのつど開示されている現であり、そのような現として、実存する存在者は現にある。状況は出会われる諸事態と諸偶発事との眼前的な混合物とは遠くかけ離れており、ただ決意性によってのみ、また決意性のうちにのみある(二〇一)。

　他方、同じくハイデガーによれば「瞬間は、実存を状況のうちへともたらし、そうすることで本来的な《現》を開示する(二〇二)」。したがって状況とは、現存在がさしあたりたいていそれに対して「閉鎖（verschliessen）(二〇三)」されているが、現存在をまさに「現」に存在する存在者たらしめているものとして、決意性の瞬間においてのみ自身に「開示（erschliessen）」されるものである。このことから「瞬間＝瞬視（Augen*blick*）(二〇四)」とは、普段は閉鎖され、隠蔽されているが、実際にはつねにすでに成立している状況に対して眼を開くという一種の視界変様の働きであるということが明らかとなる。そうだとすれば、現存在が日常的に現在化している状況が、それが本来的にそれであるところの状況と内容の点で異なっているかどうかは定かでない。現存在は決意性の瞬間においてこの状況へと眼を開くために、その状況の内容を変化させる必要はないだろう。何らかの深刻な事態に直面することで、そのような状況の開示が受動的に果たされることはあるかもしれないが、そうした直面がこの開示にとっての必要条件であるとは思えず、瞬間的であるために、現存在が実際に命の危機に瀕したり、厳しい精神修行に身をやつしたり、神秘的体験にふれたりする必要があるとは思えない。なるほどこの「瞬間」は、古代哲学やキリスト教の伝統のうちで、とりわけ「好機（καιρός）」という名称で頻繁に話題となっており、ハイデガーがそれを存在論的な術語として独自に継承しているということは確かである。[二〇五] しかし彼にとってこの瞬間は、キリスト教的伝統においてときおりそう理解されるように、信仰者が神との二者関係へと突入するためのイニシエーションの機能を果たすわけではなく、現存在の置かれている状況をありのままに開示するという機能だけを担っている。それゆえ結局のところ「《瞬間においては》何も起こりえず」[二〇六]、それはただ、現存在が置かれている状況をそのものとして見えるようにする、つまり「行為しつつ決意性が把捉するものを偽りなく出会わせる」[二〇七]ことしかしない。このように瞬間は、現在化と同様に、現存在の「……のもとにある」という在り方を可能にする現在であるが、自身の置かれている状況が閉鎖されている現在化とは異なり、その状況が開示されている現在である。したがって現存在は、先駆しつつ取り戻すことで自身の本来的な全存在可能を引き受けたときにはすでに、このように「瞬間的に」実存していたのであった。本来的時間性（先駆し取り戻す瞬間）において、現在の状況は、自身の死によって限界づけられたその本来の様相において現存在に開示されている。それに対して、非本来的時間性（予期し把持する現在化）において、現存在はこうした状況がずっと続いていくだろうと漠然と考えており、それに終わりがあることを知らないわけではないにせよ、そのことをはっきりと意識しようとせず、その本来の様相から目を背けようとする。このように、現在化しつつあるが瞬間的でない非本来的現存在は状況のうちに留まることができず、「至るところにあってどこにもない」

という現在化に特有のこの「所在なさ（Aufenthaltslosigkeit）」は「瞬間に対する最も極端な反対現象[二〇八]」だとされる。

　以上、ハイデガーによる瞬間の規定を確認してきた。それは日常的には隠蔽されている状況をそのものとして開示する視界変様の働きであり、現存在が先駆し取り戻すことによって自身の本来的な全存在可能を引き受けることで時熟する。しかしそうだとすれば、現存在が本来的時間性として実存するには、先駆と取り戻しだけで十分であり、瞬間はこれら二つの本来的脱自態の統一の結果ないし効果として付随的に時熟するにすぎないということになりはしないか。現在が「将来と既在性のうちに包み込まれている[二〇九]」ように、瞬間もまた先駆と取り戻しのうちに包み込まれているとすれば、この瞬間は選択不可能ではないにせよ、本来的時間性のうちに固有の場所をもたず、その規定は「空虚なまま」であるように思われる[二一〇]。

　この点に関して、われわれはハイデガーによる「瞬間」の規定が不十分であるとか誤っているとか主張するつもりは毛頭ないが、「本来的現在」としての「瞬間」という発想には少なからず問題があると考えている。というのも彼が、一方で「本来性」を、他者関係性から区別された自己関係性とみなし、他方で「現在」を、他者関係性を可能にする脱自態とみなしている以上、この「現在」が「本来的」であることは原理的に不可能だからである。おそらく根本的な問題は、先にわれわれが指摘したような、ハイデガーが本来性を獲得的な自己関係性とみなすことで、それを非本来性という喪失的な自己関係性と二者択一的なものとみなした点にあるのだろう。われわれの考えでは、また後で見るようにレヴィナスの考えでは、現存在が倫理的‐社会的に責任を負った本来的自己でありうるためには、単に自身の死によって限界づけられた本来的な全存在可能へと、その末端を先駆し取り戻すという仕方でかかわるだけでは十分でなく、そのように限界づけられた存在の外部にある他者ないし無限者へと、現在という仕方で脱自的にかかわることもまた必要である。現在は、現存在がそれによって自身の有限的な存在を離脱して他者へとかかわりはじめる脱自態であり、この離脱が意味しているのは、ハイデガーがそう考えるような、世界への没入や自己喪失の可能性ではなく、むしろそれによって現存在が他者にとっての自己となる可能性なのである。それに対して、ハイデガー的な共存在としての本来的自己は、自己と他者とを自身の存在のうちに了解によって包括する自己であって、他者にとっての自己ではない。(三二) ハイデガーにおける、つまり共存在という世界内存在の構造契機の一環にあらかじめ組み込まれた他者は、自己にとっての、あるいは自己のための他者のままであり続ける。ハイデガー哲学において、現存在が他者へと身を委ねることで、自身の外部へと開かれた自己となるのはただ、現在に基づく頽落によって、つまり世人という非本来的な共存在のうちに分散して本来的自己を喪失することを代価としてのみである。瞬間の規定の空虚さは、現存在が本来的自己であるために、現在における他者との具体的な出会いを——排除はしないにせよ——必ずしも必要としていないことに起因するように思われる。

(3) 将来の優位

これまで、本来的時間性と非本来的時間性を、それぞれの脱自態に応じて明らかにしてきた。本節では最後に、根源的時間性においては将来に優位があるというハイデガーの主張を検討することにしたい。この主張は次のように表明されている。

時間性は〔……〕そのつど諸脱自態の等根源性において時熟するとはいえ、根源的で本来的な時間性の脱自的統一においては将来が或る優位をもっている。(三三)

ここでは当然、三つの脱自態の等根源性と、そのなかの一つである将来の優位がいかに両立しうるのかと問われよう。まず「等根源性」に関しては、それが諸脱自態間の相互の派生不可能を示していると解釈することができる。すなわち、これら三つの脱自態は互いに根本的に異なっており、いずれか一つから他のものを派生させることはできないが、とはいえつねに或る統一をなして時熟するということである。他方、ここでの「優位」は、次の記述から読み取るかぎり、時間性の時熟の或る種の順序のことを指しているように思われる。

> 根源的で本来的な時間性は本来的将来から時熟し、しかもその時間性が将来的に既在しつつはじめて現在を呼び覚ますという仕方で時熟する。[二三]

時間性が「将来から時熟する」ということは、通俗的な時間理解においても、まず未来が先にあり、次いで現在が続き、それから過去へと経過するという順序で「今」が継起すると考えられているため、さほど理解に窮することではない。[二四] しかし、ハイデガーがここで問題としている時間性の時熟は、いわゆる前後継起を意味しているのではなく、[二五] おまけにその順序も将来・既在性・現在であって、通俗的時間理解とは既在性と現在の順序が逆である。その理由を知るには、将来と既在性が現存在の自己関係性を可能にしている二つの脱自態であるのに対して、現在は現存在の他者関係性を可能にしている脱自態であるという先に指摘した事実を引き合いに出すのがよいだろう。現存在は、帰来しつつ到来することで自己関係性を構成し、世界内部的存在者を現在化することで他者関係性を構成する。したがって、将来と既在性のほうが現在よりも自己により近いものとして時熟するという意味で、より先にとは言わないまでも、より根源的に時熟するということが認められよう。[二六]

それならばしかし、いずれも自己関係性の構成契機である将来と既在性とのあいだに序列があるのはなぜか。われわれとしても、既在性に対する将来のこの優位をハイデガーがなぜ主張できるのかが分からない。[二七] 現存在は自分が了解した諸可能性をまさに存在しているとしても、その諸可能性は無制限の可能性ではなく、諸事実性によって制限された「被投的可能性[二八]」である。それゆえ、現存在が将来的であるためには、それは同時にまた何らかの仕方で既在的であるのでなければならず、ハイデガーが次の箇所で主張しているのはまさにそのことではないか。

> 現存在が総じて、私がかつて-あった〔*sein*-gewesen〕としてあるかぎりにおいてのみ、現存在は帰-来する〔*zurück*-kommen〕という仕方で将来的に自己へと到来しうる。本来的に将来的に、現存在は本来的に既在的にある[二九]。

たしかにハイデガー自身にとっても、この将来の優位はけっして揺るがない前提の一つというわけではない。彼にとって特定の脱自態の優位は、そこで何が問題となっているかに応じて変化しうるものであり[三〇]、したがってたとえば、世界内部的存在者との交渉が問題となるときには現在に優位が置かれ[三一]、歴史性が問題となるときには既在性に優位が置かれる[三二]。しかしここでわれわれが問題としているのは、ハイデガーが時間性による自己関係性の構成という同一の事態を問題とするさいに、どうして既在性よりも将来に優位を置くことができるのかということであって、ここには一定の曖昧さがあるように思われる。そしてこの曖昧さは、以下でわれわれが論究するような、歴史性に対する時間性の先行性というハイデガーの主張に存する曖昧さと無関係ではないだろう。なぜなら、歴史性に関して既在性に優位があり、そのうえ時間性も歴史性も現存在の自己関係性の構成にかかわっているとすれば、既在性に対する将来の優位はもはや有無を言わせぬものではないからである。したがってわれわれは、将来の優位というハイデガーの主張に関して、現在に対する既在性と将来の優位をひとまずは認めるとしても、既在性に対する将来の優位を認めることはまだできず、それを認めるには、歴史性に対する時間性の先行性という主張を検討しなければならないと考える。

第四節　歴史性の演繹とその限界

（1）時間性と歴史性の関係の曖昧さ

前節までにわれわれは、現存在の本来的時間性の在り方を、自身の本来的な全存在可能を「先駆し取り戻す瞬間」として明らかにしてきた。この本来的な全存在可能は、それをまさに一つの全体たらしめている「始まり」と「終わり」をもつのでなければならず、ハイデガーはそれらを現存在の「誕生」と「死」によって規定している。[二三三]したがって、いまや「誕生と死とのあいだの現存在の伸張」[二三四]が問題となり、この「伸張（Erstreckung）」という動性を「歴史性」の分析によって明らかにすることが、『存在と時間』第二編第五章「時間性と歴史性」の暫定課題となる。それでは、この分析によっていったい何が新たに解明されるのか。

或る意味で、ここでは新しいことは何も解明されない。解明されるのは、時間性に関する先の分析のなかですでに取り上げられてきたが、そこでは十分に明らかにされてこなかったようなことである。たとえば、先述の「伸張」という動性がそれにあたるが、この動性は時間性の「時熟」を別の観点から主題化したものであり、[二三五]単にこれまでその各契機を静止的に分析せざるをえなかったがために、時間性の分析からこぼれ落ちてきたものにすぎない。[二三六]それゆえハイデガーは、根源的には時間性に根ざしている「伸張」を、ここで新たに「生起（Geschehen）」と名づけることで解明の対象としている。[二三七]したがってこの生起の解明は、歴史性の説明というよりはむしろ時間性に関する補足説明であり、「現存在の歴史性の実存論的企投は、時間性の時熟のうちに包み込まれているすでに存している事柄をただあらわに示すだけである[二三八]」。このことはしかし、時間性から区別されるかぎりでの歴史性そのものは、この著作においては重要な役割を担っていないという疑念を呼び起こすのではないか。事実、「現存在の歴史性についての解釈は、時間性についてのいっそう具体的な仕上げにすぎないものとして示される」[二二九]というハイデガーの記述は、この疑念をまさに裏付けているように見える。そしてもしそれが単に外見上のことでないとすれば、デリダが指摘するように、「現存在は根源的に歴史的であり、端から端まで歴史的であるにもかかわらず、その現存在の歴史性についての記述、またその歴史性という主題は、『存在と時間』では第一次的というわけではない」[二三〇]ということを認めざるをえないだろう。

この疑念を裏付けるにせよ払拭するにせよ、ハイデガーが時間性からの歴史性の「演繹」[二三一]として行なおうとしていることの内実を検討する必要がある。この演繹は、それが「時間性から歴史性を存在論的に展開すること」[二三二]と言い換えられていることから分かるように、時間性という根源から歴史性を存在論的に導出することを意味しているが、前章で考察した時間内部性の「派生」と同列的に考えられてはならない。なぜなら、歴史性は時間性に根を下ろしているだけではなく、或る面では時間性と同一視されてもいるからである。しかし、歴史性を時間性と同一視すると同時に、そこから演繹するということのうちには何らかの曖昧さがあるのではないか。この曖昧さはたとえば、次のハイデガーの記述のうちに見出すことができる。[二三三]「時間性は同時に、現存在自身の時間的な在り方としての歴史性の可能性の条件である」[二三四]。歴史性がそれ自体、現存在の「時間的な在り方」[二三五]だとすれば、そのような在り方のことをハイデガーはまさに「時間性」と呼んでいたのであるから、その時間性を歴史性の「可能性の条件」とすることがどうしてできるのかが分からない。この点に存する曖昧さを、ジョン・サリスは次のようにいっそう明確に表現している。「一方で、ハイデガーは時間性を歴史性の可能性の条件として提示することで時間性を歴史性よりも前に置いている。しかし他方で、ハイデガーはこの条件を条件づけられたものから分離していると取られる可能性のある裂け目を塞いでもいる」[二三六]。

このような次第である以上、われわれは歴史性と時間性がいかなる意味で区別されているのかを明らかにしなければならない。ハイデガーが時間性を歴史性の「可能性の条件」として提示するとき、それによって意味されているのは、時間性が、歴史性よりも時系列的に先立って時熟することで、それを可能にしているということではなく、時間性の構造が歴史性の構造を全面的かつ一方的に規定しているということである。[二三七]現存在は本来的には「歴史的」であるのに対して、非本来的には「歴史のうちに」あり、こうした本来的歴史性と非本来的歴史性の構造の区別は、本来的時間性（「時間的」である）と非本来的時間性（「時間のうちに」ある）の時熟構造の区別に基づいている。[二三八]それゆえハイデガーは、通俗的時間概念が世界内部的存在者の時間内部性から派生すると主張していたのと同様に、通俗的歴史概念は、世界内部的存在者――ハイデガーはこれを「世界歴史的なもの（das Weltgeschichtliche）」とも呼んでいる――に特有の、現存在の歴史性と比して第二次的な歴史性格から派生すると主張していた。[二三九]ところで、このようにその構造に関して対応関係があるとされる時間性と歴史性とのうちで、時間性が歴史性の「可能性の条件」であるとすれば、少なくとも理論上、時間性は歴史性に何らかの意味で先立っているのでなければならず、さもなくば、これら二つは実際には同じ一つの現象だということになろう。

しかしながら、歴史性に先立つ時間性などありうるのか。歴史性と時間性が何らかの仕方で区別されるべきだとしても、後者を前者よりも先に置くという仕方で区別することが果たして可能であるのか。時間的でない歴史性がありえないように――これはハイデガーも認めるであろうが――歴史的でない時間性もありえないとすれば、時間性と歴史性は同じ一つの現象を異なる仕方で名指したものとしか考えられない。その場合にわれわれは、ハイデガーに代わってこの区別を破棄しなければならないのだろうか。

そのような判断を下すのは性急である。というのもこの区別はなお、歴史性が現存在の根本性格に留まる一方、時間性が存在一般の根本性格、つまり時性へと拡張されるような場合には承認可能だからである。この拡張が承認されうるのかどうかについて、われわれはまだ明確な結論を下すことはできないが、少なくとも『存在と時間』の既刊部分でのハイデガーの議論が、その拡張を正当化しうる論拠を提示するに至っていなかったことは確かである。こうして結局のところ、『存在と時間』における時間性と歴史性の関係の曖昧さの検討の決着は、この著作を未完に留めることになった、時間性と時性の関係の曖昧さの検討へと先送りされることになる。もし現存在の存在が存在一般をなすことで時間性が時性として機能するのでなければ、歴史性に対する時間性の先行性も、さらにはそれに基づく、事実性に対する実存性の優位[二四〇]や、既在性に対する将来の優位なども支持されえないだろう。われわれは次章で、時間性と時性のこの関係の曖昧さを検討することにしたい。

(2) 歴史性と時間内部性

実のところ、こうした曖昧さは、時間性と歴史性とのあいだだけではなく、歴史性と時間内部性とのあいだにも異なる形で見て取れる。以前にわれわれが引用した『存在と時間』の或る箇所で、ハイデガーは歴史性と時間内部性が「等根源的[二四一]」であると主張していた。この主張は、一方から他方を派生させることはできず、両者はただ時間性という共通の根からそれぞれ派生ないし演繹されるということを意味している。歴史性と時間内部性は直接的には関係をもたず、ただ時間性という共通の根を介して間接的に関係しうるにすぎない。したがって、通俗的歴史概念は歴史性から派生し、通俗的時間概念は時間内部性から派生し、歴史性と時間内部性はそれぞれ時間性から等根源的に派生するというのが『存在と時間』でのハイデガーの基本的な説明方式である。

しかしこの説明方式は、ハイデガーが歴史性からの通俗的歴史概念の派生の説明を「時間内部性としての時間を援用して[二四二]」行なっているという事情により曖昧なものとなる。たしかに、一般に「歴史」と称されるものは「実存する現存在の、時間のうちで起こる独特な生起[二四三]」であり、それは現存在の歴史性に根を下ろしているとはいえ、その歴史性から直接的に派生するのではなく、現存在がそのうちにある時間を経由して生じてくる。ところでこれと類似した事態を、本書の第一部第一章で考察した、時間性からの通俗的時間概念の派生に関しても認めることができないだろうか。すなわち、この派生の説明も実際には歴史性を援用して行なわれるべきなのではないだろうか。世界時間の本質性格の一つである「緊張性」（およびそれに基づく通俗的に理解された時間の「連続性」）は、歴史性の生起がそれである「伸張性」としてのみ根源的に解釈されうるとハイデガーは主張していた。[二四] 無論、もし時間性と歴史性が異なるものではなく、それゆえ時間性にはなく歴史性だけにあるような性格が一つもないとすれば、そのような援用はあってもなくても同じであろう。しかし、もし両者が何らかの意味で区別されており、したがって歴史性だけに特有の性格があるとすれば、その性格は時間性からの時間内部性の派生についての説明を援用するものでありうる。われわれの仮説では、それはこの伸張性に含まれた媒介という性格であり、語りによる伝承に特有の性格である。この性格は、他の一切をそれ自身から派生させる根源的時間性のうちには見出されない。歴史性こそ、時間性と時間内部性とのあいだを媒介することで、両者のあいだに橋を架けるものである。こうした歴史性の媒介的性格はしかし、ハイデガーがそうしているように、歴史性を時間性と同一視したり、その派生態とみなしたりする場合には見落とされざるをえない。それに対して、われわれの考えではむしろ、歴史性は時間性と等根源的である。なぜならそれは、単に現存在の時間性だけに根を下ろしているわけではなく、現存在が時間性の時熟に先立ってそこへと投げ込まれているような根源的歴史にも根を下ろしているからである。時間性からの時間内部性の派生に根源的自然が抵抗を示したように、時間性からの歴史性の演繹に対してはこの根源的歴史が抵抗を示す。したがって歴史性の演繹も、時間内部性の派生と同様、或る限界をもたざるをえないということが明らかとなる。

（3）語りの歴史的性格——根源的歴史による抵抗

本節では、最後に「語り（Rede）」の歴史的性格を考察の俎上に載せる。それによってわれわれは、「語り」や「言語（Sprache）」といったものは、ハイデガーの主張に反して、時間性に根を下ろしているのではなく、むしろ時間性から演繹することのできない根源的歴史に根を下ろしているということを明らかにしたい。

まず『存在と時間』において語りは、情態的了解を分節化する働きとして、[二四五]現存在の開示性の一契機をなすものであった。ところが、第一編の「内存在」の分析においては「情態性・了解・語り」の統一として提示されていたこの開示性は、第二編の「時間性」の分析においては「情態性・了解・頽落」の統一として提示され、それゆえまた、語りではなく頽落が「現在」という脱自態に基づくものとして明らかにされる。さらにこの語りは「そこにおいて現在化が優先的な構成的機能をもっている」[二四六]と指摘されるも、同時にまた「特定の脱自態のいずれか一つにおいて第一次的に時熟することはない」[二四七]とも主張され、厳密に言えば、この語りに直接的に対応する脱自態はないとされていた。この点に関して、ディディエ・フランクは「語りは時熟の様態ではない」[二四八]として、その時間性格そのものを否定する一方、ジャン・グレーシュは「すべての脱自態の統一を保証するもの」であるという点に、語りに固有の時間性格を認めている。[二四九]とはいえ両者の解釈を吟味するには、語りの時間性格に関するハイデガーの記述はあまりに不足しており、このことは『存在と時間』の分析論全体のなかでも特に目立った問題点の一つであると言えよう。

そのうえこの問題点は、ハイデガーが本来的な語りの様態を「沈黙（Verschwiegenheit）」[二五〇]としているがゆえに、本来的実存における語りの位置づけが不透明なものとなっているということとも関係づけることができる。ここには、先にわれわれが「瞬間」の問題として指摘してきたのとよく似た問題がある。もしハイデガーが主張するように、言語が語りによって外へと語り出された世界内部的なものにすぎないとすれば[二五一]、そうした世界内部的なものとの交渉においてはつねに「現在」が優位をもっている以上、現存在を不可避的に非本来性へと引きずっていくその優位を失効させるには沈黙するしかないだろう。その場合にまた、本来性を引き受けうる言語などなく、それはただ言語の不在である沈黙によってのみ示されるということは必然である。おまけにハイデガーは、現存在は「空談(Gerede)」から脱出することができないということを率直に認めているため、[二五二]われわれはここでもまた、非本来的な空談から切り離された本来的な語りなどないと結論づけざるをえない。[二五三]たとえ本来的な語りが沈黙であると主張したところで、この結論が覆るわけではなく、したがって沈黙の規定もまた、瞬間の場合と同様、実質的な内容をもたない空虚な規定であるように思われる。

　本来的な語りをめぐるこの問題は、それによって現存在が世界内存在となる存在了解が、すでに何らかの言語を前提としているのではないかと問うことで、よりいっそう切迫したものとなる。果たして、いかなる言語の成立にも先立って「存在」が現存在に了解されうるであろうか。現存在が語りうるということが言語を可能にしているだけではなく、言語のほうもまた現存在にそうした語りを可能にしているのではないか。このように問うことでわれわれは、言語は『存在と時間』における世界内部的なものへのその還元に反して、存在了解に、それゆえまた時間性の時熟に先立ってすでにあるという見解を示したいと考えている。この点に関して言語は、先にわれわれが世界へと還元不可能な自然として指摘したものとよく似た状況に置かれているが、われわれが根源的歴史と呼ぶものに根を下ろしているという点で、それとは異なっている。そのことに加えて、ここでぜひとも指摘しておきたいのは、この根源的歴史が、現存在が第一次的に歴史的なものとして生起した後ではじめて、第二次的に生起するような「歴史的地盤」ではなく、[二五四]むしろその歴史性としての第一次的生起に先立って、現存在がそこへと不可避的に投げ込まれている立脚点だという点である。言語はまさに、根源的時間性の時熟に先立って現存在を取り囲んでいる根源的歴史に根を下ろしており、そこにフランクの主張する「語りの非時間性」[二五五]についての指摘を関係づけること

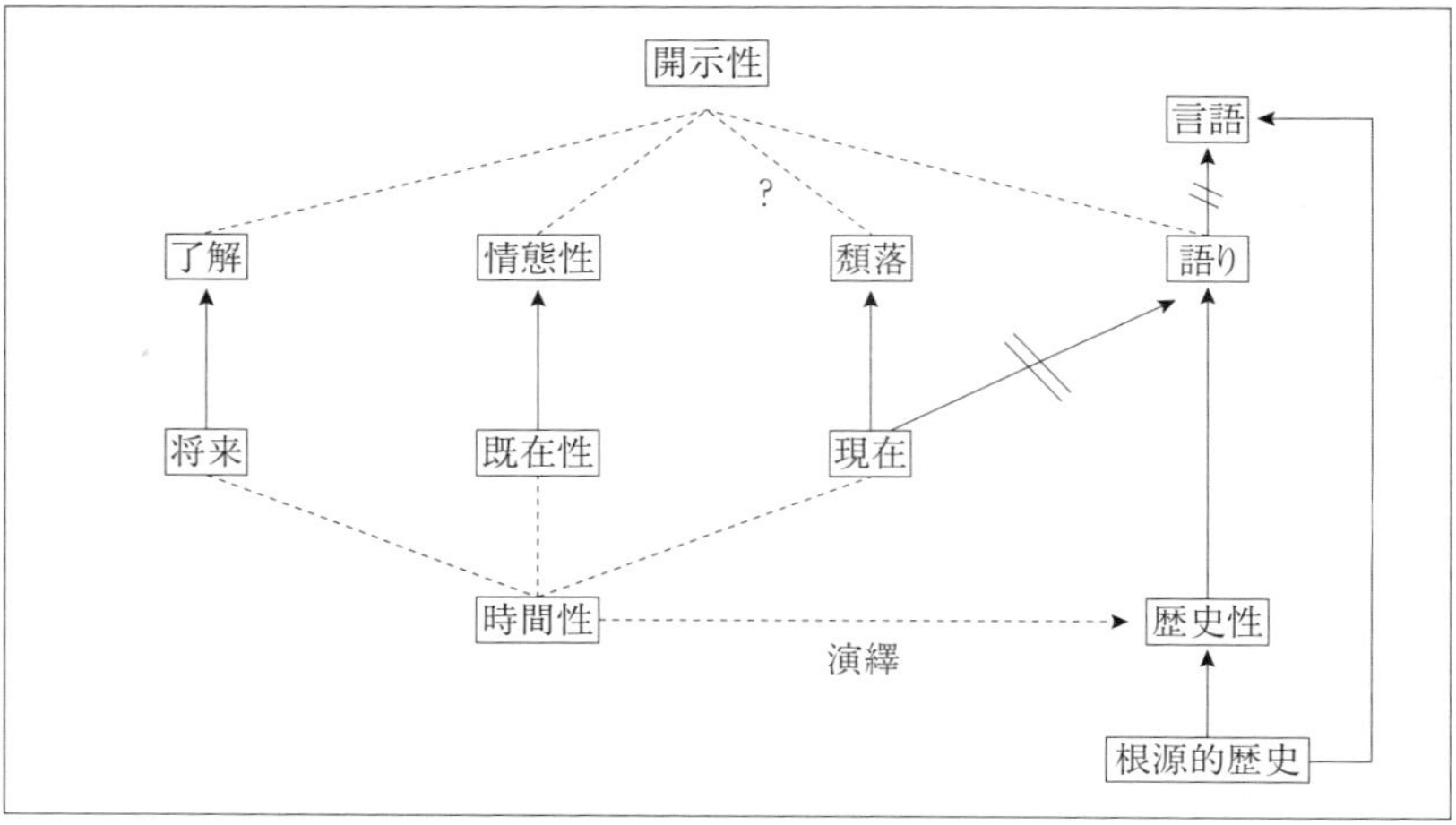

図１：語りの非時間性

ができよう（図1）。

さて、以上のわれわれの見解を次のように要約しておこう。すなわち、語りや言語はそもそも時間性に（あるいは少なくとも時間性だけに）根を下ろしているのではなく、根源的歴史に根を下ろしており、そのような歴史は時間性から演繹することができないと。したがって時間性からの歴史性の演繹にさいしては、この根源的歴史が抵抗を示すのであって、このことはとりわけ、そのような歴史に根を下ろしている語りや言語の時間性格に関するハイデガーの記述の不十分さや不透明さとして浮き彫りとなる。このように語りや言語の問題は、彼の時間性の哲学のいわば一つの盲点であり、そこには明らかに、時間性による統一的な基礎づけによっては原理的に説明できない何かが残っている。そしてこのことは、彼の後期の思索のうちで、またフランスにおける彼の哲学の受容のうちで、言語の問題が特に重要な位置を占めるようになることとも無関係ではないだろう。

最後にもう一点、次のことを指摘しておく（そしてこれは、われわれが後で取り上げるリクールのハイデガー解釈との関連で特に重要となる点である）。それはすなわち、語りは、ちょうどカントにおいて構想力が感性と悟性を媒介するように、情態性と了解を媒介するという点である。リクールのもとでこの語り（＝物語）は、ハイデガーが結局のところ根源的時間性と同一視することになるその構想力とは異なり、根源的歴史性との関連で解釈される。そしてそのように解釈されるならば、語りは特定の脱自態に根を下ろすものではなく、むしろ歴史性に固有の媒介作用として、グレーシュが解釈するように、「すべての脱自態の統一を保証するもの」とみなされよう。その場合にまた、この語りのもつ媒介作用は、それによってまさに諸脱自態が統一を得るような、それ自体としては時間的ではない歴史的な綜合作用として解釈されうる。

第五節　『存在と時間』の挫折と転回

以上、われわれは『存在と時間』における時間内部性の派生も歴史性の演繹も或る限界に突き当たることを示してきた。時間性からの派生や演繹によっては説明できない根源的自然や根源的歴史が発見される以上、時間性（根源的時間）は通俗的な時間概念や歴史概念の唯一の根源というわけではなく、それゆえこの点に『存在と時間』の「挫折」の要因の一つを認めることができる。実際、多くの解釈者は、後に『ヒューマニズム書簡』のなかでハイデガー自身が認めることになるこの「挫折（Scheitern）」[二五六]が、存在了解の可能的地平としての時間解釈という彼の前期の中心課題の放棄を引き起こしたと考えてきた。なるほどこの「挫折」以後、ハイデガーの著作のうちで「時間性」や「時性」といった語彙はほぼ消失し、その代わりに「自然」や「歴史」といった語彙の深化と拡張が見られるようになる。しかしこの「挫折」は本当に、ハイデガーに時間性の理論の放棄を強いた挫折なのであろうか。

本書を通じてわれわれが特に示したいのは、この「挫折」が単なる論証の失敗によってではなく、ハイデガー[二五七]がその論証のために用いた「派生」という方法のもつ限界によって引き起こされたものだということである。したがって、この挫折が彼の時間性の理論のうちで生じたからといって、それを放棄する必要はなく、その限界を適切に認識しさえすればそれでよい。それどころか、もしそれを放棄するならば、そのいずれもがこの理論に基づいている、ハイデガー哲学の他の中心的な諸相――存在論、世界論、自己論――はその地盤を喪失することになろう。存在、世界、自己、一言で言えば、世界内存在は、時間性によって可能になっており、それがなければそもそも成立しえないものである。

『存在と時間』の「挫折」に関する以上の解釈は、いわゆる「転回（Kehre）」の意味をどのように考えるかという問題の検討へとわれわれを導く。通説では、この「転回」がハイデガーの刊行物のなかで最初に言及されるのは、一九四六年に書かれ、その翌年に刊行された『ヒューマニズム書簡』のうちであるとされてきた。しかしその該当箇所でハイデガーは、一九三〇年に考案され、一九四三年になってようやく刊行された「真理の本質」講演がすでに「《存在と時間》から《時間と存在》への転回を思索することへの洞察を与えている」[二五八]と書いており、実際、彼はこの講演の或る註のなかで、その第五節と第六節とのあいだに「（性起のうちで現成する）転回への飛躍」[二五九]があると指摘している。したがって遅くとも一九四三年までには、ハイデガーはこの「転回」を何らかの形で思索していたと考えられる。

とはいえ、それは厳密にはいつ、どこで生じたのか。Kehre という語自体は、一九二〇年代のハイデガーのテクストのなかですでに用いられているもの[二六〇]の、「存在と時間」から「時間と存在」への、あるいはまた「存在の意味」から「存在の真理」への問いの転回ということが明確に意味されるのは、先の『ヒューマニズム書簡』での使用が最初である。なるほどこの転回は、それが『存在と時間』第一部第三編の執筆にさいしてまさに問題となったという意味で、この著作の内部ですでに起こっていたという見方もできよう。しかし、オットー・ペゲラーが指摘するように、「実際に遂行された転回は、『存在と時間』において企図されていたようには、つまり実存から存在の意味への《体系的》で根拠づけをなす移行という仕方ではけっして遂行されなかったし、またされえなかった[二六一]」とすれば、それは『存在と時間』刊行以後の著作のうちではじめて起こったとするのが無難な解釈であるように思われる。なおこの点に関して、ジャン・グロンダンは次のように書くことで、テクスト的にはいずれの解釈も可能であるという見解を示している。「『ヒューマニズム書簡』は、転回の年代学に関して次のような疑問も残したままである。それはすなわち、転回〔Kehre〕は、『存在と時間』の内部に、つまりその第三編のうちに位置づけられるのか、それともその刊行以後に位置づけられるのかという疑問である。テクストは両方の解釈を許容している[二六二]」。

そこで次に、それがどのような転回であるのかを究明することにしたい。この転回について、ハイデガーは「『存在と時間』の立脚点の変更ではない[二六三]」と主張している。したがってまず、それが『存在と時間』における存在の意味の問いの単純な放棄ではないということは明らかである。たしかに転回以降、ハイデガーは自身の問いを「存在の意味」の問いではなく「存在の真理」の問いとして定式化するようになるが、彼は「《存在の意味》と《存在の真理》は同じことを述べている[二六四]」とも主張しており、それによって異なる二つの問いのあいだの移行が話題となっているわけではない。この転回において話題となっているのは、存在と時間の連関という唯一同一の問題を問う観点の転回であり、「《存在と時間》から《時間と存在》への転回[二六五]」という表現が意味しているのはこのことである。ハイデガーはこの問題を、『存在と時間』では、現存在と時間性の、そしてまた存在一般と時性の連関の問題として探究したのに対して、転回後には、時間と存在の「と」を規定する「性起」の問題として探究するようになる。ところで、「時間性／時性」から「性起」へのこうした問いの転回について、ハイデガーによる時間性の理論の放棄ということが頻繁に指摘されてきたわけだが[二六六]、果たしてそのようなことが簡単に指摘できるであろうか。われわれの考えでは、この転回によって放棄されたのは単に「時間性」や「時性」といった語彙であって、それらの語彙によって指示されていたものではない。というのも、それらは通俗的に理解された時間の根源にあるものを指しており、そのようなものは転回後のハイデガーの思索においても明らかに中心的主題のままであり続けるからである。異なっているのは、転回後のハイデガーがそれをもはや現存在の時間性としては思索せず、現存在がそのただなかにある根源的自然（ピュシス）や根源的歴史（存在の歴運）の側から思索しようとするという点である。したがってここにあるのは、時間性の理論の放棄でなければ、時間性という根源の放棄ですらなく、根源的時間から根源的自然および根源的歴史への強調点ないし観点の移行にすぎない。

　ともあれ、われわれとしては、ハイデガーの「転回」が意味する「時間性／時性」の問いから「性起」の問いへのこの移行を取り上げるよりも前に、そこにおいて例の「挫折」が生じたとされる「時間性」の問いから「時性」の問いへの移行を取り上げたいと考えている。ハイデガーは『存在と時間』の刊行直後、そこで展開された実存論的分析論としての基礎存在論を、彼が新たに「メタ存在論（Metontologie）」と名づけるような企図によって補完するという仕方で、この時性の問いへの着手を試みていた。この基礎存在論からメタ存在論への「転換（Umschlag）」は、存在了解の可能的地平としての時間解釈という課題の範囲内に留まっているがゆえに、性起の思索への「転回」ではまだないが、そこへの助走段階ではすでにある。[二六七] 次章でわれわれは、ハイデガーの時間性の哲学の到達点にして限界点である、メタ存在論による時性の問いへの着手を考察することにしたい。

第三章　時間性と時性

第一節　存在論の存在者的基礎の探究としてのメタ存在論

『存在と時間』においてハイデガーは、自身の存在を漠然と了解している現存在を分析することで、その了解が時間性に基づいているということを明らかにした。ところが、その時間性が存在一般の了解をどのように可能にしているかと問うことで、現存在と時間性の連関の問いから存在一般と時性の連関の問いへと移行しようとするとき、彼はいくつかの限界に突き当たることになる。先の二つの章を通じてわれわれは、時間性からの時間内部性の派生と歴史性の演繹の双方が或る限界をもつことを示してきた。したがって、ただ時間性のみが存在了解を可能にしているわけではなく、それはその了解の、それゆえまた存在論の「存在論的基礎」に留まるということが認められなければならない。実際、刊行された『存在と時間』の最終節で、ハイデガーは次のように自問している。

存在論は存在論的に基礎づけられうるのか、それともそのような基礎づけのために何らかの存在者的基礎をも

> 必要とするのか、そしてまたいかなる存在者がその基礎づけの機能を引き受けなければならないのか。[二六八]

さらに、これとよく似たことが、直後の「根本諸問題」講義でも次のように言い表されている。

> 存在論は、基礎的部門としての現存在の分析論をもつ。このことは同時に、存在論はそれ自体、純粋に存在論的には基礎づけられえないということが含まれる。存在論そのものを可能にすることは、或る一つの存在者、すなわち存在者的なものへと、つまり現存在へと差し戻される。存在論は或る存在者的基礎〔ontisches Fundament〕をもっている。その基礎は哲学のこれまでの歴史においても繰り返し現われており、たとえば、アリストテレスが「第一哲学、つまり存在の学は神学である」と述べたことにおいてすでに表現されている。[二六九]

ここでの「存在者的基礎」という言葉で示されているのは「現存在」であり、それゆえハイデガーは、自身の基礎存在論を、その「存在論的基礎」である時間性のみならず、その「存在者的基礎」である現存在も問題にすることで、より具体的に仕上げるべきだと主張している。そしてそれが仕上げられるのは、アリストテレス的な形而上学の存在論 - 神学の二重性を規範としての「基礎存在論」から「メタ存在論」への転換によってである。[二七〇] したがって、実存論的分析論から存在一般の意味の問いへの移行の鍵を、この「メタ存在論」という課題が握っているわけである。

　この課題がいかに構想されているのかを理解するために、われわれはまず「メタ存在論」という用語の意味を明らかにしておかなければならない。[二七一] この用語を、ハイデガーは次のように規定している。

> ここから、存在者を全体として主題とする独特な問題構制の必然性が生じる。この新しい設問は存在論そのもののの本質のうちに存しており、そして存在論の転換〔Umschlag〕から、すなわち存在論の転換〔μεταβολή〕から生じる。この問題構制を私はメタ存在論と呼ぶ。(二七二)

このようにメタ存在論とは、存在者を「全体として（καθόλου, im Ganzen）」主題とする問題構制であり、この点でそれは、存在者を「そのものとして（ᾗ ὄν, als Solches）」主題とする基礎存在論から区別される。もっともこのメタ存在論は、基礎存在論と並び立ったもう一つの存在論というわけではなく、基礎存在論の徹底化によって推進された「転換」から生じてくる。(二七三)

しかしながら、ハイデガーは『存在と時間』において、まさに現存在を範例的存在者とする実存論的分析論として基礎存在論を仕上げようとしていたのであるから、この基礎存在論はすでに現存在という存在者的基礎を問題としていたのではなかったかと問われよう。この問いに対してわれわれは、ここで重要なことは、何を問題とするかよりも、それをどのように問題とするかにあると答えることにしたい。すなわち現存在は、実存論的分析論においては、自身の存在を了解しているものとして問題となっていたのに対して、メタ存在論においては、諸存在者のただなかにあるものとして問題となっている。実存論的分析論はまず、自身の存在を先存在論的に了解している現存在の分析から出発することで、その存在を存在論的に可能にしているのが時間性であることを明らかにした。ところがさらにもう一歩進んで、この最初に前提された存在了解がそもそも存在者的にどのように可能になっているかと問うに及んで、ハイデガーはふたたび現存在へと連れ戻される。現存在はまさに、あらゆる哲学的な問いが「そこから発源する〔*entspringen*〕とともに、そこへと立ち返っていく〔*zurückschlagen*〕ところのもの(二七四)」である。そしてその存在者的基礎である現存在について問うことは、それを「全体としての存在者」のただなかにあるものとして問うことにほかならない。したがってメタ存在論とは、厳密に言えば、存在了解の存在者的基礎である現存在を、全体としての存在者のただなかにあるものとして問うような問題構制である。こうしてハイデガーは「現存在の時間性」の問いから「存在一般の時性」の問いへの移行を、存在論の存在論的基礎の探究としての基礎存在論から、その存在者基礎の探究としてのメタ存在論への転換として果たそうと試みたのであり、そのことは次の彼の記述から明らかである。

　基礎存在論とはつまり、第一に現存在の分析論であり、第二に存在の時性の分析論である。この時的な分析論は、しかし同時に、そこにおいて存在論そのものが、それが不明確にいつもそのうちにあるところの形而上学的存在者論〔metaphysische Ontik〕に明確に折り返す、そういう転回〔*Kehre*〕である。[二七五]

要するに彼は、時間性の問いから時性の問いへの移行にさいして、実存論的分析論をそもそも限界づけていた、存在了解の存在者的基礎を主題的に取り扱う必要があると考えるに至ったわけである。[二七六]

　しかしここで或る問題が浮上する。それは、全体としての存在者のただなかにあるこの現存在が、どのようにして自身の存在を了解する存在者として実存するようになるのかという問題である。『存在と時間』は、すでに存在を了解している現存在から出発していたため、この問題を取り扱う必要がなかった。ところが、いまやこの問題への着手は不可避である。これこそ「超越」の問題であり、これは『存在と時間』刊行直後の数年間（一九二七―二九年）にハイデガーが専心した問題の一つにほかならない。

　そこでわれわれは、以下でまず、ハイデガーにおける超越の問題を、とりわけ時間性の問題との連関において考察する（第二節）。次いで、この超越の問題への着手によってはじめて接近可能になる時性の問題圏へと立ち入り、その概略を示す（第三節）。それから、ハイデガーがこの問題圏への接近の方法を、カント哲学を現象学的に解釈することを通じて模索していたということを指摘し、またこの解釈を理解するうえで必要となる諸前提を確認する（第四節）。そのうえで、ハイデガーによるこのカント解釈を、とりわけ根源的時間性としての超越論的構想力解釈という論点を中心に概観する（第五節）。最後に、同じくこのカント解釈における、時間の自己触発に関するハイデガーの解釈を検討する（第六節）。

第二節　超越と時間性

本節でわれわれは、ハイデガーにおける「超越」と「時間性」の関係の考察を試みる。以下で示すように、ハイデガーは、現存在の「超越」を「脱自」と同一視することで、本質的に時間的な働きとして解釈しようとする一方、この「超越」と同時に起こるとされる「世界進入（Welteingang）」を「原歴史（Urgeschichte）」という言葉によって規定している。[二七七] したがって世界進入は根源的歴史の働きであり、そのような働きを伴う超越は、時間的であると同時に歴史的な働きであると考えられなければならない。しかしながらハイデガーは、時間性が超越を可能にするとも主張しているため、[二七八] われわれはここでも、前章で話題となった、時間性と歴史性の関係の曖昧さの問題に直面することになる。この問題を検討するためにわれわれは、ハイデガーによる「超越」の問題への取り組みを確認することで、それが「時間性」とどのように結びついているのかを明らかにすることにしたい。

（1）超越の問題

ハイデガーにおける「超越」の問題を考察するにあたり、われわれはまず、この「超越（Transzendenz）」という語のうちに含まれている意味の錯綜を解くことで、一定の準備を整えておかなければならない。というのもこの語は、形而上学の伝統のなかで曖昧かもしくは多義的に用いられており、つねに同一の事柄を指してきたわけではないからである。とはいえ、少なくとも近代以降の認識論的な問題設定において、この語は主観に対する客観の或る関係性を指して用いられてきた。或るものの認識にさいして、自己が単に主観的に構成された内在的なものだけではなく、客観的に実在するものにも同時にかかわっているとすれば、それはその自己が、自己とは異なる、つまり自己に対して超越的なものとかかわることができる能力をあらかじめ有しているからにほかならない。認識論的に解された超越の問題は、主観と客観のこの関係がどのように可能になっているのかを問うことに存する[二七九]。

ところで、『存在と時間』はすでにこの問題に対して一定の態度を示していた。ハイデガーは解決するというよりはむしろ解消するという仕方でそれに対処している。すなわち彼は、存在論的と称される新たな問題設定において、あらゆる客観から切り離された純粋主観からではなく、他者とすでにかかわっている世界内存在としての現存在から出発することで、主観と客観の超越的関係を説明する必要性自体を排除している。それゆえこの著作において、超越の問題は認識論的なそれとしては解消されていると言うことができよう。

このような態度はしかし、超越の問題をあらゆる意味で解消させるまでには至らない。『存在と時間』刊行直後の数年間に、ハイデガーがこの問題を繰り返し、しかも中心的に取り上げているということは、そこに含まれた問題が彼にとっても完全に解消されたわけでなかったということを示唆している。かくして、いまやハイデガーに固有の存在論的な超越の問題が姿を現わすのであり[二八〇]、この数年間（一九二七—二九年）の彼の執筆物はどれも、この問題への多角的な取り組みとして特徴づけられうる[二八一]。以下、この取り組みを概観することにしよう。

古くより、多くの解釈者がハイデガーにおける「超越」概念の明確化に取り組んできた。とりわけ、ジャン・ヴァール、アルフォンス・ド・ヴァーレンス、ヴァルター・ビーメルらによる古典的研究は[二八二]、ハイデガー自身がこの概念に与えている複雑な説明を、それぞれ見えやすい形に整理している。このような整理を通して見るならば、ハイデガー哲学においては、さまざまな種類の超越が問題となっているわけではなく、同じ一つの超越に関するさまざまな問われ方があるということが理解されよう。彼にとって主題的な超越はつねに、「乗り越え（Überstieg）」[二八三]ないし「超出（Überschritt）」[二八四]という現存在に固有の働きである。そしてこの超越において「何が乗り越えられるかと言えば、それはまさしく、存在者そのものだけであり〔……〕、したがってまさしく《現存在自身》がそれとして実存している存在者である[二八五]」。他方、「そこへと向かって現存在がそのものとして超越するところは〔……〕世界である[二八六]」。したがって超越とは、存在者そのものから世界へと向けての現存在の乗り越えである[二八七]。解釈者たちはときに、この「世界への超越」を「他者への（自己）超越」から区別してきたが[二八八]、ハイデガー哲学において、実存論的に解された世界は、自己にとって超越的であるという意味でいわば第一次的な他者であり、それ以外の個々の他者（＝世界内部的存在者や他の人々）も、この世界という第一次的な他者のうちにあるものとしてのみ出会われうるという意味で、自己にとって超越的である以上、これら二種類の超越を働きとして区別する必要はない。自己を超越することは、世界という第一次的な他者へと向けて自己を超越することにほかならず、それが意味しているのは、存在者そのものとしての自己から、第一次的な他者（世界）のうちで個々の第二次的な他者（世界内部的存在者）とかかわりつつある存在論的な自己性への移行である。超越することによってはじめて、現存在は存在者のただなかに事実的にあるのみならず、世界のうちでも可能的に実存するようになる[二八九]。超越とは、自己と世界との統一を、つまり世界内存在という根本体制をそもそも可能にしている働きなのである。

(2) 超越・時間性・志向性

『存在と時間』の既刊部分の議論は、世界内存在という現存在の根本体制が時間性に基づいていることを明らかにした。[二九〇] したがって、いまや「超越」と「時間性」という一見繋がりがあるように見えない二つの現象が、世界内存在を可能にするという同一の役割を共有していることになる。両者はいったいどのような関係にあるのか。

　この関係を解明するには、「時間性の時熟」と「現存在の超越」が異なる働きではないということを示すのがよいだろう。[二九一] 本書の第一部第一章においてわれわれは、時間性が「自己の外に」という意味での現存在の「脱自」であるということを明らかにしてきた。そしてこの「脱自」は、それによって現存在が「全体としての存在者」と「存在者としての自己」とを同時に乗り越える「超越」と異なる働きではない。[二九二] 現存在は、存在者としての自己を脱することで世界のうちで存在する自己となるのであり、こうした脱自としての超越を時間性が可能にしている。[二九三] しかしながら時間性が、一方で、この脱自としての超越と同一視されていながら、他方で、それを可能にしてもいるとすれば、そこには、われわれが先に時間性と歴史性とのあいだに指摘したのと類似した曖昧さがあるのではないか。この曖昧さを解消するには、超越の可能性の条件としての「時間性そのもの」を、超越と同一視される「脱自」としての「時間性の時熟」から区別する必要がある。こうした区別はたとえば、次のハイデガーの記述から読み取ることができる。「超越の起源〔origo〕は、実に時間性そのものであり、しかも時熟とともにすでに超越も、すなわち世界進入〔Welteingang〕も起きている[二九四]」。ここでハイデガーは、時間性そのものを「超越の起源」とみなす一方、超越を「時熟とともに起きている」ものとみなしている。したがって超越は、時間性の時熟と同時的であり、働きとしてはそれと区別されないのに対して、時間性そのものは超越の可能性の条件のままに留まる。

　ところで、本書の第一部第一章でわれわれは、志向性が時間性によって可能になっているということを指摘してきた。超越と時間性の関係が明らかとなったため、以下では、この志向性と超越の関係を見極めることにしたい。

　『存在と時間』の本文中では一度も登場しないこの「志向性（Intentionalität）[二九五]」という概念を、ハイデガーはそれに先立つ一九二五年の「時間概念の歴史への序説」講義のなかで主題的に取り上げている。そこにおいて彼はまず、ブレンターノにおける「志向作用（intentio）」がスコラ哲学に由来する表現であり、「……へと向かうこと（Sich-richten-auf）」を意味しているということの説明から出発する。[二九六]そして、このように語源に遡って説明された「志向性」は、もはやフッサールがその語によって理解するような意識の構造ではなく、ハイデガーが「振る舞い（Verhalten）」と名づけるものの構造を新たに指示するものとして用いられる。[二九七]

> 志向性ということでわれわれは、物理的事物と心理的過程とのあいだにときおり後から現われる客観的関係ではなく、〈……へとかかわること〔Verhalten zu〕〉、〈……へと向かうこと〉としての振る舞いの構造を意味する。[二九八]

さらにこの用法は、一九二八年の「論理学の形而上学的な始元諸根拠」講義のなかでも健在であり、彼はそこにおいて志向性を「……へと向かうこと（Sichrichten auf）」[二九九]と規定している。その一方で、そこでのハイデガーの解釈によれば、フッサールは志向性を「思念（Meinen）」として捉えており、その思念は「認識作用の無差別的な性格」として理解されている。[三〇〇]それゆえハイデガーは、フッサールにおいては「一切の志向性は、まずは認識する思念であって、それからその上に存在者へのかかわりの他の諸様態が構築されていく」[三〇一]と主張する。以上のことからハイデガーは、従来の現象学的な「志向性」概念について、「それは存在者的超越にすぎない」[三〇二]と結論づける。このように「志向性」は「存在者的超越」であり、認識論的な枠組みのうちに留まっているのに対して、ハイデガーが「超越」ないし「原超越（Urtranszendenz）」[三〇三]と名づけるような現存在の乗り越えは「存在論的超越」であり、こちらは基礎存在論的な枠組みにおいて問題となっている。[三〇四]したがって、存在論的超越——存在者から存在への現存在の乗り越え——の問題がまず先にあり、それに答えられた後ではじめて、志向性、つまり存在者的超越——現存在が他の存在者へと向かう（＝かかわる）振る舞い――の問題が立てられる。[三〇五] このような意味でまさに「時間性は、時熟の脱自的‐地平的統一として、超越の可能性の条件であり、したがってまた超越のうちに基づけられている志向性の可能性の条件である」[三〇六]。

（3）世界進入

超越と時間性の関係についての先の考察にさいしてわれわれが引用した文のなかに「世界進入（Welteingang）」という見慣れない単語が登場していた。この単語の意味を明確化させておく必要があろう。そのために、われわれは次の三つの問いに順々に答えることにしたい。（一）世界とは何か、（二）何が世界へと進入するのか、（三）進入とは何を意味するのか。

（一）世界とは何か。『存在と時間』において世界は、存在論的術語としては、世界内部的存在者の存在のことを指している。[三〇七] それはしかし、世界内部的存在者そのものの独立的な存在ではなく、それについて現存在が配慮しているような、つまり現存在に依存的であるような存在である。そのような世界は、自己の存在（これは同時に、他の人々との共存在でもある）がそれである気遣いとともに、現存在の世界内存在の根本規定をなしている。[三〇八] ところがいまや、この世界内存在がそれによってはじめて可能になる超越が問題となるため、それに合わせて世界のほうも再定義されなければならない。超越に関する先の説明のなかで、われわれはそれを特に「世界への超越」として定式化してきた。したがって世界は、超越の「向かう先」である。超越以前に世界はなく、超越がはじめて世界を生み出す。『存在と時間』以後のハイデガーの表現を借りて言えば、超越とは現存在による「世界企投（Weltentwurf）」[三〇九] ないし「世界形成（Weltbildung）」[三一〇] の働きである。超越することによってはじめて現存在は、自分がそこへと向けて存在者を乗り越える世界を「企投」ないし「形成」すると同時に、自分が乗り越えたその存在者によって「捕捉」される。そのことを、ハイデガーは一九二九年の論文「根拠の本質」のなかで次のように表現している。

> 現存在は情態的にあるものとして、存在者によって捕捉〔eingenommen〕されるのであり、しかも存在者に帰属しつつ、存在者によって徹底的に気分づけられているという仕方で、存在者によって捕捉される。超越は世界企投を意味し、しかも企投する者が乗り越える存在者によって、またすでに気分づけられて徹底的に支配されているという仕方での世界企投を意味する。[三二]

ここでは『存在と時間』における「被投的企投（geworfener Entwurf）」が、以前よりも根底的な議論水準で再導入されているのが見て取れよう。この著作において「企投」と「被投性」は、双方一体となって現存在の存在（気遣い）の根本体制をなしており、[三三]つまり現存在が自身の諸可能性を企投することでその諸可能性のうちへと投げられているという在り方を指すものとして用いられていた。ここではしかし、現存在が企投するのは「世界」であり、投げられる（捕捉される）のは「存在者」のただなかである。超越することによって現存在は、自分が企投した世界のうちで、自己や他の人々や世界内部的存在者と、それらを了解するという仕方でかかわると同時に、存在者のただなかに投げられたまま、それらの存在者によって徹底的に気分づけられるという仕方で捕捉される。このように、ハイデガーにおける「世界」概念は、『存在と時間』とそれ以後とで異なるものを指してはいないが、問題とされる観点が異なっており、すなわち『存在と時間』の基礎存在論的な観点においては、世界は、すでに構成されている世界内存在の一契機として問題となっていたのに対して、それ以降のメタ存在論的な観点においては、いかにして世界が自己と統一され、世界内存在が構成されるのかが問題となっている。

（二）何が世界へと進入するのか。ハイデガー自身は「存在者の世界進入（Welteingang von Seiendem）」（三三）や「眼前のものの世界進入（Welteingang des Vorhandenen）」（三四）という表現を用いている。したがって、世界へと進入するのが「（眼前的な）存在者」であることは疑いえない。しかし、その存在者は世界内部的存在者ではないだろう。というのも、存在者が世界の内部へと進入しうるためには、その存在者がさしあたり世界の外にあるのでなければならないからである。それゆえこの存在者は、ハイデガーが用いていないわれわれ独自の表現で言えば、世界外部的存在者である。（三五）しかしながら、ハイデガーは存在者を、現存在によって企投された世界の内部にあるかぎりで問題としていたのではなかったか。われわれが思うに、ハイデガーはこの世界進入に言及するとき、彼自身が『存在と時間』で設定していた超越論的な制限を少なくとも部分的に解除することで、基礎存在論的観点からメタ存在論的観点へと移行している。存在者が世界内部的存在者としてではなく、世界外部的存在者として問題となるのは、彼がこの後者の観点に立つことによってである。

（三）進入とは何を意味するのか。この「進入」という語が指している事態は見かけほど単純ではない。というのも、もしそれが、世界外部的存在者が何だかよく分からない仕方で世界のうちに入ってくるという字義通りの事態を指しているとすれば、ハイデガーはそれによって明確なことを何一つ説明していないことになるからである。このような結論を避けるには、ハイデガーはここで、世界外部的存在者が得体の知れない力によって自発的に世界のうちに入ってくることができるということを問題としているのではなく、（三六）現存在がそれ自身の働きによって、そのような存在者を世界のうちに組み込むことができるということを問題としていると考える必要がある。そしてそう考えるならば、これはハイデガーが超越と名づける働きの一契機であることが明らかとなる。なぜなら、現存在が存在者そのものから世界へと超越するとき、それによって乗り越えられた存在者は、単に世界の背景へと退くだけでなく、世界のうちへと組み込まれることで世界内部的存在者ともなっているからである。（三七）現存在は世界の外に

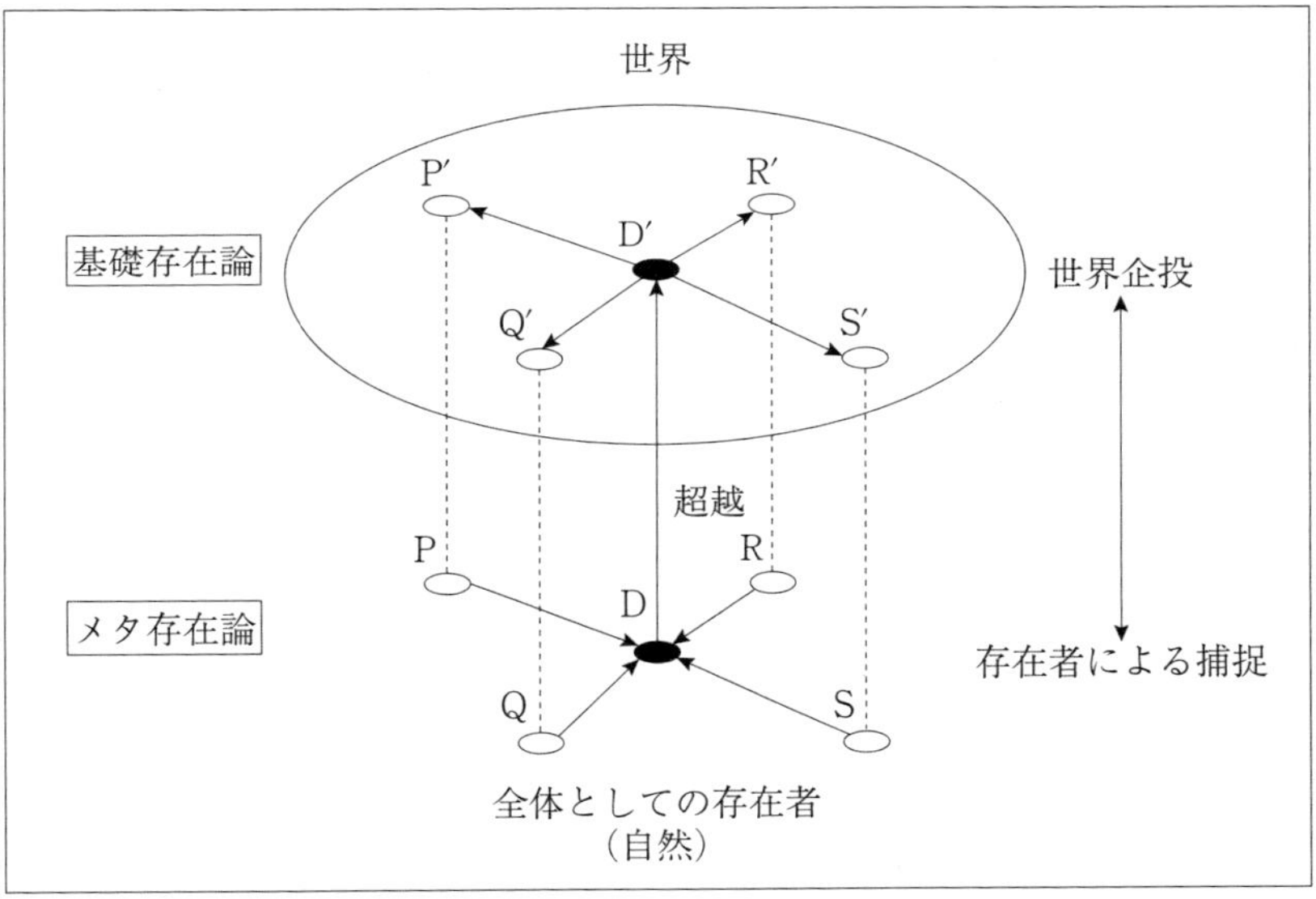

フェーズ１：全体としての存在者（自然）のただなかにある現存在（D）は世界外部的存在者（P, Q, R, S）によって受動的に捕捉されてある。

フェーズ２：この現存在が、自己（D）と世界外部的存在者（P, Q, R, S）を、世界へと向けて超越し（世界企投）、この超越によって世界外部的存在者が世界のうちへと組み込まれる（世界進入）。

フェーズ３：この超越に基づいて、現存在（D）は世界内存在ならびに自己性を備えた現存在（D′）となり、さらにこの現存在の体制に属する世界に基づいて、世界内部的存在者（P′, Q′, R′, S′）が自己にとって能動的に接近可能になる。

図２：現存在の超越の仕組み

ある存在者そのものに接近することはできないが、世界のうちにある存在者としてはそれに接近することができるのであって、そうした接近様式の一つとしての了解を超越が可能にしている。以上の理由からハイデガーは、この世界進入に関して、「存在者が世界へと進入する」という直接的な表現は避け、「実存しているものとしての現存在が世界進入の機会を与える」(二八)という婉曲的な表現に留めていた。(二九)これら三つの問いへの解答を踏まえて、この世界進入としての現存在の超越の仕組みを図示しておく（図２）。

最後に、ハイデガーがこの世界進入を「歴史」との連関において解釈しているという点にふれておこう。もっともこのことは、時間性が歴史性と連関をもっており、しかも超越はそれ自体として時間的な働きであるため、特に違和感を与えることではない。ハイデガーは次のように書いている。

> 眼前のものの世界進入は、眼前のものにとって生起する〔geschehen〕何かである。世界進入は生起〔Geschehen〕、すなわち歴史〔Geschichte〕の性格をもつ。世界進入は、超越が起こるときに、すなわち歴史的現存在が実存するときに生起する。(三〇)

> 存在者の世界進入は端的に言って原歴史〔Urgeschichte〕である。(三一)

これらの記述から分かるように、超越と同時に起こる世界進入は、それによって現存在の歴史が生起する根源的な働きである。ところで、すでに指摘したように、超越はその根源を時間そのもののうちにもっている。したがって以上のことを、時間によって超越が可能になり、超越とともに歴史が生起すると要約できよう。ここにあるのはしかし、歴史に対する時間の先行性という例の問題含みなテーゼにほかならない。このテーゼがあるかぎり、次のような問いかけがハイデガーに対して次々と投げかけられるように思われる。すなわち、それ以前に遡ることが不可能に見えるこの原歴史としての超越に先立つ時間とはいったい何か[三三]。根源的時間の時熟としての超越は、果たして一切の歴史の生起に先立って起こりうるのか。さらに、超越の時熟による存在了解の成立は明らかに何らかの言語の成立を前提としているが、そのような言語は根源的歴史に根を下ろすものなのではないか。これらのどの問いも、結局のところ、歴史に先立つ時間とは何かという問い、つまり「時性」とは何かという問いに収斂するように思われる。もしあらゆる歴史に何らかの資格で先立つ時間そのものがあるとしても、それは歴史的に実存している現存在がそれである時間性と同じものではありえないだろう。したがって時間性は、歴史性と同一視されうる時間性と、歴史性の可能性の条件として見られた時間性そのもの、つまり時性とのあいだで分裂するように思われる。ところが、以下で示すように、ハイデガーはこれら「時間性」と「時性」とを同じ一つの現象を異なる観点から主題化したものとして規定している。そこでわれわれは、ハイデガーにおける「時性」の規定を明確化させることで、果たして「時間性」と「時性」が同じ一つの現象であるのかどうかを検討することにしたい。

第三節　時性の問題圏

(1) 時間性と時性の関係

前節までにわれわれは、超越と時間性の関係を明らかにしてきた。したがっていまや、以前に先送りにしておいた問い、すなわち時間性と時性の関係の問いに取り組むことで、時性の問題圏へと踏み入ることができる。しかしその前に、時間性と時性の用語上の区別にかかわる次の重要な二点を確認しておこう。

第一に、時間性は時性と異なる現象ではなく、両者のあいだには単に主題化される観点の相違しかない。時性とは、存在了解（ないし存在論）の可能性の条件として主題化された時間性である。このことは、ハイデガーの次の二つの記述から読み取ることができる。

> 「時性」という用語は、単に時間性という用語の翻訳にすぎないのではあるが、時間性という用語とは一致しない。「時性」という用語が時間性を意味するのは、時間性そのものが存在了解の可能性と存在論の可能性との条件として主題化されるかぎりにおいてである。[三三]

> 時間性が存在論的な存在了解と同様に先存在論的な存在了解の可能性の条件として機能しているかぎり、われわれは時間性を時性と名づける。[三四]

ここで早速、次の疑問が浮かんでこよう。時性が存在了解の可能性の条件であるとすれば、時性から区別されるかぎりでの時間性と存在了解の関係はどうなっているのか。そのような時間性の「時熟」は、現存在がそれによって（存在者としての）自己の外に出て世界のうちで存在するようになる脱自の働きであり、この働きは存在者そのものから存在へと向けての現存在の「超越」と同じ働きであるということを、われわれは先に明らかにしてきた。そこに今度は、この時熟ないし超越の働きは、現存在がそれによって自身の存在とかかわりはじめる「存在了解」とも異なる働きではないということを付け加えよう。[三五]したがって時熟・超越・存在了解は、現存在が存在者そのもののただなかにある自己を脱して自身の存在へとかかわるという同一の働きを異なる観点から示した三つの表現と解釈することができる。たしかに、ハイデガーは「超越が存在了解を可能にし、そして超越が時間性の脱自的・地平的体制に基づいているとすると、この体制は存在了解の可能性の条件である」(三六) と主張するような場合に、時間性・超越・存在了解の順で、より先のものがより後のものを可能にするという見解を示しているが、こうした基礎づけの順序は、複数の出来事間の時系列的な発生順序ではなく、或る同一の出来事における根源性の序列を示している。この序列がなぜこのような順序を示すのかについて、ハイデガーが明確な説明を提示しているようには見えないが、いずれにせよ彼は、最も根源的であるとされる時間性によって、これら一連の働きが究極的に基礎づけられうると考えている。われわれが思うに、ハイデガーの時間性の理論が孕む難題の一つは、このように時間性の時熟と超越と存在了解が働きとしては区別されていないにもかかわらず、時間性が（時性として）同時に超越や存在了解の可能性の条件ともされていることをいかに整合的に理解しうるのかという点に存する。われわれは後で、この難題が結局のところ解決不可能だということを示すことにしよう。

第二に、時間性と時性の区別について問うことは、時間性のもつ脱自的‐地平的性格について根底的に問うことにほかならない。時間性は「諸脱自態の統一」であるのに対して、時性は「地平的諸図式の統一」(三七) である。そして時性に関するこの「地平的諸図式の統一」という規定と、先の「存在了解の可能性の条件」という規定は完全に両立可能である。そのことを示すために、「地平（Horizont）」という語の意味を確認することにしよう。

ハイデガーはこの語を、通俗的な語義やフッサール的な語義から借用しているのではなく、次の箇所で示されているように、その語源である「区分けする」という意味から理解しようとしている。

> 地平――この語でわれわれは視圏の周域のことを解する。しかし地平は、区分けする〔ὁρίζειν〕という語から来ており、まなざすことや直観することとは第一次的には関係しておらず、むしろ単純にそれ自体は、線引きするもの、囲い込むもの、あるいは包含ということを意味する。(三八)

このように語源に遡って解釈された地平を、ハイデガーは脱自態の「脱自域（Ekstema）」[二二九]や「どこへ（Wohin）」[二三〇]とも呼んでいる。明らかに、現存在はそのつど何だかよく分からないところへと向けて脱自するわけではなく、そもそも可能ないくつかの脱自域があって、そこへと向けて規則的に脱自している。地平とは、脱自態の働き方を、あるいはこう言ったほうがよければ、脱自の方向性を規制している可能的制約にほかならない。これこそ、カントが「超越論的図式（transzendentales Schema）」と名づけていたものであり、彼はそれを「規則に従うアプリオリな時間規定」[二三一]や「超越論的な時間規定」[二三二]ともみなしていた。これらのカント的な表現と類比的に、ハイデガーも「地平的図式」や「超越論的地平」といった表現を用いて時性を規定する。諸脱自態はつねにこの地平的諸図式に従って時熟するため、諸脱自態の統一として時間性が存在了解を可能にするのもやはり、地平的諸図式の統一としての時性に従ってのことである。以上のことから「存在了解の可能性の条件」と「地平的諸図式の統一」という時性の二種類の規定のあいだには、いかなる対立もないことが理解される。

さらに付言しておくと、時間性の時熟（＝脱自）と超越は異なる働きではないため、これらの図式が超越の働き方も同様に規制していることは必然である。「超越の生起はその最も深い内奥において図式機能でなければならないだろう」[二三三]。このことは、論文「根拠の本質」のなかで提示されている「基づけ（Gründen）」としての超越の三様式もまた、先述の地平的図式に従って機能しているということを意味している。[二三四]それらの様式とは「建設（Stiften）」「地盤受領（Bodennehmen）」「根拠づけ（Begründen）」であり、[二三五]これらはさらに「世界企投（Weltentwurf）」「存在者による捕捉性（Eingenommenheit vom Seiendem）」「存在論的真理」をそれぞれ意味するとされる。[二三六]以下、われわれは各地平的図式の規定を概観するにあたり、これら基づけの各様式との連関も同時に明示することにしたい。

（2）三つの地平的図式の規定

先にわれわれは、三つの脱自態のそれぞれに対応する三つの地平的図式があるということを指摘した。『存在と時間』第六九節においてハイデガーは、（a）将来の図式を「自身のために（Umwillen seiner）」、（b）既在性の図式を「被投性の何の前に（Wovor der Geworfenheit）」ないし「引き渡しのどこに（Woran der Überlassenheit）」[三三七]、（c）現在の図式を「ために（Um-zu）」とそれぞれ規定している[三三八]。これらの規定を一つずつ概観していくことにしよう。

（a）「自身のために」。「現存在が、本来的であれ非本来的であれ、将来的に自己へと到来することの図式は《自身のために》である」[三三九]。このことは、現存在が将来的にあるのはつねに「自身のために」という仕方によってであると言い換えることができる。現存在は、たとえ表明的には自分のことを気に懸けていないとしても、やはりつねに自己を問題にしており[三四〇]、「自身のために」という仕方で実存している。自己をそのものとして了解するか非自己として了解するかに応じて、その実存様態は変化しうるが、それでも現存在が「自身のために」という仕方で実存していることに変わりはない。そしてなぜそうなのかと言えば、その実存をそもそも可能にしている超越がそのような仕方で働くからであり、この超越の様式である「《第一の》基づけ〔＝建設〕が〈ために〔Umwillen〕〉の企投にほかならない」[三四一]からである。このように、超越による現存在の世界企投はつねに「自身のために」によって規定されている。

（b）「どこに」。現存在が、本来的であれ非本来的であれ、すでにそこへと投げられていることの図式は「どこに」によって規定されている。このことは、現存在がもはやどうすることもできない事実的な諸可能性のうちへとつねに投げられているということから理解されうる。現存在は、自分がすでに選択し終えたかもしくは選択し損ねた事実的な諸可能性による拘束を免れることはできず、おまけに自分が選択したわけでもない或る実存のうちへと投げられているという根本事実からも逃れることができない。現存在はすべて、その実存様態にかかわりなく、いつもすでにどこかに投げられるという仕方で既在している。それというのも、現存在の超越が働くその仕方のうちに「存在者による捕捉性」が含まれており、それによって現存在は、諸存在者のただなかで、それらに捕捉されつつ諸可能性を自由に企投する「地盤を受け取る」からである。(三四二)

(c)「ために」。「現在の地平的図式は〈ために〉によって規定されている」(三四三)。ここでの「ために(Um-zu)」が、将来の図式の規定のうちに含まれた「ために(Umwillen)」と表現上類似していることに気づかれよう。両者のあいだの本質的な相違は、将来の図式が自己に関する「ために」によって規定されるのに対して、現在の図式は他者に関する「ために」によって規定されるという点にある。ここでの他者は、第一次的には道具(手許のもの)を指しており、現存在は普段、さまざまな道具を、その用途に即して、つまり「ために」という仕方で現在化している。そのうえ或る道具が、破損や磨耗によってその有意義性を喪失し、手許から離れた場合であっても、現存在はそれをそのようなものとしてなお「ために」という仕方で現在化している。(三四四)したがって「手許のもの」であれ「手許から離れたもの」(眼前のもの)であれ、世界内部的存在者との交渉を現存在に可能にしているのは現在であり、その図式はつねに「ために」によって規定されている。そしてなぜ現存在が世界内部的存在者とそのような仕方で交渉することができるのかと問えば、それに対しては、そうした交渉の根底に「根拠づけ」という超越の働きがつねに存しているからだと答えられる。(三四五)この「根拠づけ」によってはじめて、それらの存在者は、そのものとして、つまり「ために」という目的性において現存在に開示されうるようになる。かくしてハイデガーは、こうした存在者のそのものとしての開示を「存在者的真理」と呼ぶ一方、それを可能にしている「根拠づけ」を「存在論的真理」と呼んでいる。(三四六)

ところで「根本諸問題」講義のなかで、ハイデガーはこの「現在の図式」を「プレゼンツ」と名づけ、それを次のように規定していた。「プレゼンツ〔Praesenz〕は現在と同一ではなく、プレゼンツは、この現在という脱自態の地平的図式の根本規定として、現在の十全な時間構造をともに形成している」[三四七]。それゆえ、いまやこの「現在の図式」に関して、「ために」と「プレゼンツ」という異なる二つの規定が同時に割り当てられていることになる。しかしながらわれわれは、これらが異なる二つの対象を規定していると考える必要はなく、同じ一つの「現在の図式」を規定する二つの仕方があると考えるだけでよい。この講義でハイデガーは、単に時間性に対する「時性＝テンポラリテート」との類比で、現在に対して「プレゼンツ」というラテン語的な表現をあてているだけにすぎず[三四八]、彼が望めば、将来と既在性それぞれのラテン語的な表現――「フトゥールム（Futurum）」と「プレテリトゥム（Praeteritum）」――が残りの図式の名称を補完したであろう[三四九]。しかし実際にはハイデガーは、ここでの分析の対象を「プレゼンツ」だけに制限することで[三五〇]、残りの二つの図式に関する分析を省略している。そしてこのことは、『存在と時間』の実存論的分析論が、将来から時熟する本来的時間性の分析を通じて、根源的時間性の構造を明らかにしようとしていたことと考え合わせるならば、少なからず熟考を要する点となる。この相違を理解するには、ハイデガーが『存在と時間』では、本来的実存の分析を介して現存在の根源的構造を解明しようとしていたのに対して、「根本諸問題」講義では、世界内部的存在者との日常的交渉の分析から直接に、その根源的構造を解明しようとしているという点に注意を払うべきであろう。本来的であれ非本来的であれ、すべての現存在が世界内部的存在者と交渉していることに変わりはなく、この交渉を可能にしている図式がプレゼンツである。要するにプレゼンツとは、現存在が現在化した現前的な世界内部的存在者とかかわることを現存在に可能にする図式であり、残るフトゥールムとプレテリトゥムは、非現前的な自己――なぜなら、本来的自己はさしあたりたいてい隠蔽されており非現前的であるため――とかかわることを現存在に可能にする図式である。したがって、たとえ「根本諸問題」講義やそれ以後のハイデガーの刊行物のどの箇所にも、将来と既在性の図式に関する分析が見当たらないとしても、この分析は途絶したわけではなく、異なる観点と異なる用語法のもとで再構成されつつ継続していると考えられなければならない。というのも、一九二〇年代末のハイデガーが、現存在がそこへと向けて脱自する存在の諸地平として捉えていたものは、一九三〇年代以降の彼の思索のうちでは、存在そのものに属する諸地平、つまり「現前性」と「非現前性」として捉え直されているように見えるからである。(三五一)現在の図式の分析が、現前性としての「存在」の解釈にかかわるのに対して(三五二)、将来と既在性の図式の分析は非現前性、つまり「無」としての存在の解釈にかかわる。まさしく「無」を主題としている一九二九年の講演「形而上学とは何か」のうちに、そのような関係を示唆する言及が見出されないとしても、そのことがこの事実の反証になるとはかぎらない。無と時間の関係についての探究はきわめて困難であり、その困難を打破しうる準備が整わなかったことが「形而上学とは何か」において時間についての言及が回避された理由の一つであるように思われる。

(3) 三つの地平的図式の連関――時間性と時性とのあいだの隙間

本節では最後に、以上で明らかとなった三つの地平的図式の連関を考察することで、地平的諸図式の統一としての時性が、諸脱自態の統一としての時間性と重なり合うのかどうかを検討することにしたい。

本書の第一部第二章で指摘したように、現存在にとって、将来と既在性が自己関係性を可能にしているのに対して、現在は他者関係性を可能にしている。同様のことは、地平的図式に関して次のように表現されうる。現存在は「自身のために」かつまた「どこかに」投げられるという仕方で自己へと関係している一方で、「ために」という仕方で他者へと関係している。このことはさらに、「基づけ」としての超越に関して次のように表現されうる。現存在は「建設」(世界企投)しつつ「地盤を受け取る」(存在者によって捕捉されている)自己でありながら、他者のそのものとしての開示(存在者的真理)を根拠づける「存在論的真理」である。現存在はつねにすでに、これら三つの図式に従って脱自的に超越することで、世界内存在として実存する。このように時性は、自己関係性と他者関係性の双方を現存在に可能にする制約として、[三五三]自己と世界の統一体である世界内存在を可能にしている地平である。

しかしながら、このような時性は果たして時間性と同じ一つの現象なのであろうか。現存在を分析した結果、その存在了解が時間性に基づいていることが明らかとなったとしても、そこから翻って、その時間性そのものが時性として存在了解を可能にしていると主張できるかどうかは疑わしい。というのも、時間性だけが存在了解を可能にしていると決まったわけではまだないからである。たとえば、存在了解に先立って現存在がそのただなかに投げ込まれているような「全体としての存在者」ないし「自然」[三五四]は、この存在了解をまさに情態的了解や被投的企投として可能にしているものではないのか。同様に「言語」についても、果たしてあらゆる言語に先立って「存在」なるものが現存在に了解可能であろうか。このように、そのいずれもが存在了解をそれなりの仕方で可能にしているように見える「自然」や「言語」はしかし、ハイデガーが時間性という単一の根源によって可能になっている存在了解に基づいて自身の存在論を創設しようとするときに、世界内部的なものという最も派生的な地位へと格下げされていた。けれどもわれわれの考えでは、自然や言語もまた時間性と一緒に存在了解を可能にしているものであり、それゆえハイデガーが「時性」と名づけるような存在了解の可能性の条件は、実際には、時間性だけと重なり合うものではなく、時間性と時性とのあいだには一定の隙間が残り続ける。したがって、両者を結びつけるにはなお何らかの非時間的な媒介が必要であり、以下でわれわれはそれを根源的歴史による媒介として提示したいと考えている。

ともあれ以上のような次第から、多くの解釈者は、まさしくこの時間性の理論のうちに『存在と時間』の挫折の最大の要因を認めてきた。[三五五]われわれはこの見解に反対はしないが、手放しの賛同もしない。というのも、もしこの時間性の理論が『存在と時間』から単純に除去されたとすれば、なぜ現存在が世界内存在として実存しうるのかはもはや分からず、世界内存在として実存している現存在という実存論的分析論の出発点が崩壊してしまうからである。別言するに、この時間性は現存在をまさに世界内存在たらしめているものであって、それを除去するならば、現存在は世界から切り離された純粋主観のようなものに成り果ててしまうだろう。その場合にまた、この孤立した純粋主観がどのようにして客観と関係しうるのかという認識論的な超越の問題が、今度はもはや解決の見込みのないものとして復活するであろう。ハイデガーがそこから出発することによってこの問題を解消していた世界内存在は、現存在が単に自己とだけではなく、他者とも不可避的に関係づけられているということを示していた。そして現存在がそのようにあるのは、自己であれ他者であれ、すべての存在者の了解の可能的地平を時間性がなしているからである。このように、時間性がなければ世界内存在がそもそも成り立たない以上、時間性の理論を差し引いた『存在と時間』の全体、つまり世界内存在の理論だけをもってハイデガーの哲学の本質的成果とするような解釈は皮相なものに留まらざるをえない。そのような解釈とは反対に、われわれは時間性と時性とのあいだにある隙間を保持しつつ、新たな観点設置によってこの隙間を捉え直すべきだと主張する。時性の問いは、たとえそれが解決不可能な問題を孕み、挫折を余儀なくされているとしても、それでもやはり、ハイデガー哲学全体の核心をなす問いであるように思われる。とはいえ、ハイデガー自身が最後まで展開するに至らなかったこの問いを、われわれの側で独自に展開することは本書の主旨に含まれていないため、ここで一度立ち止まり、当時のハイデガーが、この問いに対する返答を、特にカント哲学の解釈を通じて模索していたという点に着目することで、彼がこの問題をどこまで探究したのかを見極めることにしたい。

第四節　カント哲学の現象学的解釈

存在論の伝統において「存在」は、ハイデガーによれば、その時性についての問いが見落とされてきたために、そのものとしては問われないまま、忘却の淵に沈んできた。しかしながら、伝統全体に対して彼が押しつけるこの「存在忘却」という烙印を免れうる者が一人だけいる。それはカントである。ハイデガーは彼を「時性の次元へと向かう方向において探究の道の一歩を踏み出したか、あるいは諸現象そのものに強いられて時性の次元へと突き動かされた最初にして唯一の人」[三五六]とみなしていた。もっともこのことは、カントが自覚的にそこへと踏み入ったということではなく、或る見方をするとそのように解釈できるということを意味している。ハイデガーによるこのカント解釈の内実に迫る前に、われわれはまず、そのために必要となる諸前提を確認しておくことにしたい。

第一に、ハイデガーは、カント哲学が他のいくつかの点では伝統のうちに留まっているとしても、その図式機能の分析においてまさに決定的な一歩を踏み出していると考えており、また「時性の問題構制が最初に確定されるならば、その場合にはじめて図式機能の闇に光を投じることが成功しうる」[三五七]とも考えている。それゆえ、このような展望のもとにハイデガーは、未刊に留まった『存在と時間』第二部第一編において、「時性の問題構制の前段階としてのカントの図式機能と時間論」[三五八]の解釈を計画していた。カントの図式機能へのこの注目は、一九二五／二六年の「論理学」講義のなかにすでに明瞭に見て取れる。ハイデガーはそこで、「この図式機能の章が『純粋理性批判』の本来の中心である」[三五九]と主張しつつ、大半のカント主義者がその章を不透明とみなし過小評価していることを非難していた。[三六〇]彼によれば、感性論と論理学の双方にかかわるこの図式機能の章こそ『純粋理性批判』全体をまとめ上げる中心の章であり、それは『存在と時間』において時間性の章がまさにそうであるのと同様である。

第二に、このカント解釈が特にフッサール現象学を背景として遂行されていたという点に言及しておこう。[三六一]ハイデガーはカントを現象学的に解釈しようとしており、ここには当時権勢を誇っていた新カント派の実証主義的解釈とは異なる仕方でカントを読解しようとする彼の狙いを見て取ることができる。『純粋理性批判』に関して、当時の新カント派（マールブルク学派）が「空間と時間を《カテゴリー》として論理的意味で捉え、超越論的感性論を論理学に解消しようとする」[三六二]悟性中心的な解釈を展開していたのに対して、ハイデガーはこの著作を、図式機能の章を頂点とする時間性についての議論として現象学的に解釈することで、構想力を中心に据えた新しい解釈を提示しようと試みた。

とはいえ、この新しい解釈が正統のカント研究者たちの目にいかに異様なものと映ったかは、一九二九年にダヴォースで生じたカッシーラーとの論争[三六三]や、彼らによってこの解釈がしばしば「暴力的」と形容されてきたことなどから容易に推察される。[三六四]しかし、この暴力的という形容は当を得ているのか。そもそも暴力的であることは、あらゆる解釈にとって当然避けられるべきことなのか。ハイデガーはむしろ、「カントを彼自身が理解していたよりもいっそうよく理解しようという要求」[三六五]と結びつくかぎりで、「あらゆる解釈は必然的に暴力を用いなければならない」[三六六]と主張しており、『存在と時間』の実存論的分析論に関してさえ、すでに次のように主張していた。「実存論的分析論は、日常的解釈の要求や自足性や気安め的な自明性にとってはつねに暴力性〔Gewaltsamkeit〕という性格をもつ」[三六七]。このように、ハイデガーの現象学的解釈の暴力性はまさに彼自身によって望まれたものにほかならず、それは彼にとってこの解釈の失敗どころかむしろその成就の証しであることが理解される。

第三に、『存在と時間』刊行前後の時期における基礎存在論構想とカント解釈との連関を明示することにしよう。ハイデガーは「形而上学は人間の本性に属する」というカント的な見解をそのままの形で継承している。[三六八]そしてこの見解に基づいて彼は、形而上学は人間がそれである有限的存在者と不可分的に結びついており、個々の存在領域の基礎づけはこの有限的存在者に関する存在論的分析論によって果たされると考える。これこそ、基礎存在論の構想、すなわち現存在という範例的存在者に関する実存論的分析論が存在一般に関する形而上学のための基礎をなすという構想である。それゆえ『カント書』はまさに次のような記述から始まっていた。

> 基礎存在論とは「人間の本性に属する」形而上学のための基礎を準備することになるような有限的人間存在の存在論的分析論である。基礎存在論は、形而上学を可能にするために必然的に要求される人間的現存在の形而上学である。[三六九]

形而上学を特定の学問分野というよりはむしろ、人間本性に属する何らかの出来事として思考しようとするこの構想は、バウムガルテンとカントによって「人間の自然素質（Naturanlage des Menschen）」ないし「自然的形而上学（metaphysica naturalis）」[三七〇]として名指されていたものにほかならず、ハイデガーの基礎存在論も、まさにこの「現存在そのもののうちに存する《自然的形而上学》[三七一]」への転換を通じて成立するとされる。[三七二]ひとは「形而上学」という言葉で、とかく超感性的なものや、有限性を絶対的に凌駕したものを対象とする学問を思い浮かべてしまうが、カントやハイデガーにとって、それは第一次的には人間の有限性の問題への取り組みを指しており、その反面、無限性や超感性的なものの問題への取り組みは副次的な地位に留まる。

最後に、以上のハイデガーのカント解釈の方針からおのずと生じてくる、いくつかの用語上の転換を指摘しておこう。まず、『純粋理性批判』においてカントは、認識一般の可能性の条件を問う超越論的哲学を展開していたが、ここでの「認識（Erkenntnis）」を「了解（Verstehen）」に置き換えるならば、それはほとんどそのまま『存在と時間』の課題となる。[三七三]すなわち、了解一般の可能性の条件を問うことがこの著作の最も主要な課題である。そうはいっても、認識と了解との、それからまた認識論と存在論とのあいだの溝は埋めがたい。カントにとって認識は、直観されたものを概念的に把握する働きにかぎられるのに対して、ハイデガーにとって了解は、そのような認識を部分としてもつような実存一般をその根本要素とする。[三七四]おまけにこの相違がもたらす影響は、両者が共通して用いる「アプリオリ」という語の意味転換にまで波及している。カントはこの語を、実在的なものの経験的認識と対比的に、経験一般に先立つ内在的なものの認識のために用いていた。それに対して、ハイデガーはこの語を、とりわけフッサール現象学の批判的受容を通じて、存在者におけるその存在の構造的な先行性のために用いる。[三七五]いわゆる「(つねに)すでに」は、ハイデガーによるこの「アプリオリ」の変形表現である。[三七六]こうした用語法の相違はさらに「アプリオリな綜合がいかにして可能か」という中心的な問いに対する両者の解答の相違をも生み出している。カントにとって、この問いはもっぱら悟性的判断の問題であり、アプリオリな綜合は超越論的統覚の綜合機能に帰されていた。他方で、ハイデガーにとって、この問いは判断の問題に限定されず、感性と悟性の双方の根である超越論的構想力がこのアプリオリな綜合を担うとされる。気遣いの三つの構成契機の統一を説明するために、ハイデガーが超越論的統覚に頼るのではなく、自己性をあらかじめうちに含んでいるものとして気遣いを可能にしている根源的時間性に頼っていたことを、われわれは本書の第一部第二章で確認してきた。ハイデガーにとって超越論的構想力は根源的時間性にほかならず、[三七七]この根源的時間性こそが現存在の気遣い構造のアプリオリな綜合を果たす。その一方で、ハイデガーの見るところ、カント自身はこの超越論的構想力を前にして「後ずさり(zurückweichen)」[三七八]しており、そのことが時性の問いの自覚的な取り扱いを彼から妨げていた。したがってハイデガーの課題は、カントにおけるこの超越論的構想力を主題的に取り上げることで、彼自身、時性の問題圏への一歩を踏み出すことにある。以下、ハイデガーによるこの構想力解釈の内実を明らかにすることにしよう。

第五節　超越論的構想力と根源的時間性

本節でわれわれは、ハイデガーがそれによってまさに時性の問題圏へと踏み入っているような、時間性としての構想力解釈の考察を試みる。われわれはこの解釈を、主に『カント書』の読解を通じて、またそれに先立つ「カントの純粋理性批判の現象学的解釈」講義（以下「現象学的解釈」講義と略記）を参照しつつ考察することにしたい。この解釈によってハイデガーは、カントが「カテゴリーの超越論的演繹」によって解決しようとしていた、悟性の形式であるカテゴリーが感性の多様に必然的に適用可能であるのはなぜかという問いに、「感性と悟性という二つの幹の共通の根」[三七九]である超越論的構想力が、根源的時間性として、これら双方の幹が共通して従うアプリオリな時間規定を生み出すと主張することによって答えようとしていた。そして仮にその解答が適切であるとすれば、感性と悟性の双方の根底に、超越論的構想力が、それゆえまた根源的時間性が見出されうるに違いない。そこでわれわれは、以下でまず、純粋綜合（構想力）と時間性の関係を（1）、次いで、純粋直観（時間）と時間性の関係を（2）、最後に、純粋思考（超越論的統覚）と時間性の関係を（3）、それぞれ要点のみに留める形で検討したい。

（1）純粋綜合（構想力）と時間性

はじめに、カント自身による「構想力」の規定と、ハイデガーによるその解釈の確認から出発しよう。カントは『純粋理性批判』の超越論的論理学の第一部において、構想力を、感性の働きでも悟性の働きでもない「純粋綜合」[三八〇]の働きを担う「盲目的だが欠かすことのできない心の機能」[三八一]として導入していた。そしてもし構想力が時間性であるとすれば、構想力による純粋綜合の働きがそれ自体、時間性の時熟の働きと関係しているのでなければならず、ハイデガーは実際、構想力の「綜合が時間に関係づけられている」と主張するばかりか、このような主張が「同語反復」であるとさえ述べている[三八二]。というのも、構想力の純粋綜合が感性と悟性の統一をアプリオリに形成するのと同様に、時間性の時熟もまた気遣いの構成諸要素の統一をアプリオリに形成するからである。それゆえ、構想力の純粋綜合と時間性の時熟とは異なる働きではなく、カントにおける純粋綜合の三つの様態（覚知・再生・再認）はそれぞれ、ハイデガーにおける時間性の三つの脱自態（現在・既在性・将来）に対応する[三八三]。

次に、カントにおいてはさらに、この構想力が「再生的（reproduktiv）」と「産出的（produktiv）」とに大別されるという点に言及しよう[三八四]。ハイデガーが時間性として解釈する構想力は後者の産出的構想力に対応し、カントはそれを単に経験的でしかない再生的構想力の可能性の条件として「超越論的構想力[三八五]」とも呼んでいた。ところで産出的構想力は、それがまさに何かを産出するからそう呼ばれているわけだが、いったい何を産出するのか。まず、それが何らかの存在者を産出するわけでないことは明白である。存在者の産出（＝創造）が無限的存在者に固有の能力であることは指摘するまでもない。それに対して、有限的存在者である現存在に固有の構想力は、それに基づいて認識一般が可能になるような「図式」ないし「地平」を形成し[三八六]、さらにその地平の「光景（Anblick）」や「形象（Bild）」[三八七]を「存在者の経験に先立って形成する」[三八八]。このように二重に形成的な構想力は「一般に存在者的には《創造的》でないが、諸形象の自由な形成作用としては十分に《創造的》である」[三八九]。有限的存在者は、この存在論的な創造的機能としての超越論的構想力をあらかじめ備えており、有限的存在者はこの構想力によって、感性と悟性が共通して従う一般規則としての超越論的図式をアプリオリに生み出す。この図式は、カントによれば「超越論的時間規定」[三九〇]にほかならず、したがってハイデガーはそれを、時間性の諸脱自態がそこへと向けて脱出するところの「地平的図式」として解釈しようと試みていた。

さて、以上のハイデガーの解釈の正否は明らかに、『純粋理性批判』の第二版ですっかり書き換えられた「カテゴリーの超越論的演繹」の章をどのように解釈するかに懸かっていよう。ハイデガーは、そこにおいて構想力が感性や悟性と並んで独立した地位を保っており、しかも「構想力の純粋な（産出的）綜合による必然的統一の原理は、統覚よりも先にあって一切の認識を――特に経験を可能にする根拠をなすものである」[三九一]と主張されていた、第一版の「演繹」のほうをより高く評価する。[三九二]というのも第二版の「演繹」では、統覚に優位が与えられる同時に悟性が特権的な地位を占め、構想力は副次的な地位へと押しやられるからである。[三九三]それに対してハイデガーは、構想力を感性と悟性との「あいだに」ではなく「根底に」認めることで、それに両者の「共通の根」という地位を与えるとともに、[三九四]図式機能の章のほうから感性論と論理学を読解しようと試みる。[三九五]

（2）純粋直観（時間）と時間性

いま確認したように、ハイデガーは感性論を図式機能の章に基づいて読解することで、純粋直観の根底に、構想力の純粋綜合を、それゆえまた時間性の時熟を指摘しようとしていた。そして彼はそれを、感性論における「概観（Synopsis）」についてのカントの記述のうちに見出している。ハイデガーによれば、この「概観」における「綜合的なもの（das Syn）」は、悟性による綜合から生じたものではなく、「すべての綜合的なものの根源」[三九六]である構想力から生じたものである。したがって「純粋な直観作用は、その本質の根底においては純粋な構想作用にほかならない」[三九七]。

さて、このように純粋直観の根底に純粋綜合があるとすれば、カントが純粋直観とみなした時間の根底に、ハイデガーが構想力とみなす時間性があるということになろう。その場合に、この純粋直観としての時間は、ハイデガーが時間性から派生させようとしていた「通俗的時間概念」に対応するのであろうか。或る意味では、つまりカントが「時間」という言葉で理解していたものが通俗的に理解された時間であるという意味ではそうである。[三九八]しかしハイデガーは、カントにおける純粋直観としての時間解釈のうちに、そうした通俗的な時間理解に尽きないものを指摘することで、それをまさに時間性の本質的特徴として明らかにしようとしており、この意味では、その時間解釈はすでに時間性の現象にふれている。そこでわれわれは、この純粋直観としての時間解釈のうちで、時間性の本質にかかわっており、それゆえまたハイデガーが時間性についての自身の理解のうちへと引き継いでいるように見える、カント的な時間の三つの本質的特徴を列挙することにしたい。

第一に、空間に対する時間の優位という特徴が挙げられる。カントにおいてこの優位は、内官の形式である時間のほうが、外官の形式である空間よりも、主観によりいっそう近いという意味でそれに根源的に帰属しているということを根拠としている。[三九九] そしてこの優位は、まったく同じ形というわけではないが、『存在と時間』における空間性に対する時間性の関係のうちにも同様に見て取れる。[四〇〇] 実際、ハイデガーはこの著作において「現存在に特有の空間性もまた時間性に基づいていなければならない」[四〇一] と主張することで、これとよく似た優位を表明していた。[四〇二]

第二に、時間の有限性という特徴が挙げられる。これはもちろん、カントが時間を有限的主観に帰属的な形式とみなしたことの必然的な帰結であり、これと同様の帰結を、ハイデガーは時間性を現存在という有限的存在者の根本的な構造とみなすことから引き出していた。そのうえ両者にとってこの時間の有限性は、永遠や無限性の派生態ではなく、むしろそれ自体、或る意味で根源的であり、ハイデガーにとっては存在論な意味で根源的である。

第三に、そしてこれが最も重要な点だが、時間の根源的な単一性という特徴が挙げられる。カントは、純粋直観としての時間に関して「さまざまな時間は、同一の時間の諸部分にすぎない」[四〇三] とか「時間のもつどんな一定の長さも、その根底にある単一の時間を制限することによってのみ可能である」[四〇四] とかいった主張を行なっている。カントがこのように時間を根源的には単一の時間とみなしたのと同様に、ハイデガーも時間性をその全体が隙間なく明らかにされうるような単一の根源的時間として提示している。[四〇五] そしてこれはおそらく、ハイデガーが時間性についての自身の理解のうちに半ば独断的に継承した、カント的な時間理解に固有の特徴であり、この特徴のために時間性は、単一の根源的時間として、歴史性と時間内部性がそこから派生するような「共通の根」として論じられているように思われる。この特徴を時間性のうちに継承したためにハイデガーは、次節で示すように、自己同一化を根源的に歴史的な現象として把握することの必要性を説くにもかかわらず、その自己同一化において歴史性が果たす固有の役割、つまり媒介という役割を主題的に探究するには至らなかった。ここに、ハイデガーの時間性の哲学の根本問題の一つがあるように思われる。

以上、われわれは、ハイデガーが時間性についての自身の理解のうちへと引き継いでいるように見える、カント的な時間の三つの特徴を列挙してきた。こうした継承関係が認められるにもかかわらず、ハイデガーは「カントのなした時間の分析は〔……〕伝統的で通俗的な時間理解に方向づけられたままに留まっている」[四〇六]と主張している。それというのも、ハイデガーにおいては時間性が現存在の自己同一化を可能にしていたのに対して、カントにおいて主観の自己同一化を可能にしているのは超越論的統覚であり、この統覚は時間から切り離されているからである。[四〇七]そしてそれは、カントがデカルト的な「主観」という存在論的には不明瞭な出発点を独断的に継承したことに起因する。[四〇八]そこで次に、このようにカントのもとで暗いままに留まったとされる時間と超越論的統覚とのあいだの連関を、ハイデガーがどのように明確化させているのかを示すことにしよう。

(3) 純粋思考（超越論的統覚）と時間性

まずは、カントにおける超越論的統覚の規定の確認から出発する。彼にとって超越論的統覚とは、一切の表象に権利的に伴いうる「我思う」として[四〇九]、あらゆる経験的認識に先立ってそれらをつねに同じ私の経験たらしめている「自発性」の働きである。[四一〇]端的に言って、超越論的統覚とは主観の自己同一化を可能にしている働きであり、この働きが時間性によって可能になっているということを、ハイデガーは『存在と時間』第六四節でまさに示そうと試みていた。すなわち、その箇所でハイデガーは、事物に固有の実体的な自己同一性とは本質的に区別された、現存在に固有の自己同一性としての自立性に言及し、そうした自立性という体制をあらかじめ備えている気遣いが時間性によって可能になっていると主張していた[四一]。したがって、ハイデガーによれば「〈我思う〉としての我はその本質に従えば自立性であり[四二]」、この自立性としての超越論的統覚は時間性に根を下ろすという仕方でそれと結びついている。

さらにハイデガーは、超越論的統覚と時間性とのこの結合を、構想力の三つの綜合の一つである「概念における再認（Recognition）の綜合」と、時間性の三つの脱自態の一つである「将来」との結合を示すことによって明らかにしようとしている[四三]。もっとも「再認」という語は通常、かつて現前したものを再び認識する働きとして、過去のものと関係づけられているように見えるため、ハイデガーはそれを「予-認（*Prae*-cognition）[四四]」と読み替えることで、この予認の綜合を、他の二つの綜合に先立ってそれらを統一している第一次的綜合として解釈しようと試みる。そしてそれは、『存在と時間』の根源的時間性の分析において将来に優位が認められ、この将来によって可能になる実存性が、現存在の諸構造の連関をなすものとして解釈されていたのと同様である[四五]。このように、カントが時間から切り離して理解していた「概念における再認の綜合」が、それ自体として時間的であると指摘することによってハイデガーは[四六]、悟性における綜合が時間性における綜合に根を下ろしていることを示そうとしている。

さて、こうしたハイデガーの解釈が妥当であるとすれば、悟性の形式であるカテゴリーも同様に時間性に根を下ろしているに違いない。この点について彼は、カテゴリーが「その根源を時間そのもののうちにもっている[四七]」と、つまり根源的には悟性のみの形式ではなく、感性も悟性も共有している一般形式としての時間規定であると主張する。このように時間と関係づけられた「原概念（Urbegriff）[四一八]」としての時間規定は、時間性の時熟の仕方をアプリオリに規制している超越論的図式にほかならず、産出的構想力の所産であるこの図式が、感性と悟性の双方がそれに従う共通の図式として働くことで両者のあいだに必然的な対応をもたらす[四一九]。

以上でわれわれは、ハイデガーが、カントにおける純粋直観と純粋思考のそれぞれが時間性とのあいだにもつ内的連関を指摘することで、その時間性そのものが両者を根源的に結びつけていると主張していることを確認してきた。それゆえハイデガーの考えでは、第一版の「演繹」においてカントが超越論的構想力と時間との連関を指摘したとき、彼は伝統的で通俗的な時間理解の枠組みを越えて時性の問題圏にまさに踏み入っていたわけである。しかしこの連関の発見は、第二版の「演繹」においてカントが、時間から切り離された超越論的統覚によって、主観の自己同一化を、また一切の存在論的認識を基礎づけようとするときには覆い隠されてしまう。したがって、ハイデガーによるカント解釈の主要課題は、この覆い隠された連関を再び発見することで、時間性が、一切の存在論的認識、つまり存在了解を可能にしており、そのようにしてまた現存在の自己同一性を可能にしているということを示すことにあり、これは同時に『存在と時間』の主要課題でもあった。

第六節　自己触発としての時間

本章では最後に、カントにおける「自己触発としての時間」についてのハイデガーの解釈を検討することにしたい。ハイデガーはこの解釈を「『批判』の核心問題を解く鍵[四二〇]」とみなし、さらに「カントはこの自己触発としての時間解釈によって、彼以前にも以後にも一度も到達されたことのなかった時間についての最も根本的な理解を獲得した[四二一]」と主張している。もっともこの「自己触発（Selbstaffektion）」という語自体は『純粋理性批判』のなかでは一度も登場しておらず、ハイデガーはそれを特に「空間と時間は〔……〕つねに対象についての表象の概念も触発しなければならない[四二二]」というカントの命題の解釈を通じて取り出している。以下、われわれは主に『カント書』のなかで提示されているその解釈を検討することにしたい。

　まず、そこでの「対象についての表象の概念」という表現を、ハイデガーは「対象についてのあらゆる表象作用をそのものとして特徴づける《一般的なこと》」としての「……を対立させること（Gegenstehenlassen von...）」と解釈している[四二三]。この「……を対立させること」は、或る対象がそれに基づいて主観にとって認識可能になる対象性という地平を形成する働きを意味しており、ハイデガー的に言い換えるならば、或る存在者がそれに基づいて現存在にとって了解可能になる存在という地平を形成する働きを意味している[四二四]。ところで、このような地平形成の働きはまさに、ハイデガーが超越論的構想力に認めていた機能であった。それゆえ、この構想力としての時間によって形成された地平に基づいて「脱自」や「超越」が、要するに「自己から出て……へ向かうこと（Von-sich-aus-hin-zu-auf...）[四二五]」が現存在にとって可能になる。かくして彼は、この地平形成としての時間の自己触発を「超越の最も内的な本質を規定する[四二六]」ものとみなし、さらにこの超越に基づく現存在の根源的構造（気遣い）とそこに含まれた「自己性」が、この自己触発によって可能になっていると主張する[四二七]。

　しかし、時間が触発するといっても、それはいったいどこから触発するのか。時間は感覚されるものではなく、むしろ感覚されたものが必然的に経由する内官の形式であるがゆえに、時間は感官を通じて外部から触発してくるわけでないことは明白である。したがって、もし時間が触発するとすれば、それは自己の内部から、しかも一切の経験に先立ってアプリオリに、つまり純粋に自己を触発するのでなければならず、そのためハイデガーは、「カントは時間を純粋自己触発として捉えている[四二八]」と指摘していた。

　さて、このように時間が自己を触発するとしても、それが意味しているのは、時間が「眼前にある自己」に向かって作用するということではなく、時間が「純粋なものとして〈自己自身にかかわる〔Sich-selbst-angehen〕〉というようなことの本質を形成する」[四二九]ということである。要するに時間は、純粋自己触発として、主観の自己関係性を第一次的に構成し、その自己同一化を可能にしているということである。そしてこのことを、ハイデガーは『存在と時間』において、現存在の自己関係性を第一次的に構成し、その自立性を可能にしているものを時間性として明らかにすることでまさに示そうとしていた。それに対して、目下われわれが問題としている『カント書』において彼は、時間そのものが自己を触発することによってその自立性をいかに可能にしているかと問うことで、存在一般の時性を問題としている。要するにハイデガーは、一方で、超越論的統覚（根源的自発性）の根底にある時間を「時間性」として明らかにし、他方で、純粋自己触発（根源的受容性）としての時間を「時性」として明らかにし、さらに「時間性」と「時性」が或る単一の根源的時間をなすということを示すことで、カントのもとで不明瞭なままに留まっていた「受容性と自発性の〈一緒に〔Zusammen〕〉」[四三〇]を明らかにしようと試みたのであった。

この「一緒に」はしかし、ハイデガーがそうしているように、受容性と自発性の共通の根としての根源的時間に基づいて明らかにされるのであろうか。それはむしろ、受容性と自発性を根源的に結びつける歴史的な媒介によって明らかにされるのではないか。実際、ハイデガーは「現象学的解釈」講義のなかで次のように主張することで、カントのもとで見過ごされていた、自己同一化における「原歴史」を見て取ることの必要性を説いている。

> カントは〔……〕まさに自己同一化を根源的に歴史的な現象として捉えることに成功していないし、いわんや自己同一化のうちにまさしく原歴史〔Urgeschichte〕を、すなわち、それに基づいてはじめて共同体の公開的な世界歴史が可能になるような原歴史を見て取ることにも成功していない。[四三一]

このように主張するにもかかわらず、ハイデガーは、この「原歴史」としての根源的歴史をそこで主題的に探究することはなく、根源的歴史がそこに根を下ろしているとされる根源的時間にまで突き進み、それによって自己同一化をよりいっそう根底的に基礎づけようとする。しかし、われわれの考えでは、自己同一化は単に根源的時間のみによって可能になっているのではなく、それと等根源的であるような根源的歴史によっても可能になっており、この根源的歴史による媒介こそが、受容性と自発性とのあいだに、それゆえまた時間性と時性とのあいだに有機的な連関を築く。ハイデガーは自己同一化を可能にしている根源的歴史の働きを見抜いていたにもかかわらず、それを結局のところ根源的時間へと根付かせることで、根源的歴史に固有の諸性格を、根源的時間の諸性格から演繹可能なもの、派生的なものとせざるをえなかった。かくして彼は、自己同一化の根拠を根源的時間に帰すことで、自分を自己へと関係づける根源的な働きをもっぱら時間的なもの、すなわち時間の純粋自己触発とみなし、そこに存する歴史的な働き、すなわち媒介という働きをそのものとして論じることに成功しなかったように思われる。

第一部総括——ハイデガーの時間性の哲学の成果と課題

以上をもって、われわれは第一部の議論を締めくくる。そこで、これまでの三つの章を振り返りつつ、いまや明らかとなった時間性の哲学の成果と課題を検討することにしたい。

まず、第一章でわれわれは、前期ハイデガーの哲学を、現存在の時間性という単一の根源から時間内部性と歴史性を派生させることで、通俗的な時間概念と歴史概念を存在論的に基礎づけようとする試みとして捉え、そのうえで時間内部性の派生という局面を取り上げることから出発した。それにより、この派生が現存在の頽落に根をもつ水平化によって、また時間性に属する世界時間を媒介として生じるということが明らかとなった。そのさいまたわれわれは、ミシェル・アールの批判を引き合いに出し、ハイデガーが『存在と時間』において自然的存在者を、現存在が世界のうちでそれと出会うかぎりで分析しているという点を特に問題視することで、時間内部性が現存在の時間性だけでなく根源的自然にも根を下ろしていることを指摘した。その結果、この自然は時間性から派生させることができない以上、時間内部性もまた時間性から隙間なしには派生させられえないということが示された。

次に、第二章でわれわれは、はじめに本来性と非本来性の区別を取り上げ、これら二つの様態の二者択一性という前提が、現存在の具体的日常性をさしあたりたいてい特徴づけているような両者の等根源的で不可分的な結びつ

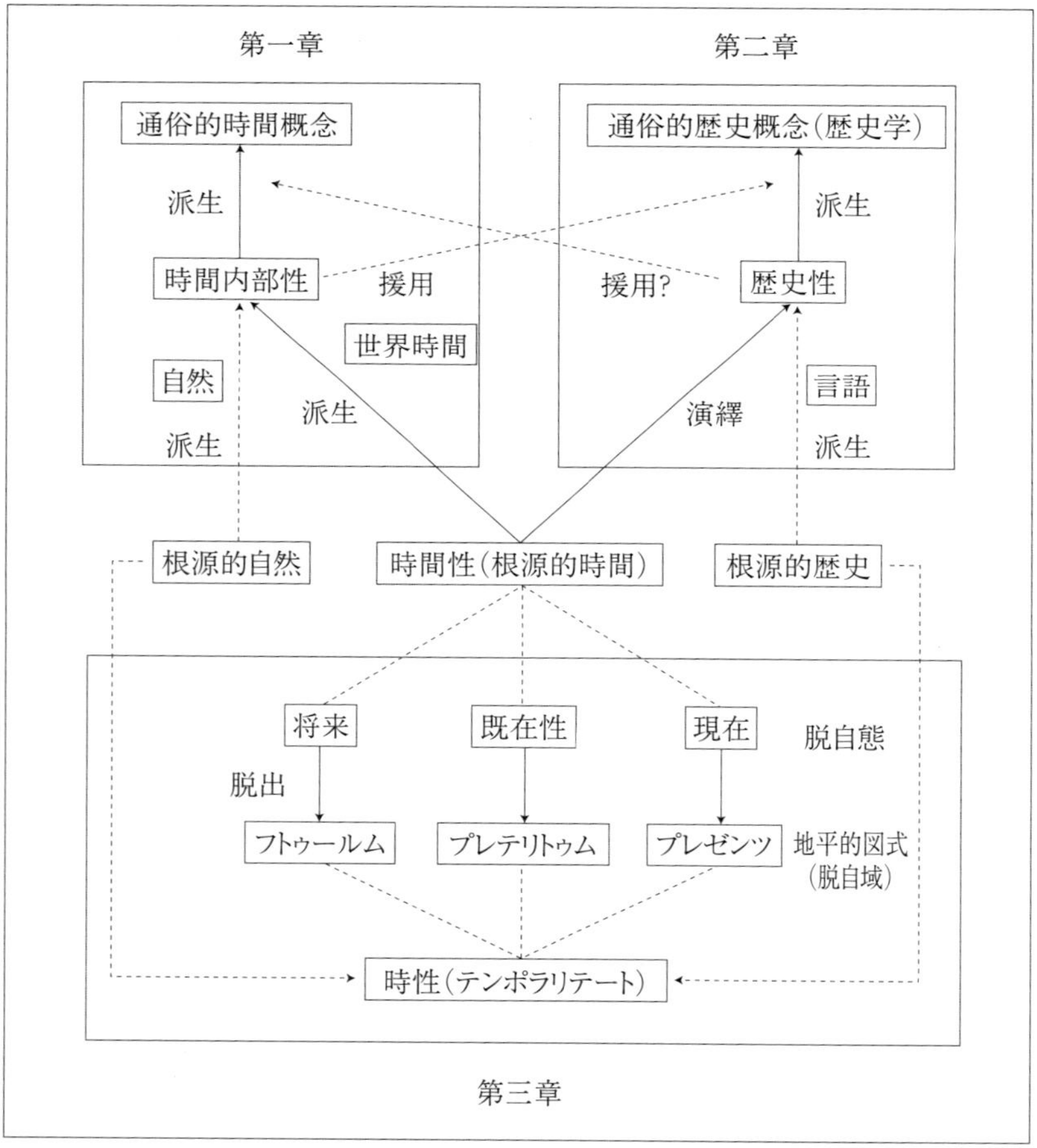
第一章
第二章
通俗的時間概念
通俗的歴史概念(歴史学)
派生
派生
時間内部性
援用
援用?
歴史性
世界時間
自然
言語
派生
演繹
派生
派生
根源的自然
時間性(根源的時間)
根源的歴史
将来
既在性
現在
脱自態
脱出
フトゥールム
プレテリトゥム
プレゼンツ
地平的図式
(脱自域)
時性(テンポラリテート)
第三章

図３：第一部の議論構成

きという事態の分析を、ハイデガーから妨げているという見解を示してきた。それにより、ただ本来的実存の分析のみを通じて現存在の根源的構造、つまり気遣いの全体性を明らかにしようとする実存論的分析論の狙いが、或る問題を孕んでいることが浮き彫りとなった。それはすなわち、将来と既在性を、自己関係性を可能にする脱自態とし、現在を、他者関係性を可能にする脱自態とするかぎり、現在が本来的な自己関係性の構成にさいしていかなる積極的な役割をもつのかが分からず、そのことが、本来的現在としての「瞬間」の規定を空虚なままに留めているという問題であった。さらに、将来と既在性がいずれも自己関係性の構成に寄与しているとすれば、根源的時間性における「将来」の優位もまた問題を孕んでいると言わざるをえない。そこでわれわれは、この問題の根を歴史性に対する時間性の先行性というテーゼの疑わしさとして剔抉することで、その疑念が結局のところ解消不可能なままに留まるがゆえに、ハイデガーが時間性からの歴史性の「演繹」と名指す手続きもやはり、隙間なしには成立しえないということを示した。というのも、彼が時間性に根付かせようとする「語り」や「言語」は、実際には、或る種の歴史に、つまり時間性から演繹することのできない根源的歴史に根を下ろしているからである。

最後に、第三章でわれわれは、時間性と時性の関係を、前者から後者への問いの移行の鍵を握る「超越」の問題の考察を通じて解明することを試みた。この考察にさいしてわれわれはまず、ハイデガーが、現存在がそれによって世界内存在となる超越の働きを、それ自体、時間性の時熟の働きとみなす一方、その超越と同時に起こる「世界進入」が「原歴史」として規定されているということを考察の俎上に載せた。その結果、それ自体として歴史的な脱自としての時間性と、歴史性の可能性の条件ないし地平としての時性が区別され、この後者の時性を、ハイデガーが時間性の時熟様式を規制している地平的諸図式の統一として規定していることが示された。しかしながら、このように明らかに異なる水準に置かれた時間性と時性の双方を、ハイデガーが同じ一つの現象を異なる観点から主題化したものとみなしている点に曖昧さが見られ、この曖昧さが時間性と時性とのあいだの不一致を引き起こしているということが指摘された。そしてこの曖昧な関係を解明すべくわれわれは、ハイデガーがそれによって時性の問題圏へと踏み入ろうとしていた、一九二〇年代末の彼のカント解釈の内実に迫ることを試みた。ハイデガーはそこで、カントの超越論的構想力を根源的時間性として解釈することで、純粋直観と純粋思考の根底にあるその根源的時間性こそが、アプリオリな綜合作用として、感性と悟性とのあいだの必然的な対応を可能にしていると主張する。さらにハイデガーは、こうした根源的時間性の時熟を、カントの時間の自己触発に関する記述のうちに読み取ることで、現存在の存在了解と自己同一化とを可能にしているその自己触発に、時性の現象の主題化を見ようとする。しかしわれわれの考えでは、ハイデガーは、時性という根源的時間だけではなく、根源的歴史もまた何らかの仕方でそれらを可能にしているという点を十分に検討しておらず、それというのも彼は、歴史性を時間性へ根付かせることで、時間性と時性という実際には重なり合わない二つの現象を、同じ一つの根源的時間として探究しようとしていたからである。

さて、以上の議論全体を通じてわれわれが一貫して問題視してきたのは、ハイデガーの時間性の哲学が、時間性と時間内部性の関係や、時間性と歴史性の関係を、根源と派生の関係として論じることで、後者を前者から派生させようとする手続きによってつねに導かれているということであった。この手続きは、時間性という、それ以上に根源的なものが何もないとされるものによって、それ以外の一切を基礎づけようとする『存在と時間』の分析論全体を導いている。ところで、一般にこの「時間性」がきわめて理解しにくいとされるのは、ハイデガーがこの「時間性」という語にかけている負荷があまりにも大きすぎるためである。彼にとって「時間性」は、第一に、現存在の「脱自」として、通俗的時間概念がそこから派生する根源的時間であり、第二に、現存在が本来的にそれである「歴史性」と不可分な、その「可能性の条件」であり、第三に、存在一般の「時性」として、現存在の存在了解がそれによって可能になる「地平」である。われわれは、ハイデガーの「時間性」のもつこれら三つの側面をそれぞれ概観することで、そのどれ一つをとっても隙間なしには明示されえず、これら三つの側面を「時間性」という同じ一つの現象に帰属させることはできないという見解を示してきた。このことは、ハイデガーが「時間性」という語によって、そもそも時間とはかかわりのない事柄までも一緒に思索しようとしているということを意味する。そしてなぜそのようなことが起こるのかと言えば、彼が根源的時間の単一性というカント的な、それゆえまた伝統的な理解を独断的に継承することで、時間とは直接にかかわりのないもの（自然や言語）までも、この時間性という単一の根源へと根付かせようとしたからである。そしてまさにこのような理解の継承が、ハイデガーが『存在と時間』で重視した「等根源性（Gleichursprünglichkeit）」という現象を裏切ることで、その著作の成果をなお形而上学的なままに留めている。というのも、彼はこの等根源性について次のように主張していたからである。

構成諸要素の等根源性という現象が〔従来の〕存在論では多くの場合軽視されてきたのは、或る単一の「根源〔Urgrund〕」からありとあらゆるものの由来を立証しようとする、方法的に拘束されていない傾向の結果である(四二)。

この箇所でハイデガーは、等根源性という現象に注目することで、従来の存在論における「単一の根源」から他の一切を派生させようとすることに存する方法的拘束の不徹底を指摘している。この等根源性はしかし、時間性という「単一の根源」から、時間内部性と歴史性を派生させようとするときに、ハイデガー自身がまさに軽視しているものではないか。なるほど『存在と時間』の分析論は、現存在の現の構成要素である、実存性・事実性・頽落性の、またそれらを可能にしている、将来・既在性・現在の等根源性を明確に主張するもの(四三)の、そのように等根源的とされた各要素はどれも、最終的には、時間性という単一の根源によって統一的に基礎づけられる手筈となっている。したがって、伝統的な存在論における「単一の根源」からの派生という方法を徹底的に問いに付したのがハイデガーであるとすれば、それを時間性というより強力な形で復活させたのもハイデガーである。もし彼が「等根源性」という現象により忠実であったとすれば、時間性から歴史性と時間内部性を派生させるのではなく、時間性と歴史性と時間内部性の等根源性を主張するまでに留まったであろう。その場合にまた彼は、これら三つの水準間の関係を、単一の根源とその諸派生態の関係ではなく、複数の根源のあいだの媒介の関係として思索したであろう。ハイデガーの時間性の哲学に欠けているものがあるとすれば、それはまさにこの媒介という関係への着目である。この関係はとりわけ、現存在の脱自がそれである根源的時間からの時間内部性の派生にさいして、その根源的時間とは本質的に区別される別の根源的な働きが、両者の媒介として干渉してくるという事実によって示される。その働きとはつまり、根源的歴史の生起であり、以下で示すように、レヴィナス、リクール、デリダ全員が揃って指摘しているものにほかならない。

第二部　フランスの哲学者たちによる時間性の哲学との対決

この第二部全体の課題は、第一部で明らかとなったハイデガーの時間性の哲学が、今日に至るまで、フランスの哲学者たちによってどのように批判的に継承されてきたのかを解明することにある。そのためにわれわれは、第一部で獲得してきた成果を活用しつつ、特にレヴィナス（第一章）、リクール（第二章）、デリダ（第三章）におけるこの時間性の哲学との対決を概観し、検討することにしたい。その結果、三者いずれの対決においても、ハイデガー的な根源的時間からの通俗的時間概念の派生にさいして、そこへと媒介という仕方でかかわってくるような、根源的歴史の生起が指摘されていることが明らかとなろう。

第一章　ハイデガーとレヴィナス

レヴィナスの哲学が、ハイデガーの哲学に対する批判をその核心に秘めていることは周知の事実である。またその批判の内実に関しても、他者論や倫理学の名のもとに、ハイデガー的な存在論の暴力性を告発するという形をとったことはよく知られている。われわれはしかし、それによって両者の隔たりばかりが強調されるこの批判をいったん脇に置いて、ハイデガー哲学の最良の理解者の一人としてのレヴィナスについて論じることにしたい。事実、この哲学を一早く理解することで、フランス語圏でのその初期の受容を牽引したのは、ほかならぬレヴィナスであった。これと同等の評価に値するのは、ジャン・ヴァール、アルフォンス・ド・ヴァーレンス、ウラジーミル・ジャンケレヴィッチといった、哲学コレージュにおける彼の同僚たちくらいであろう。彼らは、当時まだほとんど知られていなかったか、もしくは極度に誤解されていたハイデガー哲学を適切に理解し、そのうちに含まれた本質的な問題点をはっきりと見抜くまでに達していた。そのうえ、彼ら自身の哲学のなかの特に重要ないくつかの学説が、ハイデガー哲学の解釈を前提として展開されていることは疑う余地がない。

したがって、レヴィナスがハイデガーの哲学をいかに解釈し、自身の哲学へと取り込んだのかを吟味することは、レヴィナスの哲学を解明するうえで避けて通ることのできない課題の一つである。ところが、この課題へのわれわれの着手は、当時のレヴィナスにとって参照可能であったハイデガーのテクストが今日と比べてかなり制限されていたことと、ハイデガーに特有の多くの術語のフランス語訳がまだ十分に整備されていなかったことなどにより、非常に困難かつ複雑なものとなる。レヴィナスが一九二八年にフライブルクに渡り、そこでハイデガーの哲学にはじめてふれたとき、刊行されたばかりの『存在と時間』をのぞけば、その哲学について知りうることはほとんどなく、おまけにその特異な用語法をフランス語に置き換える作業はまだ始まってすらいなかった。こうした時代背景が初期のレヴィナスにおけるハイデガー解釈を不透明なものとしているがゆえに、先行研究においてこの解釈が真正面から取り上げられることはけっして多くなかったように思われる。(四三四) しかしながら、われわれの見るところ、初期のレヴィナスはハイデガーの哲学を、特に「時間性」に関する彼の理論を批判的に解釈することによって、後の『全体性と無限』で提示されるような自身の哲学の主要テーゼのいくつかを獲得しており、その解釈を検討することなしにレヴィナスの哲学の核心に迫ることはできないだろう。

そこでわれわれは、レヴィナスの哲学を、ハイデガー哲学についての彼の解釈を明確化させつつ「時間性」という主題をめぐっての両者の対決という観点から追究することを試みる。ただしこの追究は、レヴィナスのすべての時期の論考を取り上げるのではなく、主に一九三〇年代から四〇年代にかけての初期の論考、なかでも一九三二年の論文「ハイデガーと存在論」、一九四七年の著作『存在から存在者へ』、一九四七年から四八年にかけての哲学コレージュでの講演をまとめた著作『時間と他者』を取り上げるまでに留める。これらはいずれも、ハイデガー哲学を明確に考察の対象としており、最初の論文がハイデガーの存在論に関するレヴィナスの基本的理解を提示している一方、後の二つの著作は「時間」を中心主題とすることで、ハイデガーの時間性の理論に対する批判的解釈を展開している。これらの論考を読解することでわれわれは、レヴィナスの哲学が、単にハイデガー的な存在論との対立のみによって特徴づけられるのではなく、むしろ「時間性」という共通の主題への異なる取り組みとしても特徴

づけられるということを示したい。(四三五)

以上の課題を、われわれは次の手順で遂行する。まず、論文「ハイデガーと存在論」におけるレヴィナスの『存在と時間』読解の概略を示す（第一節）。次いで、その読解に基づいて展開されている一九四〇年代末のレヴィナスの時間論の全貌を把握するために、彼がハイデガーから「存在論的差異」をどのように継承しているのかを見極め、なおかつ「イリヤ」という彼独自の概念の内実を解明する（第二節）。それから、『存在から存在者へ』と『時間と他者』におけるレヴィナスの時間論を、主に『存在と時間』におけるハイデガーの時間性の理論と比較しつつ、レヴィナスがハイデガーの時間性の理論をいかに批判的に継承しているのかを明らかにする（第三節）。最後に、以上のレヴィナスのハイデガー解釈を検討する（第四節）。

第一節　「ハイデガーと存在論」

(1) レヴィナスの『存在と時間』読解

一九三二年に『国内外哲学評論』誌上で発表された論文「ハイデガーと存在論」(四三六)は、初期のレヴィナスのハイデガー哲学に関する理解がそこで明確に提示されているという点で重要であるばかりか、この哲学に関するフランス語で書かれた最も早い時期の論文の一つであるという点でも重要である。これより早い時期の出版物でハイデガーを主題的に取り上げているのは、ジョルジュ・ギュルヴィッチの『ドイツ哲学の現代的な諸傾向』(四三七)くらいしかなく、ドイツ語の出版物を含めたとしても、せいぜいゲオルク・ミッシュの『生の哲学と現象学』(四三八)が目に留まる程度である。

この論文が提示しているのは、レヴィナスなりの『存在と時間』の解説である。この解説は、ハイデガー自身のそれとはときに非常に異なった論述様式で綴られているにもかかわらず、この著作の本質的な狙いを的確に言い当てている。というのも、この論文のなかでレヴィナスは、近代の認識論において「主観‐客観関係が表明している時間に対しての無関心さ」[四三九]とは対照的に、そのような「時間」を存在論的に問題としたという点にハイデガーの功績を認めたうえで、彼の哲学の根本問題を次のように捉えているからである。「存在という概念を、またそれと時間との関係を問い直すことが、ハイデガー哲学の根本問題――存在論的問題である」[四四〇]。存在と時間の関係のこうした問い直しがハイデガー哲学の根本問題であることを、われわれも本書の第一部でまさに強調してきた。

さて『存在と時間』において存在と時間の紐帯をなしているもの、その一つは「了解」という出来事である。なぜなら、現存在は自身の存在を了解している存在者であり、その了解を可能にしているのは時間だからである。実存論的分析論の全体が、この存在了解の可能性の条件として時間性を明らかにしようとする存在論的な課題によって導かれているということをレヴィナスは熟知しており、それゆえ彼は、「ハイデガーの著作全体が明らかにしようと目指すのは、時間は人間存在の一つの枠ではなく、時間の本来的な形での《時熟》が存在了解という出来事であるということを示すことである」[四四一]と指摘している。ハイデガー哲学の初期の――とはいえこの論文よりも後の時期だが――受容において支配的な実存主義的ないし人間学的な解釈傾向とは異なり[四四二]、レヴィナスがここで提示している解釈は、特にその存在論的な課題に焦点を当てている一方、「死」や「本来性／非本来性」の区別といった実存主義的に見える諸主題への言及は驚くほど少ない[四四三]。そしてこのことは、レヴィナスによるハイデガーの批判的解釈が、彼の哲学の課題に対する何らかの誤解（たとえば、それを実存主義に属するものと見る誤解）や曲解に根を下ろしているのではなく、ハイデガー自身が目指していた存在論的な課題についての適切な理解に基づいていることを意味している。さらに言うと、レヴィナスによるこのハイデガー解釈は、『存在と時間』の根底的な問い、すなわち超越の問題にすでに照準を合わせており、次の記述などは実際、ハイデガーの「超越」概念と彼の存在論の

「超越論的」性格に関する本質的な理解を示している。

自己から出発して諸対象へと向かう働き――近代哲学における主観と客観の関係――は、存在者的に解された「諸存在者〔les étants〕」を超えて存在論的な存在へと向かう跳躍のうちに根拠を有する。この跳躍は、現存在の存在に基づいて遂行されるのであり、現存在の存在の出来事そのものであって、現存在の存在に付け加わる一つの現象ではない。存在者を超えて存在へと向かうこの跳躍――そしてこれが存在論にほかならず、存在了解なのであるが――に、ハイデガーは超越という語を割り当てる。主観から客観への超越――認識論の出発点となっている派生的現象――はこの超越に依存している。ハイデガーにとって存在論の問題は超越論的であるが、しかもその新しい意味においてそうなのである。(四四四)

ハイデガーが、主観と客観の関係についての認識論的超越に先立って、そのような超越をそもそも可能にしている存在者から存在への存在論的超越を問題にしており、しかもこの問題が一九二〇年代末のハイデガー哲学の中心的な問題の一つであるということを、われわれはすでに本書の第一部第三章で明らかにしてきた。そのうえ、以下で示すように、レヴィナスはまさにこの超越に関するハイデガーの問題設定を引き継ぎつつ、それを彼とは異なる解決へともたらそうと試みている。レヴィナスの見るところ、ハイデガーの存在論はひたすらに超越論的な哲学であって、(四四五)実存主義的な哲学ではなく、後年の彼の記述を借りて言えば、「ハイデガー自身が拒んでいるこの実存哲学は、存在論に関するハイデガーの考えの反対物――とはいえ不可欠な片割れ――にほかならない」(四四六)。このようにレヴィナスは、ハイデガーの存在論を実存主義的に解釈するどころか、むしろそこに実存哲学に対立する傾向を見ており、この傾向に対抗しようと努めている。(四四七)それでは、この傾向とは具体的にどのようなものであるのか。

(2) 存在論主義

論文「ハイデガーと存在論」のなかでレヴィナスは、ハイデガーの存在論のうちに潜む、人間の実存に対立する傾向を「存在論主義（ontologisme）」という言葉で表現している[四四八]。この言葉によってレヴィナスは、一見そう思われるような、諸学のなかでそれら一切を基礎づけている存在論に優位を与えようとする、『存在と時間』のハイデガーの基本的態度を指しているのではなく、次のような或る「還元」を指している。

> 超時間的と名づけたくなるようなすべてのものを時間へと還元すること、すなわち、関係と呼びたくなるようなすべてのものを存在へと還元することを強調するのは重要なことである。これこそハイデガーの根本的な存在論主義であり、この論文においてそれを浮き彫りにすることがわれわれにとって重要なことである[四四九]。

本書の第一部第一章第二節でわれわれは、伝統的に「超時間的」や「無時間的」と名指されてきたすべてのものを、ハイデガーが「時間性」の諸様態へと帰そうとしていることを確認してきた。ハイデガー哲学においては、有限的な時間性が最も根源的であり、超時間的なものや無時間的なものはその派生態にすぎず、それゆえレヴィナスが指摘するとおり、「無時間的なものや永遠的なもののほうへと向かって行くことは、時間から離れることではない」[四五〇]。実際、ハイデガーの分析論が主題としている本質的に有限的な現存在に、「永遠的なものへの跳躍」[四五一]の起こる余地はまったくないだろう。というのも、ハイデガーにとってこの跳躍は、単に有限性からの偽の脱出、つまり有限的な現存在に根を下ろしているがゆえに、実際には時間性の一契機をなしている永遠的なものへの跳躍を表現しているにすぎないからである。こうした跳躍もまた、現存在がそれによって世界内存在となる存在論的超越に基づいている。そしてこの存在論的超越が起こるやいなや、現存在はたちまち自身の存在を了解するようになり、それ以来、他の諸存在者との一切の関係は、この存在了解という存在論的な関係によって基礎づけられることになる。使う、見る、聞く、話す、触れる、食べる、愛する、祈るといった他者とのいかなる存在者的な関係の仕方も、いまや了解という唯一の存在論的な関係に基づいており、この関係こそが現存在の実存をなすとされる。現存在の「実存」とその「了解」の同一視という、ハイデガーの存在論全体がそこに立脚している基本的前提は、あらゆる存在者的な関係を有限的な存在了解へと還元することで、その存在了解の外部へと脱出しうる超越をことごとく無効化している。

このようなハイデガーの「存在論主義」を、レヴィナスはここで表立って批判しているわけではないのだが、そうはいってもレヴィナスがそれを記述する仕方は、ハイデガーの哲学が人間の実存をそこへと押しやっている或る種の閉塞を糾弾しているように見える。実際、一九五一年に書かれた論文「存在論は根源的か」において、レヴィナスが「他者との関係ないし集団はどの程度、了解には還元不可能な無限との関係であるのか」と問うことで、ハイデガーにおける「存在論の優位」を告発するとき、[四五二]そこで批判されているものは、先に指摘された存在論主義と内容上異なってはいない。その批判はとりわけ、他者との一切の関係を自己の有限的な存在了解へと帰すことで、他者との無限的な絆を現存在から無効化しようとするハイデガー的な存在論の一般戦略へと向けられている。そのような戦略に反して、レヴィナスの存在論は、他者との関係を、有限的な了解には還元できないものとして示すことで、この有限的な了解の外部への逃走手段を現存在に残しておこうとする。こうした対立はしかし、両者がまったく異なる問いに取り組むことから生じたものではなく、それによって現存在が自己自身や他者へとかかわることが可能になる超越の働きをどのように解釈するかという同一の問いに対する解答の相違から生じたものにほかならない。

第二節　存在・存在者・イリヤ

前節で明らかにしたように、初期のレヴィナスは、ハイデガーにおける存在論の優位――より厳密に言えば、存在了解の優位――に反して、現存在という存在者がその内部に幽閉されている有限的な存在の外部への脱出口を設けることを目指していた。ここではしかし、ハイデガーが「存在」や「存在者」（現存在）といった語によって指示しているものと、レヴィナスがそれらの語によって理解しているものが果たして同じなのかと問われよう。この問いに対する返答は難しい。というのも、われわれの見るところレヴィナスは、ハイデガーから「存在」と「存在者」の区別、つまり「存在論的差異」を引き継いではいるものの、それらをフランス語に訳すにあたって若干の修正ないし変更を加えてもいるからである。[四五三] したがって、レヴィナスのハイデガー解釈をより詳細に検討するには、彼がこの存在論的差異をどのように継承しているのかを見極めなければならない。

（1）存在論的差異の批判的継承

『時間と他者』の冒頭でレヴィナスは、ハイデガーにおける「存在」と「存在者」をフランス語に訳すにあたって次のような断りを入れている。

Sein と Seiendes のハイデガーの区別――私はすでにそれを用いてきたわけだが――は周知のとおりである。つまり être と étant ということになるが、私はそれよりもむしろ、口調上の理由から *exister* と *existant* と――これらの用語に殊更に実存主義的な意味を込めることなく――訳すことにしたい。[四五四]

以下の論述を通してわれわれは、この断りに従い、レヴィナスにおける exister と existant をそれぞれ「存在」と「存在者」（現存在）と訳すことにする。[四五五]

　ハイデガー哲学において基本的なこの区別は「存在」と「存在者」という互いに切り離された二つの領域の区別として理解されてはならず、また現存在（の了解）から独立に成立する区別のように考えられてもならない。この区別の両項は、より厳密には「存在者（Seiendes）」と「存在者の存在（Sein des Seienden）」という形で示されるべきである。[四五六]なぜなら、ここで問題となっている「存在」は「存在者」から独立にあることはなく、「存在者なき存在」などというものはその定義からして不可能だからである。それゆえレヴィナスも、「私にはハイデガーが存在者なき存在といったものを認めうるとは思われないし、そのようなものはハイデガーの目には不条理なものと映るに違いない[四五七]」と述べている。ハイデガーが「存在」と呼んでいるものは、或る存在者がそれ自体として何であるかによってではなく、その存在者が現存在によっていかに了解されるかによって規定される。それに対して「存在者」は、現存在の了解に依存しておらず、現存在の了解がないからといって存在者もないとはかぎらないが、そのような場合には当然、その存在者に関するいかなる了解可能性もないため、その存在者があるのかないのかということ自体が問題となりえない。[四五八]

　このように、ハイデガー哲学において「存在者なき存在」という表現は不条理であり、そのことをレヴィナス自身も承知しているわけだが、にもかかわらず彼は、頻繁に「存在者なき存在」なるものについて語っている。この「存在者なき存在」とはいったい何か。レヴィナスはそれをハイデガーの「被投性（Geworfenheit, déréliction）[四五九]」を解釈する過程で見出している。

このGeworfenheitは、存在の「うちに投げられているという事実〔fait-d'être-jeté-dans〕」と訳さなければならない。あたかも現存在は自己に先立つ存在のうちにしか現われないかのように、存在は現存在から独立しており、存在のうちに投げられている現存在はけっして存在の支配者にはなりえないかのように。まさしくそれゆえにこそ、そこに遺棄〔délaissement〕と引き渡し〔abandon〕がある。こうしてわれわれ抜きで、主体抜きで生じる存在、存在者なき存在という観念が姿を現わす[四六〇]。

被投性に関するこの解釈は、『存在と時間』でのハイデガーの主張を適切に読解し、なおかつそれを超えていくような解釈と見ることができよう。実際、ハイデガーはそこで「被投性」を、現存在から独立した存在のうちへと投げられていることとしてではなく、現存在が企投した自身の存在（諸可能性）のうちへと投げられていることとして規定しており[四六一]、レヴィナスも、論文「ハイデガーと存在論」のなかでは、被投性をまさにそのようなものとして解説していた[四六二]。ところがレヴィナスは、いまやこの被投性を、何か「存在者なき存在」のようなものへと現存在が否応なく引き渡されているという事実として解釈しようとしている。この解釈をハイデガー的な被投性の単なる曲解や変形に帰すことは容易だが、そこにはしかし、それらをはるかに上回るものがあるように思われる。というのも、より根底的な議論水準で眺めるならば、現存在の存在（気遣い）がそれである自己関係性は、『存在と時間』で描写されるような、自分が選択したかもしくは選択し損なった事実的な諸可能性のうちへの「被投的企投」というよりはむしろ、論文「根拠の本質」で描写されるような、自分が企投したわけではない諸存在者によって捕捉されつつ、自身の世界を企投するような「超越」にほかならないからである。ここでレヴィナスが被投性に施している解釈は、『存在と時間』の「被投性」には不適合だが、ハイデガーがそれをより根底的な水準で再導入している「根拠の本質」での「捕捉性（Eingenommenheit）」には適合する。レヴィナスが「存在者なき存在」と呼ぶものは、現存在が自身の世界の第一次的企投としての超越に先立って、つまり存在了解に先立ってそこへと投げられている「なまの事実」、すなわち、現存在がそこから超越するところである。この事実は、超越ないし存在了解に先立って「ある」。これこそ「ある＝イリヤ」の次元である。

（２）不安の無と恐怖のイリヤ

レヴィナスが「イリヤ」と呼んでいるものを、ハイデガー的な用語法によって表現することは容易ではない。それは、ハイデガーが用いる何らかのドイツ語、つまり「存在（Sein）」や「ある＝与えられている（es gibt）」といった語の翻訳ではないし[四六三]、もちろん特定の「存在者（Seiendes）」や「存在者性（Seiendheit）」でもない。レヴィナスはこの「イリヤ」を「存在者なき存在」という言葉で示すが、そのようなものは、少なくとも『存在と時間』のなかでは不条理なものにすぎず、ハイデガー哲学の用語法に従ってそれを名指すことはほとんど不可能に見える。とはいえ、レヴィナス自身の記述をより詳細に読解することで、彼のハイデガー解釈の筋道に従う形でこのイリヤの解明を試みることにしたい。レヴィナスはイリヤの出現を次のように描写している。

> すべての事物、存在者、人間の無への回帰ということを想像してみることにしよう。われわれは、純然たる無に出くわすであろうか。このようにあらゆるものを想像のうえで破壊した後に残るのは、或るものではなく、イリヤという事実である[四六四]。

ここでレヴィナスの念頭にあるのは、ハイデガーが「形而上学とは何か」のなかで描写した「無」の経験であろう。ハイデガーはそこで、不安におけるすべての存在者の「滑落（Entgleiten）」[四六五]としてあらわになる無を問題にしており、ここでのレヴィナスの想定――すべての事物の無への回帰――が、そうした存在者の滑落という事態を意図したものであることはまず間違いない。他方でしかし、レヴィナスは「ハイデガー的な不安が見出す純粋な無は〈ある＝イリヤ〉ではない」[四六六]と主張し、かつまたハイデガー的な「無の不安」を、自身が問題とする「〈ある〉の恐怖（horreur de l'être）」と対置してすらいる。[四六七]したがって、すべての存在者の滑落によって何が残るのかという同じ想定から、両者が異なる結論を引き出していることが分かる。すなわち、ハイデガーはそこに無を見出し、その無が不安によって開示される存在であるということを示そうとするのに対して、レヴィナスはそこに無ではなく「ある＝イリヤ」を見出し、その「ある＝イリヤ」が、不安ではなく恐怖によって開示されるということを示そうとする。そしてこの恐怖は、不安と対置されている以上、また対置されうるのは同じ水準にある二つのものである以上、ハイデガーが不安の非本来的形態とみなしていた「恐れ（Furcht）」[四六八]の単なる翻訳ではなく、それによって「ある＝イリヤ」が開示される根本気分の一種であると考えられる。すべての存在者の滑落の後で、一方には「不安の無の明るい夜」[四六九]があり、他方には「恐怖の〈ある＝イリヤ〉の暗い夜」がある。昼夜の対比が問題なのではなく、二種類の夜の対比が問題なのである。

いましがた言及した存在者の「滑落」という事態は、ハイデガーのもとでは、諸存在者の単なる物理的な消滅ではなく、世界の内部における諸存在者に対する現存在の親しみの全面的喪失を意味している。[四七〇]それはつまり、存在者がそれによって世界内部的存在者となるような例の現存在の超越（世界進入）を逆行ないし解除する働きであり、この働きによって諸存在者は世界の内部からは滑落するが、そのものとしては消失せず、超越以前の混沌とした「なまの事実」である「全体としての存在者（das Seiende im Ganzen）」のただなかにあるものとして立ち現われる。そして現存在がこの「全体としての存在者」に突き当たるのは、世界内部的存在者の「無」としてであるがゆえに、ハイデガーは「無は不安のうちで、全体としての存在者と《一緒に》出会われる」[四七一]と主張していた。このことは、ハイデガー的な不安が二つのものを、つまり「無」と「全体としての存在者」を一緒に開示するということを意味している。レヴィナスが「イリヤ」と呼んでいるものは、少なくともその内容上、ハイデガーがそこで「全体としての存在者」と名指しているものに対応するように思われる。

　たしかに、こうした対応は外見からはその裏付けをまったく期待できない。「イリヤ」は明らかに「存在」でもなければ、いかなる「存在者」でもなく、そのいずれとも区別される第三項である。しかしながら、ハイデガー哲学において「全体としての存在者」はまさにそのようなものである。それは、現存在がそこから超越するところとして、その超越の時熟に根を下ろす存在論的差異の成立に先立っている。[四七二]それゆえ「全体としての存在者」はまだ「存在」しておらず、厳密に言えば「存在者」（「存在」しているもの）ではない。それはむしろ、世界へと超越する以前にも以後にも、現存在がそこへと投げられている「ある」という事実である。世界へと超越することで、現存在はこの「ある」を乗り越えはするが、それを完全に脱することはなく、或る面ではそこに繋がれたままであり続ける。[四七三]現存在はこの「ある」を抹消することはできず、ただ自分が企投する世界（無としての存在）によって隠蔽することしかできない。世界によって普段は隠蔽されているこの「ある」は、それを覆っている世界という光が消灯されるや、不安のうちで世界そのものである無と一緒に姿を現わす。以上のことをレヴィナス的に言い換えると、現存在が否応なくそこへと投げられている非人称的にして不眠の「ある」はただ、意識や自我がそれである「眠る能力」[四七四]によってのみ隠蔽されうるが、すべての事物の滑落は、そうした覆いを剥ぎ取って、恐怖のうちで現存在をその「ある」へと直面させる。「コスモスが破裂し、カオスが、すなわち深淵が、場所の不在が、〈ある＝イリヤ〉が、あんぐりと口をあける」[四七五]。世界への、つまり存在への超越に先立って、それゆえまた一切の存在了解に先立って、現存在がそこへと投げられているこの「ある」こそ、ハイデガーが「全体としての存在者」と呼び、レヴィナスは「イリヤ」と呼んでいるものである。[四七六]

以上のことから、前期ハイデガーも、それを解釈するレヴィナスも、次の三つの水準において議論を展開していることが明らかとなる。（一）「存在者」の水準。より厳密に言えば、その存在が現存在によって了解されており、それゆえすでに世界のうちに進入しているような世界内部的存在者の水準。（二）「存在者の存在」の水準。すなわち、現存在に関して言えば、気遣いの、世界内部的存在者に関して言えば、世界の水準。（三）「存在者なき存在」ないし「全体としての存在者」の水準。つまり、その存在が現存在によって了解されておらず、したがってまだ世界のうちに進入していない世界外部的存在者の水準。レヴィナスが「イリヤ」という語によって問題としているのは（三）の水準、すなわち、現存在が世界への超越（脱自）に先立ってそこへと投げ込まれている「なまの事実」の水準である。前期ハイデガーにおいては、（一）と（二）が存在論的差異をなし、（三）の水準において生じる現存在の超越がその存在論的差異を可能にし、さらにその超越を時間性が可能にしている。[四七七]『存在と時間』の実存論的分析論が、現存在が自身の存在を先存在論的に了解している、それゆえ存在論的差異がすでに成立している時点から出発することで、（三）の水準をその探究の枠外に置くのに対して、レヴィナスの分析は、まさに（三）の水準から出発することで、現存在の存在了解に包含されえないような他人との存在者的な関係を示し、それを解明しようと試みている。

第三節　一九四七／四八年のレヴィナスの時間論

前節までの議論を踏まえつつ、われわれは『存在から存在者へ』と『時間と他者』におけるレヴィナスの時間論の考察に取りかかる。ここでもやはり、われわれはそれを特にハイデガーの時間性の理論との対比によって明らかにすることにしたい。

(1) ハイデガーとレヴィナスそれぞれの出発点と課題

はじめに、両者の探究の出発点を明確化させることにしよう。ハイデガーが、自身の存在をすでに了解している世界内存在としての「現存在」から出発するのに対して、レヴィナスは、そのような了解に先立って「ここ」にあるという事実から出発する。

ハイデガーの現存在〔Dasein〕に含まれる現〔*Da*〕はすでに世界を巻き込んでいる。しかしわれわれの出発点となっているここ、定位のここは、一切の了解、一切の地平や時間に先立っている。それは、意識が起源であるという事実そのもの、意識が意識そのものから発しており、意識が存在者であるという事実である。[四七八]

ハイデガーにとって、世界のうちで存在している現存在は、同時にまた他人との「共存在（Mitsein）」でもあり、なぜならその現存在は、先行了解によって企投された自身の存在のうちに他の人々を包摂することで、それらの人々と「共に現に存在している」[四七九]からである。また現存在の「孤独（Alleinsein）」に関して言えば、ハイデガーはそれを、この共存在という他の人々との存在論的関係の「欠如態（defizienter Modus）」[四八〇]として、後発的に生じてくるものとみなしていた。それに対してレヴィナスは、自身の探究を開始するにあたってまず、「他者とのあらかじめ前提となる関係のただなかで孤独を考察するハイデガーの考え方を捨て去る」[四八一]と宣言したうえで、現存在が否応なくそこへと投げられている「ある＝イリヤ」という事実のうちでの主体の「孤独」という存在論的根源へと遡り、「その孤独がいかに乗り越えられうるか」[四八二]という問いを立てる。レヴィナスが「孤独」と呼ぶものは、無人島に取り残された人間のうちにでも、意識内容の伝達不可能のうちにでもなく、「諸存在者があるという事実そのもののうちにある」[四八三]。この「ある」という事実のうちで、諸存在者（＝諸主体）はさしあたり窓をもたないモナドとして散在しており、（四八四）レヴィナスの時間論はそれらのモナドを互いに関係づける働きとして時間を解釈することを目指す。「この〔「時間と他者」という〕講演の目的は、時間は孤立した単独の主体にかかわる事実ではなく、主体と他人の関係そのものだということを明らかにすることである」（四八五）。それゆえ両者の探究は、出発点こそ異なってはいるが、自己は他者とそもそもどのように関係しうるのかという「超越」の問題への取り組みという点では共通している。他方で、この問題への両者の取り組みの相違は、ハイデガーが現存在の超越をその存在了解と同一視することで、その可能性の条件として時間を解釈しようとするのに対して、レヴィナスは、そうした存在了解に尽きないような、自己と他人との対面的ないし対話的な関係を明らかにすることで、この「〔存在了解ないし存在論がそれである〕統一性のうちに融合しない多元論（四八六）」のうちで時間を解釈しようとする点にある。

（2）超越の二つの形態――脱自と実詞化

レヴィナスの時間論の中心的な概念は何かと問うならば、少なくとも「実詞化（hypostase）」はその一つに挙げられよう。レヴィナスが「実詞化」と呼ぶ働きは、ハイデガーが「超越」と呼ぶ働きと共通する機能をもっている。それはすなわち、現存在の自己関係性を第一次的に構成する機能である。ハイデガーは超越を、それによって現存在が自身の存在と関係しはじめる了解の働きとみなしていた。（四八七）同様にレヴィナスも、実詞化を「現存在がそれを通して自身の存在と関係を結ぶ〔contracter〕出来事（四八八）」とみなしている。ただし、ハイデガー的な超越が存在者から存在への「脱自（＝エクスターズ）」であるのに対して、レヴィナス的な超越は存在から存在者への「実詞化（＝イポスターズ）」であるという点に注意しよう。レヴィナスにとって「存在（exister）」は「名詞によっては表現しえない、つまり動詞であるところの〈存在〔être〕〉という活動そのもの（四八九）」であり、この自動詞としての「存在」から名詞としての「存在者」へと品詞転換することが実詞化である。反面、ハイデガー的な現存在は、最初は名詞的な存在者であり、その存在者的な事実を超越することによって、つまり存在者としての自己から脱することによって、他動詞的に存在する、つまり存在を了解するという仕方で存在するようになる。

超越と実詞化の先述の対比は、これらを「主体性」を構成する二つの様式とみなすならば、よりいっそう明瞭なものとなる。ハイデガーが「超越」と呼ぶ働きは、どのようにしてかは分からないがすでに成立している主体がそれによって客体へとかかわる認識の働きではなく、主体を客体との連関のうちで——世界内存在として——可能にしている了解の働きであり、「主体であることは超越することを意味する」[四九〇]、あるいは「現存在自身が《主体であること》として超越する」[四九一]。他方で実詞化は、ジャン＝フランソワ・クルティーヌの説明によれば、「それによって存在者（Dasein と言ってもよい）が実体となるような主体化のプロセス」[四九二]である。厳密に言えば、脱自や実詞化以前に現存在や主体はなく、私がそれである非人称的で無名の何かが蠢いているにすぎない。その何かは、ハイデガー的にはまだ「存在」していないが、レヴィナス的にはすでに「ある」。そしてこの「ある＝イリヤ」のただなかで実詞化が起こり[四九三]、それによってその何かは「ある＝イリヤ」を脱して「ここ」に定位する主体となる。これと同様のプロセスをハイデガー的に言い換えると、全体としての存在者のただなかで超越が起こり、それによってその何かは存在者そのものを乗り越えて「現」に存在する自己となる。

そのうえ脱自と実詞化は、以上の点を別にすれば、ただちに同一視される働きというわけでもない。なぜなら、ハイデガー的な脱自が、存在者から世界へと向けての現存在の超越の働きであるのに対して、レヴィナス的な実詞化は、むしろ「定位（position）」の働きとして理解されており、しかも世界へと向かうわけではないからである。「主体としての自我を肯定することで、われわれは脱自とは異なるモデルによって実存を考えることになった。実存を引き受けることは、世界のうちへと進入することではない」[四九四]。実存を分析するにあたってレヴィナスは、ハイデガーが主題とする世界内存在という「現」の次元ではなく、主体、自我、意識といった「ここ」の次元でのその在り方を問題とする。脱自と実詞化は、どちらも「ある」という存在者的な事実から脱するのだが、脱自が世界へと向けて超越するのに対して、実詞化は「ここ」に自己を定位する。こうした相違はあるものの、これら二つの働きがいずれも、主体性をそもそも構成している超越の働きであることに変わりはない。

最後に、そしてこれが最も重要な点だが、脱自も実詞化も時間的な働きである。ハイデガーが脱自を時間性の時熟の働きとみなしていたように[四九五]、レヴィナスも実詞化を「純粋な出来事としての時間」[四九六]とみなしている。この根源的ないし純粋な時間がなければ、自己はそれ自身の孤独のうちに閉ざされたまま、いかなる他者ともかかわり合うことはないだろう。なぜならこの時間こそが、自己自身との関係であれ他者との関係であれ、あらゆる存在者的な関係を可能にしているからである。自己と他者との存在者的な関係の可能性の条件であるこの根源的時間をいかに解釈するかという点に、ハイデガーとレヴィナス双方の見解の根本的な相違がある。

(3) 他人からの働きかけ

この対立を明確化させることにしよう。ハイデガーにとって根源的時間は、現存在自身がそれである「自己の外へ」という脱自（＝エクスタース）の働きであり、この働きによって現存在は存在者そのものを乗り越えて自身の世界へと存在論的に関係し、そのようにして構築された世界内存在という存在論的体制が、あらゆる存在者的関係の基礎となる。他方で、レヴィナスにとって根源的時間は、それによって主体が「ここ」に定位する実詞化（＝イポスターズ）の働きであり、この働きは単独の主体のみに基づいているわけではなく、他人ないし超越者による外からの介入を必要とする。実際、レヴィナスがそうしているように、互いに絶対的に切り離された単独の主体から出発し、しかもその主体はハイデガー的な現存在のように脱自的でないとすれば、この主体をそれと「共に（mit, avec）」あるのではなく「向かい合って（vis-à-vis）」いるような他の主体と関係づける間主観的な時間の働きは、その主体の外から自己へと働きかけてくるのでなければならない。しかしそのような働きは、ハイデガーの哲学のなかでは無視されているか、もしくは徹底的に無効化されている。なぜならこの哲学は、いかなる他人や超越者の権能にも頼ることなく、それらとの無限のかかわり合いを有限的な存在了解によって基礎づけることを目指しているからである。

こうした対立から、両者の探究が重視する時間様態の相違が生じてくる。すなわち、ハイデガー的な超越が三つの脱自態の統一として将来から時熟するのに対して、レヴィナス的な実詞化は特に現在として時熟する。「実詞化という出来事、それは現在である」[四九七]。レヴィナス自身の課題という観点からハイデガーの議論が捉え直されるならば、この相違の理由はおのずと理解可能になる。一方で、ハイデガーにとって、将来（到来）と既在性（帰来）は現存在の自己関係性を可能にする働きであるのに対して、現在（現在化）は他者関係性を可能にする働きとして、前者の自己関係性を曇らせる要因、つまり頽落を可能にする脱自態であった。他方で、レヴィナスの課題は、この有限的な自己関係性の外部へと脱出する働きを時間のうちに見出すことであって、それゆえ彼にとり、現在はまさにそのような脱出の働きとして積極的な意味を帯びることになる。「現在は、自己から出発する〔partir〕、より適切な言い方をすれば、自己からの脱出〔départ〕である」[四九八]。さらにこのような現在は、その「存在論的図式〔schéma ontologique〕」（これはハイデガーが「地平的図式」と名づけたものを意図した表現であろう）として、「〈存在する〉という非人称的な無限のなかに裂け目をもたらす」[四九九]機能をもっている。それ自体としては非脱自的な主体は、現在のもつこの機能によって、自身がその内部に幽閉されている「ある＝イリヤ」を引き裂き、それを覆い隠す意識として「ここ」に自己を定位する。かくして自己から脱出しかつまた自己を定位することを可能にしているこの現在としての実詞化が、主体の自己関係性を構成するのであって、このことは現在を自己関係性の積極的な構成作用と見ていなかったハイデガーとは対照的である。

以上で明らかとなった「現在」の解釈をめぐっての両者の対立は、現在という「瞬間（Augenblick, instant）」の解釈をめぐっての両者の対立を示すならば、よりいっそう際立ったものとなる。ハイデガーにとって瞬間は、他の諸瞬間から切り離された点的な今ではなく、本来的現在として、先駆（本来的将来）と取り戻し（本来的既在性）と並んで本来的時間性の一契機をなすものであった。[五〇〇]それに対してレヴィナスは、「ベルクソンやハイデガーの理論とは反対に、そこでは瞬間がそれ自身を超えているという能力をもっていない[五〇一]」ような、デカルトやマルブランシュの「連続創造」の理論を援用しつつ、そこでの瞬間の非脱自的な「立ち止まり（stance）」という性格を強調する。[五〇二]この理論によれば、或る瞬間が次の瞬間へと結合するために、そのつど超越者による何らかの介入がなければならず、したがってそれは「被造物が実存のうちに自己を保持しえないこと、またあらゆる瞬間に神の効用に頼らなければならないこと[五〇三]」を証明している。時間の時熟を説明するさいにハイデガーが、現存在の脱自を根源的時間とみなし、しかもそれを純粋に自己触発するものとみなすことで、[五〇四]現存在以外の存在者からのいかなる介入の必要も認めなかったのに対して、レヴィナスは、次のように書くことで、個々の非脱自的な単独の主体を互いに結びつける時間が時熟するために、他人からの介入が不可欠だと主張する。

> 実際、単独の主体のうちにどうして時間が出現しうるであろうか。単独の主体は自身を否定することができず、無をもっていない。他の瞬間の絶対的他性は――ただし時間が足踏みの錯覚でないとすればの話だが――決定的に自己自身である主体のうちには見出しえない。この他性が私に訪れるのはただ他人からだけである。[五〇五]

このように根源的時間は、ハイデガーにとっては、ただ現存在の脱自という外への働きのみによって時熟するのに対して、レヴィナスにとっては、単独の主体への他人による外からの働きかけによって時熟する。それゆえレヴィナスの時間論では、根源的時間を純粋自己触発とみなすようなハイデガーの理論のうちでは少なくとも表明的には分析の対象となっていない、外からの自己への働きかけという契機が問題とされており、これこそ彼のハイデガー批判にとって決定的なことである。さらに、この外からの働きかけがそれである「他人の他性によって自身の存在を許される〔se faire *pardonner*〕こと」のうちにある自由が、ベルクソンやハイデガーを含む時間論の伝統を通してつねに見落とされてきたとすれば(五〇六)、この働きの発見はレヴィナスの時間論の重要な成果の一つとみなされよう。この発見によってレヴィナスは、根源的時間を単に現存在の脱自として解釈するまでに留まらず、他人によって自身の存在が「許される」という事態として解釈するところにまで進む。レヴィナスによれば、自己が他人をあらしめるのみならず、他人もまた自己をあらしめるのであって、こうした相互関係が時間を可能にしている。「時間の条件は、人間同士の関係のうち、ないしは歴史のうちにある(五〇七)」というこのレヴィナスの主張は、時間のほうが他人との共存在をその一契機として含む世界内存在や歴史的なものの条件であるとしていたハイデガーの主張とは、条件づけの向きが反対であるという点で注目に値する。レヴィナスの主張に従えば、現存在の脱自がそれである根源的時間から出発して、その時間が可能にしている存在了解によって他人との存在者的関係や歴史を基礎づけようとするハイデガーの存在論的企図は、根源的歴史に基づいて時間性の時熟を考察するような企図から捉え返されなければならない。そして、ハイデガー自身『存在と時間』で展開された存在論的基礎の探究としての基礎存在論を、存在者的基礎の探究としてのメタ存在論によって補完することの必要性を説いていたのであるから、このレヴィナスの批判は、ハイデガーの側からもそれなりに妥当なものとして受け取られよう。

第四節　レヴィナスのハイデガー解釈の検討

以上で明らかとなったレヴィナスのハイデガー解釈を要約し、検討することにしよう。この解釈の主眼は、自己と他者を結びつける働きとして時間を解釈するにあたり、ハイデガーがもっぱら現存在の脱自という外への働きのみに依拠するのに対して、レヴィナスが外からの働きかけの必要性を指摘した点にある。そして、この外からの働きかけがそれである「許し」が、現存在を他人に対して責任を負った自己たらしめることで、自己と他人とのあいだを結びつける時間を時熟させるのであって、現存在の一方向的な脱自がそれを時熟させるのではない。

こうした批判はしかし、まったく反論の余地がないわけではないだろう。なぜなら、時間の時熟にさいして他人からの働きかけが認められなければならないとしても、それがつねに「許し」という、自己が否応なくそれに応じざるをえないような仕方で働くかどうかは定かでないからである。レヴィナスにとって、この許しによる働きかけが一種の命令であり、自己にはそれへの応答責任があるということは暗黙の前提である。しかしながら、もしこの働きかけが真に他人からの、つまりまったくの外部からの働きかけであるとすれば、それに応える責任が自己のうちにどのように生じるのかが分からない。この点に関して、ハイデガーが「良心」に与えていた説明は明確な解答を示していた。すなわち、彼によれば良心は、「現存在の本来的な存在可能の証し」[五〇八]として、自己のうちから呼びかけるのであって[五〇九]、だからこそ現存在には、それに応える責任、つまり「負い目」があった[五一〇]。自己が他人の呼びかけに対して責任を負うのはただ、その他人がすでに何らかの仕方で自己とかかわっているかぎりでしかなく、自己から絶対的に切り離された他人が自己に対していかなる拘束力ももちえないことは明らかである。それゆえレヴィナス的な観点において、許しという仕方で自己へと働きかける他人は、そのような仕方で働きかけることができないか、さもなくばすでに自己の一部となっており、絶対的外部性ではなくなっているかのいずれかであるように思われる。以上の反論は、リクールが『他者のような自己自身』のなかで提出したものであり、そこで彼は、レヴィナス的な「外部性」としての「他性（altérité）」とは区別された「自己性の構造としての命令される存在[五一一]」という様態での他性を導入することで、この新たに導入された他性との関係において構成される物語的自己同一性の問題を立てていた。われわれは後でこの問題を検討することにしよう。

　最後にもう一点、レヴィナスの時間論の問題点と思われるものを指摘しておく。それは、この時間論が「現在」の分析に集中しすぎているという点にある。無論、このことは「未来」（将来）と「過去」（既在性）を重視するハイデガーの脱自としての実存解釈をレヴィナスが放棄したことの必然的な結果であり、彼の時間論がハイデガーのもとでは十分に明らかとなっていない実存の諸側面に光を当てることを目的の一つとしていることは確かである。しかしながら、レヴィナスが「未来（futur）」を、「将来〔avenir〕における、あらゆる先駆、企投、跳躍と絶縁したものを規定するもの[五一二]」や「絶対的に他なるもの[五一三]」などと呼ぶことで、主体が未来とのあいだにもつ関係をそうした他なるものとの神秘的関係とみなすとき、彼はあまりにも早く未来を「外部性」に帰してはいないだろうか[五一四]。ここでもやはり、先に指摘した問題、すなわち絶対的外部性がどのようにして自己へと働きかけうるのかという問題が浮上するように思われる。素朴に考えて、自己から絶対的に切り離されたものとは、自己にとってはどうでもよいもの、いかなる関心の対象ともなりえないようなものである。ところが明らかに、レヴィナスがそのような外部性について語る仕方は、自己がそれに対して無関心ではありないということを含意している。しかし、とりわけ死のような未来の出来事についてレヴィナスが、それが「先取りされえず、把握されえず、つまり現在のうちに入り込みえない、あるいは、そこに入り込まないものとして現在のうちに入り込む[五一五]」と主張するとき、この後半の外見上矛盾した表現が言わんとしているのは、未来の少なくとも或る部分は、絶対的外部性ではなく、現在の内部に入り込んだ異他性であるということを意味しているように思われる。

過去に関しても、同様に深刻な問題がある。というのも、過去についての言及自体、この時期のレヴィナスの時間論のうちでは非常にかぎられた箇所にしか見られないからである。事実、「私と他人の関係のうちで、私が出会うのは単にその未来だけではない。実存している者としての他者〔＝他人〕は私にとってすでに過去をもったものである。したがって、その他者は未来の占有物ではない[五一六]」という主旨の反論を受けたときのことを述懐している箇所で、レヴィナスはそのような過去をもった他人との関係を「他人との内的弁証法に基づく錯綜」と捉えるも、「今日のところ、私にはこの弁証法を展開することはできそうもない[五一七]」と付け足していた。しかしながら、もしこの弁証法が展開されたならば、こうした過去は、他人との関係が絶対的外部性との関係ではなく、或る内的な――とはいえ錯綜を孕んだ――関係であることを明らかにしたに違いない。

いま指摘した点について議論の余地があるとはいえ、全体として見れば、レヴィナスの時間論は、ハイデガーの時間性の理論のうちにあるいくつかの問題点や不明瞭な点を浮き彫りにしているという点と、さらにそれらの点を補完しうる新たな理論を提示しているという点で、特に有意義なものに思われる。レヴィナスは、根源的時間は現存在の脱自という働きに尽きるのかと問うことで、その脱自に先立ってすでに他人との対面的関係があるということを明らかにした。この関係は、すでにして脱自的な現存在から出発するハイデガーの分析論のもとでは通り越されているのに対して、非脱自的な単独の主体から出発するレヴィナスの時間論においては最も根底的な層をなしている。

このような時間論を、レヴィナスはハイデガーの時間性の理論との対決を通じて練り上げた。さらにこの時間論は、後の『全体性と無限』で提示されるいくつかの中心的主張を先取りしているという意味で、その準備作業もなしている。実際、この主著のなかでもレヴィナスは、ハイデガーのように、現存在の存在了解とそれによって措定される共存在から出発するのではなく、存在了解に先立つ、またそれへと還元不可能な、他人との対面的関係から出発し、その関係を、他人からの「呼びかけ」である「言葉（langage）」として取り戻そうとしている。[五一八]ハイデガー的な了解が「〈他〉を〈同〉へと還元する」[五一九]のに対して、レヴィナス的な「語り」や「言葉」は〈他〉を〈他〉として「あらしめる（laisser être）」[五二〇]。したがってこの〈他〉は、存在了解の、つまり存在論の全体性には還元されえず、その全体性の外部から私へと呼びかけるのであって、それに面と向かって答えることこそが「正義」である。[五二一]とはいえ、この主題はまた別の機会に取り上げることにしよう。

第二章　ハイデガーとリクール

一九六五年の論文「実存と解釈学」のなかでリクールは、現象学に解釈学を「接木（greffer）」する二つの方途として、すでに自身の存在を了解している現存在を直接に分析の対象とするハイデガーの「短い行路」と、テクスト解釈や歴史学や精神分析などを経由する自身の「長い行路」を区別している。[五二] 通る行路は違っているものの、現象学的解釈学という方法をもって独自の存在論の創設を目指すという点では両者は一致しており、それゆえ彼は「ハイデガー哲学を敵対する解決とはみなしていない」[五三]と主張していた。したがってハイデガーとリクールの関係も、レヴィナスとの関係において見られたのと同様、単なる敵対よりはむしろ継承という言葉で示すほうが適切である。このことはしかし、リクールがハイデガーの主張を全面的に受け入れているということではなく、それを部分的に修正しつつ自身の哲学のうちに取り込んでいるということを意味している。そこでわれわれは、両者の見解や主張を比較することで、リクールがハイデガー哲学をどのように批判的に継承しているのかを解明することにしたい。

　こうした解明を、われわれは特にハイデガーにおける根源的時間性とリクールにおける根源的歴史性との対比を通じて試みる。この対比は、第一に、リクールの『存在と時間』読解における「歴史性」概念の重視を指摘することによって明らかとなり、第二に、カントの超越論的構想力を、ハイデガーが根源的時間との連関において解釈しようとしたのに対して、リクールはむしろ根源的歴史との連関において、しかもその媒介的性格に着目しつつ解釈しているということを指摘することによって浮き彫りとなる。これらの対比を通じてわれわれは、リクールにおける物語論の射程が、ハイデガーの時間性の理論との対決によって、さらに言えば、彼の「歴史性」や「語り」の分析を独自に展開させることによって開かれたものであることを示したいと考えている。

こうした課題には、主としてリクールの解釈者の側からいくつかの論考が提出されてきた。大まかに言って、それらは、カントの「構想力」解釈をめぐっての両者の類似と対立にかかわるもの[五二四]と、『存在と時間』の良心論における「証し（Bezeugung. attestation）」の解釈にかかわるものとに大別されうる。[五二五]とはいえ、いずれの論考も「時間性」の解釈に関係しているという点では共通しており、われわれとしては、特にこの点を中心に据えてリクールのハイデガー解釈を考察することにしたい。

以上の課題を、われわれは次の手順で遂行することを試みる。まず、『時間と物語』におけるリクールの課題を、それがいかに『存在と時間』におけるハイデガーの課題を批判的に継承しているかという点に着目して明確化させる（第一節）。次いで、両者の課題の相違を理解するうえで本質的な、カントの構想力に関するリクールとハイデガー双方の解釈の相違を明らかにする（第二節）。それから、『他者のような自己自身』における「物語的自己同一性」に関する記述の読解を通じて、ハイデガーやレヴィナスの「他性」概念から区別された、リクール独自の「他性」概念の内実を取り出す（第三節）。最後に、以上のリクールのハイデガー解釈を検討する（第四節）。

第一節　『存在と時間』と『時間と物語』

一九八三年から八五年にかけて刊行された『時間と物語』三巻本のなかで、リクールは頻繁に『存在と時間』に言及し、ハイデガーからの影響を認めているものの、その影響は、従来の研究で指摘されてきた以上に根深く、また入り組んでいるように思われる。というのも、われわれの見るところ、リクールは『存在と時間』における時間性の理論を多くの点で継承しているのみならず、ハイデガーのもとではほとんど話題とならない物語論をそこに付け加えることで、それを部分的に修正してもいるからである。そのことを示すため、この第一節でわれわれは、「時間は物語的な仕方で分節化されるのに応じて人間的時間となる」[五二六]というこの著作全体の中心テーゼが、『存在と時間』の時間性に関する中心テーゼの一つを部分的に修正することで獲得されたものであることを明らかにしたい。

（1）リクールの『存在と時間』読解

『時間と物語』のなかでリクールは、ハイデガーによる時間性の分析の独創性を、それが存在論に基礎を置いているという点以上に、「時間性の諸水準の位階化（*hiérarchisation*）」という点に認めている。[五二七] この位階化は、本書の第一部で考察してきたような、時間性と歴史性と時間内部性の水準間の位階化のことにほかならず、それらはまさに根源性の度合に応じて位階化されていた。これら三つの水準を、『存在と時間』は時間性という最も根源的な水準から時間内部性という最も派生的な水準へと下降する道を辿るのに対して、「根本諸問題」講義はそれとは逆の上昇する道を辿る。ともあれ、リクールは次のように主張することで、これらの水準の中間である歴史性に留まることの重要性を説いている。

上昇する道であれ、下降する道であれ、こうした道の上では、時間内部性と、〈死へとかかわる存在〉によって示される根源的時間性とのあいだの中間の水準に留まることが私には最も重要であるように思われる。私が後で述べる理由から、ハイデガーはそれに歴史性〔historialité Geschichtlichkeit〕という名称を授ける。(五二八)さらにリクールは、ハイデガーが時間性から演繹しようとしていたこの歴史性を、むしろ時間性と時間内部性を媒介するものとみなす。

歴史性についての章が、根源的時間性についての章と、時間内部性についての章とのあいだに位置していることは、〔歴史性がもつ〕媒介的機能の最も明らかな手がかりであって、その機能は教育的な説明の都合のよさをはるかに越えている。(五二九)

このようにリクールは、『存在と時間』における時間性の分析から、時間性の諸水準の位階化という発想を継承するものの、時間性から歴史性と時間内部性が等根源的に派生するという主張は継承せず、それを時間性と時間内部性を歴史性が媒介するという主張に修正している。

しかし、この修正はなぜ必要なのか。なぜなら、リクールの考えでは、ハイデガーのこの主張のうちには理解しがたい複数の点があるからである。まず、歴史性と時間内部性が等根源的であるという点に関して、リクールは次のように反論する。

実際には、時間内部性はたえず歴史性の前提となっている。日付可能性〔databilité〕、緊張性〔laps de temps〕、公開性〔manifestation publique〕という概念がなければ、歴史性は始まりと終わりとのあいだで展開し、この両端のあいだで伸張し、そして共通の運命〔『存在と時間』で論じられている命運（Geschick）のこと〕

の共歴史的なものとなるとは言えないだろう。[五三〇]

次いで、時間性が歴史性に先立っているという点に関しても、次のように反論する。

そして、もし歴史性から根源的時間性へと遡るならば、どうして歴史的なものの公共的性格はそれなりの仕方で最も根底的な時間性に先行しないのだろうか。時間性についての解釈そのものが、〈死へとかかわる存在〉の譲渡不可能とみなされている諸形態よりもつねにすでに先行していた言語に属しているというかぎりにおいて。[五三一]

このようにリクールは、時間内部性が歴史性に或る面で先立っており、さらにその歴史性もまた或る面で時間性に先立っているということを示すことで、時間性から歴史性を経て時間内部性へと向かうハイデガー的な派生が必ずしも「一方向的（à sens unique）」ではないと主張する。[五三二] それからまた、ハイデガーが存在論的領野における一切の「派生」を単なる「退化」としか見なかったのに対して、[五三三] リクールは、歴史性が時間性に「伸張（étirement）」「動性（mutabilité）」「自立性（constance à soi）」[五三四] といった諸特徴を付け加えるという点に関して、「派生的なものによる根源的なものの充実化（enrichissement）」[五三五] を指摘する。そして仮にこの指摘が適切であるとすれば、ハイデガーが主張するような、時間性の諸水準の位階化とそこからの歴史性と時間内部性の一方向的な派生に反して、むしろリクールが主張するような、時間性・歴史性・時間内部性の三つの水準間の等根源性と、そこでの歴史性の媒介項としての位置づけが確証されよう。

さて、以上で明らかとなったリクールの見解が、「時間は物語的に分節化されるのに応じて人間的時間となる」

という『時間と物語』の中心テーゼをわれわれに理解できるようにする。このテーゼが言わんとしているのは、時間内部性という、現存在がそのうちにあり、また主に自然科学が前提とするような通俗的時間概念の基礎が、物語や言語といったその働き方がつねに歴史的に規定されているものを介して、人間的な時間、つまり現存在の時間性となるということである。アリストテレスがそれに基づいて通俗的時間概念を成立させた客観的時間と、アウグスティヌスによって探究され、その後フッサールとハイデガーによって現象学的に探究されることになる主観的時間とを媒介するのは、「物語られた時間（temps raconté）」という「第三の時間（tiers-temps）」（五三六）であり、そのようなものとして歴史性が解釈されないかぎり、時間性と時間内部性とのあいだは分断されたままに留まる。したがってこのテーゼは、『存在と時間』が辿ったような、時間性から時間内部性への一方向的な派生の行程を、時間内部性から時間性へと歴史性という媒介項を通じて辿るような行程によって双方向化させたものとして理解されうる。この双方向的な行程を詳細に分析することでリクールは、『存在と時間』におけるハイデガーの問題設定と課題の一部を継承しつつ、そこにおいて彼が或る面で探究せずに留まったものを物語論という観点から明らかにしようと試みる。

（２）時間性のアポリア論

先にわれわれは、『時間と物語』におけるリクールの課題を確認することで、彼がハイデガーの課題をどのように批判的に継承しているのかを明らかにしてきた。そこで次に、この著作のなかで『存在と時間』に関する読解が特に詳細に展開されている「時間性のアポリア論」と題する章におけるリクールの主張を明確化させることにしたい。

この章でリクールは、はじめにアリストテレスとアウグスティヌスとのあいだで、次いでフッサールとカントとのあいだで交わされた時間に関する論争が、最終的な解決に至ることのないままに延期され、ハイデガーと現代物理学理論との対決においてそのアポリア性の頂点に達するという展望のもとに、この解釈に取り組んでいる。『存在と時間』においてハイデガーが、通俗的時間概念を時間性から派生させようとしていたのに対して、ここでリクールが示そうとしているのは、ハイデガーがこの通俗的時間概念の派生に「失敗」しているということ、にもかかわらず「この失敗は、時間性のアポリアをその頂点に高めるものである」がゆえに「無駄ではない」ということである。[五三七]そのため、われわれはこの解釈を『存在と時間』の時間性の理論に対して提出されてきた無数の非難の一つに単純に帰すことはできない。というのも、リクールが時間性の理論のうちに或る失敗を認めているとしても、その失敗は、この著作が未完であるという事実によって相殺されるうえに、結局は著者自身によっても認められることになるからである。『存在と時間』は時間性に関する或る解決不可能なアポリアに直面しており、そのアポリアを解決しなかったという点で、ハイデガーは妥当性を保持しているとリクールは考える。ところで『時間と物語』全体が証明しようとしているのは、時間に関するアポリアにはいかなる「思弁的」解決も望むことはできず、ただ「詩的」解決のみがありうるということ、[五三八]そしてその解決は物語制作によってのみ与えられるということである。[五三九]

以上を踏まえつつ、この章におけるリクールの議論を考察することにしよう。まずは、リクールが「時間性のアポリア」と呼んでいるものの内実の把握に努めなければならない。リクールはこのアポリアを、特に時間性からの通俗的時間概念の派生というハイデガーの手続きのうちに認めている。われわれが本書の第一部第一章で示したように、ハイデガーが派生によってこれら双方のあいだの隙間を埋めようとするとき、その連続性は時間性への世界時間の帰属という前提によって保証されていた。そのさいまたわれわれは、世界時間へと自然時間を還元することができないがゆえに、この派生には一定の隙間が残り続けるということも指摘した。同様にリクールも、時間性と通俗的時間概念とのあいだには埋めがたい隙間があると考えており、その隙間を「死すべき時間と宇宙的時間との対立」[五四〇]や「現象学的時間と宇宙論的時間とのあいだの裂け目」[五四一]といった言葉で表現している。この対立ないし裂け目の深刻さは、「時間の解釈学的現象学はこの宇宙的時間にけっしてけりをつけられない」[五四二]という彼の主張において特に明瞭である。これはつまり、時間性から通俗的時間概念を一方向的に派生させることはできないということと、別言するに、ハイデガーが「通俗的」と形容する時間のうちにも或る種の根源的なものがあり、現存在という特定の根源から出発するような時間の解釈学的現象学はそれについて発言権をもたないということである。したがってリクールは、アリストテレス以来の伝統的時間概念や自然科学的時間概念をすべて「通俗的時間概念」という唯一の名称のもとに包摂しようとするハイデガーの試みに対して反発を示す。[五四三]というのもリクールの目には、これらいずれの時間概念のうちにも、時間性からの派生には汲み尽くされない根源的な何かが残っているように見えるからである。[五四四]

いまや、時間性のみならず通俗的時間概念も或る種の根源性を有しているがゆえに、どちらか一方の側のみから他方を基礎づけることはできず、両者を結びつける媒介が必要であること、それゆえまた、時間性への世界時間の帰属（つまり超越）は無媒介には成立しえないことは明白である。その媒介を、リクールはまさに歴史性が果たすと考える。「歴史性は、現象学的領野の内部そのもので、〈死へとかかわる存在〉と世界時間とのあいだに架けられた橋ではないだろうか」[五四五]。この考えはさらに、われわれが以前に取り上げた『存在と時間』における時間性と歴史性の関係の曖昧さという問題に或る解決をもたらす。歴史性を時間性と同一視しつつそこから演繹しようとするハイデガーの両義的な意図に反して、リクールは「歴史性は時間性に新たな次元を——原的で、等根源的〔*co-originaire*〕な次元を——付け加える」[五四六]と主張する。この場合に歴史性は、もはや時間性と同一視されることもそこから演繹されることもなく、時間性と時間内部性とを媒介するという固有の機能を獲得することになる。

こうした見解に基づいてリクールは、アウグスティヌスにはじまりフッサールを経由してハイデガーへと至る「時間の現象学」の必然的な行き詰まりを迂回しうるような、別の諸観点からの時間性のアポリアへのアプローチの必要性を説く。彼によれば、時間性と歴史性と時間内部性が等根源的とみなされる以上、時間に関する現象学的探究だけでは十分でなく、歴史学と物語論と現象学の「三者会談（conversation triangulaire）」(五四七)が開始されなければならない。このようにリクールは、ハイデガーの時間の現象学を拒絶するのではなく、それに歴史学と物語論を接続しようとしており、その接続の分だけハイデガーよりも長い迂回の行路を歩むことになる。

第二節　根源か媒介か——リクールの構想力解釈

（1）『過ちやすき人間』の構想力解釈

前節で明らかとなったハイデガーとリクール双方の行路の相違をよりいっそう明確化させるために、本節でわれわれは、特にカントの構想力に関する両者の解釈を比較することにしたい。ハイデガーのカント解釈において重要であった構想力の概念は、リクールのカント解釈においても同様に重要であるが、両者がそれを解釈しようとする仕方には根本的な相違があり、その相違はしかも両者の行路の相違の根底にあるものである。

カントの構想力に関するリクールの最初の主題的な探究が見出されるのは、一九六〇年に刊行された『過ちやすき人間』第二章第三節のなかである。この箇所でリクールは、アプリオリな綜合を判断のうちに認めることで、超越論的哲学の射程を認識論の次元に制限するようなカントの主張に反対する点や(五四八)、コペルニクス的転回の真の意義を「存在者的なものから存在論的なものへの送り返し」として解釈する点など、多くの点で『カント書』におけるハイデガーの解釈に同意を示すが、構想力を時間性と単純に同一視する点ではそれに反対する。以下、その理由

を解き明かすことにしよう。(五四九)

リクールはここでまず、感性と悟性の二元性の「媒介項（terme intermédiaire）」としての構想力の位置づけに注目する。言うまでもなく、カントにとって構想力とは、直観と思考が共通して従うところの図式、すなわち「超越論的な時間規定」を生み出すことで、互いにまったく異質な感性と悟性の必然的な対応を可能にしている働きである。もっとも構想力そのものに関して言えば、カントはそれを「人間の心の奥底に潜む隠された技術(五五〇)」や「盲目的だが欠かすことのできない機能(五五一)」などと呼び、重要であるとはいえ一定の不明瞭さを残すものとみなしていた。この不明瞭さはしかし、リクールによれば、感性と悟性の二元性の調停の「失敗」を意味しているのではなく、その二元性の統一が十分に反省されないということこそ「深遠な発見」と解されなければならない(五五二)。構想力はそれ自体として「不明瞭であり、隠されてあり、盲目的なままである(五五三)」がゆえに「謎を残す(五五四)」のであって、リクールはこの謎を解消するのではなく残しておくことを好む。それに対してハイデガーは、構想力と時間とのあいだにカントが認めていた絆をより強固なものとすることで、この謎を解消しようと努める。この点に関してリクールは、「時間がこの〔感性と悟性の〕二元性の統一であると言うことは、困難を名指し、位置づけることであって〔……〕その困難を解決することではない(五五五)」と主張する。この主張は、時間性のアポリアにはいかなる思弁的解決もありえないとする、後年の「時間性のアポリア論」へと通じていよう。『純粋理性批判』第二版での、構想力を前にしてのカントの「後ずさり」を、ハイデガーがデカルト主義の名残とみなすのに対して(五五六)、リクールは原理的に解消不可能なアポリアの発見とみなし、そのアポリアを『存在と時間』における時間性のアポリアとして再発見する。時間性のアポリアは構想力のアポリアに対応しており、これらのアポリアの思弁的解決を拒否するという点でリクールの立場はつねに一貫している。

このような立場に立つことでリクールはさらに、超越論的構想力を感性と悟性の「共通の根」とみなすハイデガーの解釈をも拒絶する。というのもこの解釈は、構想力の「媒介項」という位置づけを破棄し、それを感性と悟性の二元性を調停しうる、よりいっそう根源的な水準に置き直すことを意図しているからである。ハイデガーの解釈によれば「この〔超越論的構想力という〕根本源泉は、二つの定められた幹の《あいだ〔zwischen〕》にあるのではなく、それらの根である」(五五七)。それに対して、リクールは「超越論的な時間規定に基づいて悟性と直観それぞれの規則をこのように〔それらの「共通の根」として〕根本的に生成すること――それゆえ、図式に基づいてカテゴリーを生成すること――は、果たされぬ願いのままに留まる」(五五八)と反論する。というのも、リクールがそこで引用しているように、カントは『純粋理性批判』第一版のなかで、「それゆえ構想力の綜合における一切の形式的統一は、これらのカテゴリーに基づいている」(五五九)と明確に主張していたからである。実際、構想力がすべてのカテゴリーによって前提となる図式としての超越論的な時間規定を生み出すとしても、この構想力のほうもやはりカテゴリーによって規定されることでのみ統一される以上、図式をカテゴリーよりも単純に先に置くことはできないだろう。かくしてリクールは、「カントのもとでは、図式はカテゴリーの現象への適用であるにすぎず、カテゴリーの根本源泉とはみなされえない」(五六〇)と結論づける。このようにリクールは、構想力を感性と悟性の「共通の根」とみなすようなハイデガーの解釈に反して、あくまでその感性と悟性の「媒介項」という位置づけを確保しようとしている。

(2)『時間と物語』の構想力解釈

再び『時間と物語』に立ち戻り、そこでの構想力解釈を取り上げるならば、両者の構想力解釈の相違はさらに際立ったものになる。『過ちやすき人間』においてと同様、リクールはここでも、構想力を時間性との関連において理解するようなハイデガーの解釈には追従せず、物語論の観点から構想力を解釈することで、それを歴史性との関連で解釈しようとしている。そしてそれが見出されるのは、リクールがこの構想力を物語の「筋立て（mise en intrigue）」の働きである「統合形象化（configuration）」との関連で解釈しようとしている箇所である。

この箇所の読解にさいしてわれわれはまず、一般に物語作品が構想力（＝想像力）と呼ばれるものと何らかの関係をもっていると考えられているという点を指摘しておこう。もっとも、ここで問題となっている構想力は産出的構想力であり、それは当然、心理学的な意味での再生的構想力とは区別されなければならない。産出的構想力とは、直観と概念を媒介し統合する働きである。同様に統合形象化も、その名のとおり、或る種の統合の働きであり、カントが判断のうちに認める統合と類似した機能をもっているとされる。「統合形象化作用に固有のこの《とりまとめ〔prendre ensemble〕》と、カントによる判断の操作との類似をいくら強調してもしすぎるということはないだろう」[五六一]。さらにリクールは、「同じくカント的な発想で、統合形象化作用の産出を産出的構想力の働きに比すことを躊躇ってはなるまい」[五六二]とも主張する。それゆえアプリオリな綜合作用である産出的構想力は、物語制作の根源的働きである「筋立て」との関連において解釈されうる[五六三]。それからまた産出的構想力と同様、統合形象化も「図式作用」をもっており、それは「言語領域における独自の産出[五六四]」として、形式、ジャンル、タイプなどを一括する「範型（paradigme）」となる図式を生み出し、その図式は「伝統のあらゆる性格をもつ歴史のうちで形成される[五六五]」。他方、ハイデガーがカントとともに産出的構想力の図式とみなす超越論的な時間規定は、あらゆる伝統や歴史の生起に先立って（あるいは少なくともそれらとは独立に）産出されていた。したがって、ハイデガーが時間性と同一視する産出的構想力を、リクールは筋立てという統合形象化の働きと関係づけることで、それをむしろ歴史性との結びつきにおいて解釈しようとしていることが分かる。

以上の点に関して、さらに熟考を要するのは、ここでのリクールの「筋立て」の働きと、ハイデガーが「語り（Rede）」と呼んだ働きとの関係性である。先の引用箇所でリクールは、筋立ての働きを、悟性と直観を媒介する構想力の働きと類比的に捉えていたが、これと同様の類比を、感性と了解を媒介する「語り」にも認めることはできないだろうか。これら二つの媒介作用のあいだには、筋立てが歴史性に根を下ろしているのに対して、語りが時間性に根を下ろすものとされているという点でなお相違があるものの、われわれが本書の第一部第二章で示したように、ハイデガー的な語りが時間性よりもむしろ歴史性に根を下ろしているということが確証されるならば、両者はまさに一致するように思われる。われわれの考えでは、リクールが、ハイデガーの時間性の哲学のうちで盲点となっていた「語り」を、それに固有の「媒介」機能に着目しつつ、歴史性との関連で解釈することで獲得したのが「筋立て」であり「物語」である。ここにあるのは、カントの超越論的構想力を、感性と悟性がそこから派生する根源的時間性とみなすか、それらを物語的に媒介する根源的歴史性とみなすかの相違であり、これこそ両者の行路のあいだにある根本的相違の一つにほかならない。

まとめよう。カントの超越論的構想力を、ハイデガーは感性と悟性の共通の根である根源的時間性として解釈することで、超越論的な時間規定を産出する図式化の働きとみなしたのに対して、リクールは感性と悟性を媒介する筋立ての働きとして解釈することで、歴史のうちに範型を産出する図式化の働きとみなす。実際、ハイデガーが時間性をあらゆる語りや言語に先立つものとみなしているとしても、リクールが反論するように、「時間性についての解釈そのものは、〈死へとかかわる存在〉の譲渡不可能とみなされている諸形態よりもつねにすでに先行していた言語に属している」[五六六]とすれば、この言語は時間性からの派生物ではなく、時間性の時熟に先立つ根源的歴史の所産であるということを認めざるをえないだろう。ハイデガーが時間性からの演繹によって説明しようとする歴史性や歴史的なもののうちには、実際には、その時間性の時熟に先立つ何かがあり、その何かを探究することが歴史学と物語論に固有の課題である。そしてその探究は、ハイデガー的な時間の現象学によってその頂点へと高められた時間性のアポリアに対する詩的解決をなす。かくしてリクールは『時間と物語』の「結論」において、この詩的解決を特に「物語的自己同一性」という概念を導入することで提示しようとしていた。[五六七]以下、われわれはこの「物語的自己同一性」が中心主題となる『他者のような自己自身』の議論と、そこでのリクールのハイデガー解釈を考察することにしたい。

第三節　自立性と物語的自己同一性

（1）『他者のような自己自身』のハイデガー解釈

前節までにわれわれは、主に『時間と物語』におけるリクールのハイデガー解釈を概観してきた。そこで明らかとなったように、ハイデガーが時間性から時間内部性と歴史性を派生させようとするのに対して、リクールはこれら三つの水準の等根源性を認めるがゆえに、時間性と時間内部性とのあいだを歴史性によって媒介する必要があると主張する。本節の課題は、両者のこうした見解の相違が、『他者のような自己自身』で浮き彫りとなる、自己同一性の問題をめぐっての両者の見解の相違にかかわっているということを示すことにある。

この課題に取り組むにあたって、まずはハイデガーにおける「自己性（Selbstheit）」という概念の内実を取り出すことから始めよう。自己性とは、現存在の或る実存の仕方であり、それは事物に固有の「眼前存在」という在り方とは本質的に異なっている。[五六八] 同様にまたこの自己性は、事物が一般にもつとされる不変の実体的な自己同一性とは区別された可変的な自己同一性、すなわち「自立性（Selbständigkeit）」をもつ。[五六九] というのも現存在は、そのつどの「存在可能（Seinkönnen）」として、つまりさまざまな存在様態（本来的ないし非本来的）でありうるという仕方で実存しているがゆえに、[五七〇] その自己性の様態もまたつねにさまざま（自立的ないし非自立的）でありうるからである。[五七一] そして自己性に特有のこの自立性を、ハイデガーはとりわけ、デカルトやカントにおける主観の実体的な自己同一性との対比によって浮き彫りにしていた。[五七二]

次いで、『他者のような自己自身』でのリクールによる自己同一性の問題への取り組みに目を移そう。彼もまたハイデガーと同様、事物に固有の不変の「同一性（mêmeté）」としての自己同一性と、人格に固有の可変的な「自己性（ipséité）」としての自己同一性を区別している。[五七三] 後者の自己性は物語的自己同一性であり、それは際限なく再解釈されたり多様な仕方で語られたりするがゆえに、さまざまな様態ないし筋書きでありうる。しかしながら、リクールが物語的自己同一性と呼ぶものは、ハイデガーが事物の自己同一性から区別した現存在の自立性と完全には一致しない。なぜなら、リクールがこの物語的自己同一性を「自己性と同一性の弁証法においてのみ姿を現わす」[五七四]ものとみなしている以上、それは同一性から絶対的に切り離されているわけではないからである。したがってここでもやはり、自己性と同一性とのあいだを取りなす媒介が必要であり、筋立てがそれを果たすとされる。このように、ハイデガーが自己性の成立をもっぱら時間性の時熟に基づいているとみなすのに対して、[五七五] リクールはそこに筋立てという物語的媒介の必要を見ており、そのような媒介を通じてのみ自己性は物語的自己同一性として成立しうると考えている。

とはいえ、リクールはなぜこの媒介が必要だと考えるのか。なぜなら、自己性が倫理的‐社会的なものとして構成されるために欠かすことのできない或る特異な他性があり、そのような他性との弁証法的関係において自己性が成立するためには、時間の純粋自己触発だけでは十分でなく、筋立てによる異他的なものの媒介が必要だからである。われわれが前章で示したように、これとよく似た見解をレヴィナスは、倫理的‐社会的な責任を負った主体の自己同一性の成立のために、現存在の脱自ではなく、他人による外からの働きかけこそが必要であると主張することで提示していた。しかしながら、リクールの主張はレヴィナスのそれとも完全には同じでなく、少なくとも両者が「他性（altérité）」という言葉で考えているものが明確に異なっている。リクールはこの「他性」を、部分的にはハイデガーの良心論から、また部分的にはレヴィナスの他者論から獲得しており、そうすることでまた、両者いずれの他性の様態とも異なるその第三様態を提示しようとしている。われわれは最後に、ハイデガーの良心論とレヴィナスの他者論に関するリクールの批判的解釈を通じて提示されている、この他性の第三様態を明らかにすることにしたい。

（2）他性の第三様態――ハイデガーとレヴィナスとのあいだで

『存在と時間』のなかでハイデガーは、「良心が本来的な存在可能の証し〔Bezeugung〕を与える[五七六]」と主張している。これはつまり、現存在がどれほど深く世界へと没入し自己を喪失したとしても、それによって本来的自己でありうるという可能性までもが喪失されてしまうことはありえないということを、良心と呼ばれる現象が広範に認められるという事実が証明しているということである。このような良心は「現存在の自己を、世人のうちへの喪失から呼び起こす[五七七]」。現存在はさしあたりたいてい世人のうちへと自己を喪失し、それゆえ非本来的に実存しているわけだが、そのような現存在へと、良心はその本来的様態における現存在自身のほうから呼びかける。もっとも、良心において「現存在は呼びかける者であると同時に呼びかけられる者である[五七八]」というこの主張は、良心が単なる自問自答にすぎないということを意味しているわけではない。むしろ「良心の呼び声は私のうちから、しかし私を超えてやってくる[五七九]」のであって、そこには自己を超えた何かが介在している。かくしてこの自己を超えた何かを「異他的な力[五八〇]（fremde Macht）」として解釈することから、その呼びかけの発生源を神へと帰そうとする試みが一般になされてきた。そうした試みに反してハイデガーは、その発生源を、あくまで現存在のうちにある、自己を超えたもの、自己にとって異他的なものとして解釈しようとする。良心において呼びかける本来的自己は、呼びかけられる非本来的自己にとってまさに「異他的」なものである[五八一]。

　こうした良心論を、ハイデガーは当然、倫理学としてではなく存在論として提示している。しかし、たとえ

『ヒューマニズム書簡』において彼が、存在論はそれ自体として「根源的倫理学」であると主張しているとしても[五八二]、この存在論といわゆる倫理学とのあいだの見かけ上の乖離は甚だしい。というのも通常、倫理学と呼ばれるものは、他人に対して自己が負っている責任を問題とするのに対して、この存在論は、自己が自己自身に対して負っている責任（負い目）だけを問題としているからである[五八三]。かくして、ハイデガーによる良心のこの存在論化、あるいはより率直に言えば「脱道徳化（dé-moralisation）」（これはリクールの表現である[五八四]）に対する反発に基づいてレヴィナスは、存在論へと還元されえないような、また自己とは絶対的に区別されるような、そういう他人に対して不可避的に責任を負っている主体についての倫理学を提示した。彼によれば、良心の声が異他的に聞こえるのは、非本来的自己にとって本来的自己が異他的だからではなく、良心がまさに他人の外部性から呼びかけるからである[五八五]。したがって、レヴィナス的に解釈するならば、良心の声を聞くことは、他人によって命令されることを意味している[五八六]。このように、ハイデガーのもとで本来的な存在可能の「証し」として解釈された良心は、レヴィナスのもとではむしろ他人からの「命令（injonction）」として解釈され、その一方でリクールは、これら「証し」と「命令」を結びつけるという仕方で良心を解釈しようとする[五八七]。それというのも、「他人による命令が自己の証しと連帯していなければ、応答者として対面している〈命令される存在〉が存在しないために、命令はその命令としての性格を失ってしまう[五八八]」からである。こうしてリクールは、ハイデガーに対して、「証しは根源的には命令であり、さもなくば証しはその倫理的ないし道徳的な意味をすべて失ってしまう[五八九]」と反論し、レヴィナスに対して、「命令は根源的には証しであり、さもなくば命令は受け取られず、自己は命令される存在として触発されないだろう[五九〇]」と反論することで、彼らいずれの他性の様態とも異なるその第三様態を次のように提示している。

　ハイデガーによる異他性か、E・レヴィナスによる外部性かという二者択一に対して、私は粘り強く、他性の第三様態をなすと思われるもの、すなわち、自己性の構造としての〈命令される存在〉という独特で根源的な性格を対置したい。(五九一)

このようにリクールは、ハイデガーとレヴィナス双方の見解を調停しつつ、自己が倫理的に責任を負うところの他性を、ハイデガーのように異他的な内部性に帰すのでも、レヴィナスのように絶対的な外部性に帰すのでもないような仕方で解釈しようと試みている。要するにリクールは、自己性が時間の自己触発によって可能になるというハイデガーの主張を保持しつつも(五九二)、この自己触発が同時に、他人から自己への命令的な働きかけであると解釈することで、レヴィナス的な倫理学の要請にも応えようとしたわけである。自己性はたしかに時間性によって可能になるが、同時にまた歴史性による物語的な媒介機能によっても可能になっており、この物語的な媒介機能においてこそ、他人が自己を命令的に触発するのである。

第四節　リクールのハイデガー解釈の検討

以上のリクールのハイデガー解釈を要約し、検討することにしよう。まず『時間と物語』のなかでリクールは、時間性から歴史性と時間内部性を派生させようとするハイデガーの試みに反して、単なる時間がそれによって人間的な時間となる筋立てという働きを歴史性のうちに見出すことで、その働きが時間内部性と時間性とのあいだを媒介していると主張した。この主張が、本書の第一部で示したような、『存在と時間』における時間内部性の派生と歴史性の演繹との双方のうちで生じた問題――リクールが「時間性のアポリア」として浮き彫りにするもの――に対する一定の解決を意図していることは明らかである。もっとも彼の提示する解決は、時間の現象学によるこのアポリアの思弁的解決を断念することで、現象学と物語論と歴史学との相互の連帯の必要性を説くものであった。したがってこの解釈は、『存在と時間』の時間性の理論を批判的に継承したうえで、それを新たな観点から展開させることを目的としたものであるということが理解される。

われわれが思うに、この解釈の最大の利点は、ハイデガーがそれによって時間性・歴史性・時間内部性の位階化を説明しようとする「派生」や「演繹」に対して、リクールが「媒介」という手続きを明確に導入した点にある。派生や演繹がつねに一方を他方に対して派生的なものとすることで、双方を何らかの従属関係のうちに置くことを余儀なくさせるのに対して、媒介は一方を他方に対して派生的なものとすることなく、双方とも根源的なままに結びつけることを可能にする。したがって、時間性という共通の根から歴史性と時間内部性を派生させようとすることで、歴史性や時間内部性のうちに残された或る種の根源的なものまでも派生的な層へと位置づけてしまったことが『存在と時間』の挫折の要因の一つであったとすれば、この「媒介」はまさにその挫折の回避手段となりうるであろう。カントにおける構想力の「媒介項」という位置づけに着目することでリクールが獲得したこの「媒介」への視点は、同じく構想力を「共通の根」としての時間性と同一視するハイデガーの解釈のなかでは通り越され、「根源」と「派生」の区別への例の視点に置き換わっていた。リクールは、構想力が時間性と密接に結びついているということは認めるとしても、ハイデガーのように両者を同一視するまでには至らず、構想力と歴史性との別の結びつきの可能性を模索する。ハイデガーの構想力解釈がそのうちで展開されている時間性の哲学においては主題的に探究されていない、構想力の物語的な媒介機能こそ、時間内部性と時間性とのあいだを架橋する歴史性に固有の機能である。

そうはいっても、この媒介という手続きにもやはり曖昧さがないわけではないだろう。互いに切り離された二つの項が第三項によって媒介されているという主張は、その第三項が、それが媒介する二つの項のそれぞれに何らかの資格で関係しているが、それらいずれにも帰属しているわけではないということを含意している。それでは、この第三項はなぜそのような仕方で働くのか。これこそ図式機能の問題であり、この問題にハイデガーの構想力解釈は明確な解決を示していた。すなわちその解釈によれば、時間性としての構想力は、感性と悟性が共通してそれに従う超越論的な時間規定をアプリオリに産出することで、直観と概念の必然的な対応を可能にするとされていた。この解釈を部分的に拒絶するリクールの場合、図式機能の問題、それゆえまたカテゴリーの超越論的演繹の問題の解決は、より複雑なものとならざるをえない。事実、この点に関してリクールは、きわめて率直に、構想力は「謎を残す」と断言していた。もっとも、彼の問題解決の主要な特徴とも言うべきこの迷宮入りは、けっして消極的なものではなく、いわば積極的な不可知論の表明として受け取られるべきものである。われわれが思うに、ここにあるのは『純粋理性批判』第二版の序文における、「信仰に場所を得させるために知識を廃棄しなければならなかった」[五九三]というカントの告白と比すべき、理論理性に対する実践理性の優位の承認である。『純粋理性批判』を図式機能の章を頂点とする時間性についての議論として捉えようとするハイデガーの解釈においては外見上放棄されているこの実践理性の優位こそ、リクール哲学をハイデガー哲学から引き離し、カント哲学へと繋ぎ止める重要な局面にほかならない。したがって、ハイデガーが「カントが語るべきであったこと」[五九四]を語ることで彼を踏み越えていったとすれば、リクールは「カントが語っていること」のもとに粘り強く踏み留まったと指摘することができる。無論、ハイデガー哲学においては実践理性がまったく問題となっていないというのは言い過ぎであり、むしろ「自由」の問題は明らかに彼の哲学の核心にあるのだから、実践理性はまさに彼の哲学の中心問題であると反論されよう。しかし、彼が図式機能と構想力のうちに認める時間性の問題は、それ以上に中心的ないし根源的であり、この時間性としての構想力は、感性と悟性の共通の根であるのみならず、理論理性と実践理性の共通の根でもあるとされていた。[五九五]ハイデガーの存在論においては、存在了解がそれによって可能になる有限的な時間性が最も根源的であり、それ以外のものはすべて、程度の差はあれ、それよりも派生的な水準に位置づけられている。それに対してリクールの存在論は、感性と悟性との、心的なものと物的なものとの、自己と他者との、そしてまた有限性と無限性とのあいだを媒介するような筋立ての働きを想定することで、ハイデガーが派生的な層に位置づけたものを再び根源的な層へと引き戻そうと試みている。こうした派生と媒介との戦略の相違こそ、両者の行路のあいだの、それゆえまた両者の存在論のあいだにある本質的な相違の一つにほかならない。

最後に、このリクールのハイデガー解釈を、レヴィナスのそれと比較してみよう。リクールもレヴィナスも、時間性に関するハイデガーの基本的な考え、すなわち、根源的時間をそれによって現存在が自己から脱して世界のうちで実存するようになる働きとみなすという考えを継承している。しかし両者とも、この時間性の条件としてすでに或る種の根源的歴史があると考える点で、ハイデガーとは異なる見解を示す。そうした根源的歴史は、レヴィナスにとっては時間性の時熟に先立つ他人との対面的な関係として、リクールにとっては自己性の成立にさいして働く物語的な媒介機能として、それぞれあらわになる。彼らの考えでは、自己性を可能にする時間性の時熟にさいして、他人からの働きかけであれ筋立ての働きであれ、それを媒介する別の契機が認められなければならず、それが認められないかぎり、自己は倫理的・社会的に拘束された主体として構成されるには至らない。もっともこの最後の点に関して、レヴィナスとリクールとのあいだには微妙だが本質的な見解の相違があり、それはつまり、時間の時熟に先立って自己が向き合っている他性を、絶対的外部性とみなすか、自己にとって構成的な他性とみなすかの相違である。リクールは、自己性が時間性による自己触発によって成立すると考える点ではハイデガーに同意するが、その自己触発にさいして他人からの命令的な働きかけが介入してくると考える点ではレヴィナスに同意する。このようにリクールは、ハイデガーとレヴィナス双方の主張を部分的に修正することで、時間における自己と他者との関係を、よりいっそう精緻な解釈へともたらすことを試みたのであった。

第三章　ハイデガーとデリダ

本章の課題は、ハイデガーとデリダの思想的関係を、特に時間性の哲学との対決という観点から考察することにある。デリダの主要概念、戦略、問題設定、文体、これらのどれ一つを取ってもハイデガーから影響を受けていないものはなく、このことは、両者のあいだに緊密な継承関係があるということを示唆している。他方でしかし、デリダの思想のうちには、ハイデガーに対する明白な「批判」と見えるもの——とりわけ「現前性の形而上学」への捕囚という嫌疑がそれにあたる——があり、そのことは、両者の関係が単純な継承関係ではなく、何らかの批判や修正を伴う継承関係であるということを暗示している。したがって、先に考察されたレヴィナスやリクールの場合と同様、この関係もやはり非常に錯綜しており、この錯綜をすでに多くの解釈者たちが解きほぐそうと試みてきた。(五九六)

ところがそうした試みも、たいていの場合、デリダがハイデガーから何を積極的に継承しているのかという点を指摘するまでに留まり、その継承にさいして何を削ぎ落としているのかを明確化させるまでには至らなかったように思われる。実際、いわゆる「フランスのハイデガー主義（heideggerianisme français）」(五九七)の名のもとにデリダに向けられた批判を引き合いに出すまでもなく、両者は形而上学の伝統に対する戦略の外見上の類似ゆえに、しばしば同じ一つの陣営のうちに並べ入れられてきた。デリダの思想形成の過程が詳細に追跡され、その過程で彼がハイデガー哲学をいかに受容したのかを吟味できる環境が整い始めたのは、ようやく近年になってのことである。さらに言えば、デリダによって提出された議論をハイデガー哲学の研究という観点から検討するという課題に至っては、いまだほとんど手つかずのままだと言わざるをえない。そこでわれわれは、特に「脱構築（déconstruction）」「現前性（présence）」「差延（différance）」という三つの主要な術語について、デリダがそれらをハイデガーからどのように批判的に継承しているのかを考察することで、両者の思想上の関係を紐解くことを試みる。

そのためにわれわれは、以下でまず、ハイデガーにおける「解体」および「克服」と、デリダにおける「脱構築」との戦略上の共通点と相違点をそれぞれ明確化させる（第一節）。次いで、デリダの「ハイデガー」講義の読解を通じて、第一に、彼が『存在と時間』の「息切れ」を「時間性への歴史性の根付き」と「新たな範疇の欠如」とに起因するものとみなしているという点を指摘し、第二に、彼がハイデガーにおける根源的時間の「自己触発」に、その別面としての根源的歴史の「自己伝承」を対置しているということを示す（第二節）。続いて、こうして浮き彫りとなった根源的時間と根源的歴史の対比をよりいっそう際立たせるために、特に論文「ウーシアとグランメー」におけるデリダのハイデガー解釈の読解を試みる。この論文でデリダは、ハイデガーのテクスト、とりわけそこでの「時間性」という語彙がなお「現前性の形而上学」にとらわれていると主張している。この主張の意味を明確化させたうえで、われわれはさらに、デリダにおける「差延」としての根源的歴史の生起を、ハイデガーにおける「時間性」としての根源的時間の時熟との対比において明らかにする（第三節）。最後に、以上のデリダのハイデガー解釈を検討する（第四節）。

第一節　解体と脱構築

一九六〇年代中盤から七〇年代前半にかけてデリダが、後に彼の戦略上の代名詞ともなる「脱構築」を理論的に練り上げていったことと、それがハイデガーの「解体（Destruktion）」の訳語として獲得されたものであることはよく知られている。事実、これら二つの用語には多くの共通点があり、そのことは、両者の戦略上の結託を一般に強く印象づけてきた。しかしながら、デリダ的な「脱構築」はハイデガー的な「解体」の単なる焼き直しではない以上[五九八]、この結託は留保なしに承認されうるものではない。したがって、本節においてわれわれは、両者の相違を特に浮き彫りにすることを試みる[五九九]。

（1）ハイデガーにおける解体と克服

はじめに、ハイデガー自身による「解体」の定義を明確化させておこう。『存在と時間』第六節におけるその定義によれば、「解体」とは、存在論をその根源的規定において見えるようにするために、存在論の伝統の硬直性を「解き緩め（auflockern）」、そこで伝承されてきた覆いを「取り除く（ablösen）」一連の作業である[六〇〇]。この基本的定義に加えて、ハイデガーはさらに次の三点に注意を促す。（一）「解体は、存在論の伝統を振り落とすという消極的意味をもたない」。（二）「解体は、存在論の伝統を、その積極的な諸可能性に関して、すなわち、その諸限界において境界画定〔abstecken〕すべきである」。（三）「解体は、過去へと否定的な態度でかかわるのではなく、《今日》と存在論の歴史を取り扱う〔今日の〕支配的な取り扱い方とに〔……〕かかわる[六〇一]」。

ここではまず（三）に注目することにしよう。この箇所でハイデガーは、解体が、存在論の伝統や歴史がそれである過去の出来事にではなく、それらの今日の取り扱い方にかかわると主張している。したがって解体は、（一）で主張されているように、過ぎ去った伝統を振り落とすこととしてではなく、その伝統をいかに引き受けるかという目下の遺産継承にかかわる問題として理解されなければならない。それからまた、この解体がまさに今日の支配的な解釈様式の解体であるとしても、それによって解体の遂行者が無制限の恣意的な解釈可能性へと開かれるわけではないということにも注意しよう。これこそ（二）の主張、すなわち、解体が伝統をその諸限界において境界画定すべきだという主張の言わんとしていることである。このように解体とは、その字面が与える破壊的な印象とは対照的に、歴史的遺産の再構築として、つまり「過去の積極的な我有化（Aneignung）」[六〇二]として理解されるべき作業であり、この解体は同時に、或る新たな形而上学の創設を目指している。

　ハイデガーが「解体」によって新たな形而上学の創設を目指しているというこの指摘は、形而上学に対するハイデガーの態度はきわめて否定的なものであるという見解が一般に流布しているため、違和感を生じさせるかもしれない。この違和感を和らげるには、形而上学に対する、あるいはより厳密には「形而上学」という術語に対するハイデガーの意味づけが、時期によって異なるという点に注意を払うのがよいだろう。『存在と時間』において「形而上学」という術語は、単にその伝統が解体されるべきものとして、消極的な意味で用いられているのに対して[六〇三]、一九二八年の「論理学の形而上学的な始元諸根拠」講義から一九二九年の『カント書』にかけて多用される「現存在の形而上学（Metaphysik des Daseins）」[六〇四]という術語は、ハイデガー自身が創設を目指す「基礎存在論」の別名として、積極的な意味で用いられている。それゆえこの時期（一九二八—二九年）に関して言えば、「形而上学」に対するハイデガーの態度は必ずしもつねに否定的というわけではない[六〇五]。本書の第一部第三章で明らかにしたように、この時期のハイデガーは、アリストテレスによって創設され、後世に伝承されてきた存在論 - 神学としての形而上学を、基礎存在論 - メタ存在論としての「現存在の形而上学」として再構築するために、その上に伝統が積み重ねてきた堆積物を取り除くことを試みていた。したがって、解体されるのはいわば偽の形而上学であり、その解体は本来の形而上学の創設と結びついている。

ところが、もっと後の時期（遅くとも一九三六年以後[六〇六]）には、これとは別の態度が見出される。この時期には、形而上学の「克服（Überwindung, Verwindung）」という主題が新たに登場し、それはこれまでの「解体」とは内容の点で大いに異なっている。というのもハイデガーは、いまやあらゆる形而上学の克服を試みており、そこにはかつて自身が創設しようとしていた本来の形而上学も含まれるからである。したがって克服は、解体とは異なり、もはや新たな形而上学の創設を目指していないのだが、とはいえ解体と同様、形而上学を除去しようとしているわけでもない[六〇七]。解体であれ克服であれ、ハイデガーが形而上学の単なる除去を意図したことは一度もない。むしろ彼は、形而上学の除去不可能性を深刻に受け止めつつ、その背後に覆い隠されているものを思索しようとたえず努めている。それゆえ、存在の真理への思索において形而上学が克服されるとしても、この克服は、その思索の外部へと形而上学を廃棄するのではなく、形而上学をその根底へと向けて思索し抜くこと、すなわち「形而上学の根底への帰り行き[六〇八]」を意図している。

いま指摘したような解体と克服の相違は、後期のハイデガーが『存在と時間』第一部第三編の差し控えの要因の一つとして挙げる「形而上学の言葉[六〇九]」という問題を考えるうえでも非常に重要である。この問題は、形而上学における伝統的な概念や思考様式によっては不可避的に歪曲されたり隠蔽されたりしてしまう事柄を、いかにして言語表現へともたらすべきかという問題として解釈されうる。この問題に対して、前期のハイデガーは「実体」や「主体」のような言葉はともかく、少なくとも「存在」や「時間」のような言葉はまだ、そうした歪曲や隠蔽を免れて本来の形而上学の創設のための資材となりうると考えていた。ところが後期には、これら「存在」や「時間」といった言葉もまた、それらがまさに「形而上学の言葉」であるがゆえに、乗り越えられるべきものとみなされるようになる（より正確に言えば、そもそも最初からそのように考えられていたが、そのことが喫緊の課題となる）。いわゆる「性起」への転回は、この「形而上学の言葉」という問題に対する彼の態度の徹底化の結果にほかならない。

ちなみに「形而上学」という術語について先に述べたことは、「存在論」という術語についても同様に妥当する。「存在論」もまた、『存在と時間』においては、ハイデガーが創設を目指す「基礎存在論」として積極的な意味をもっていたが、先の「形而上学の言葉」の問題が彼にとって切迫したものとなるや、そうした意味合いは次第に薄れ、後期にはもっぱら克服されるべきものとしてのみ用いられるようになる。それゆえ、以下で見るように、デリダはハイデガーにおける「存在論の歴史の解体」が、最終的には「存在論の解体」にまで徹底化されるものとして解釈しており、そのように解釈された「解体」をまさに「脱構築」と言い換えている。以下、その解釈を概観することにしよう。

(2) デリダにおける脱構築

デリダの「脱構築」という概念の成立過程を追跡しようとする場合、その始点をどこに見定めるかは重要な争点である。従来の研究は、そこにおいてデリダが自身の戦略をまさに「脱構築」と形容し始める、一九六七年刊行の『グラマトロジーについて』や『声と現象』を始点として見定めてきた[六〇]。ところが近年、デリダが一九六四／六五年に高等師範学校で行なった講義「ハイデガー——存在の問いと歴史」（以下「ハイデガー」講義と略記）の草稿が出版されたことで、それよりも早い時期にこの概念の萌芽を見て取ることが可能となっている[六一]。そこでわれわれは、この「ハイデガー」講義の読解から出発することにしたい。

この講義の第一回でデリダは、『存在と時間』における「解体」を、特にヘーゲルの「反駁（Widerlegung, réfutation）」との対比によって明確化させようと試みている。「ハイデガーは存在論の歴史を解体することによって、反駁しているわけではけっしてない[六一二]。われわれが先に指摘したように、デリダもまた、この「解体」が単なる「廃棄」や「反駁」を意味しているのではないということを指摘する[六一三]。さらに彼は、「反駁」に関するヘーゲルの哲学が根本的に論理学であるのに対して、この論理学としての哲学は、ハイデガーが「解体」しようとしている存在論の歴史に属しているということも指摘する[六一四]。しかしデリダは、このように「解体」と「反駁」の相違を指摘する一方、両者のあいだの相違が「可能なかぎり無に近い[六一五]」とも主張している。なぜなら、結局のところ「ヘーゲル的な反駁もハイデガー的な解体も、或る誤りを批判することでもなければ、哲学の或る過去の出来事を単に消極的に除外することでもない[六一六]」からである。デリダによれば「解体」とはむしろ、存在論の歴史のなかで積み上げられてきた堆積層の構造を見えるようにするために必要な「脱 - 構造化（dé-structuration）」ないし「揺さぶり（ébranlement）」であり、このように解された「解体」を、彼はまさに「脱構築（déconstruction）」と言い換えている[六一七]。したがってデリダの「脱構築」は、その由来の一つを、以上のように解されたハイデガーの「解体」のうちにもつということが明らかとなろう。「解体」も「脱構築」も、存在論ないし形而上学の歴史に属する諸テクストに揺さぶりをかけることで、そこで隠蔽されている構造を見えるようにすることを目指している。

　そうだとすればしかし、デリダ的な「脱構築」とハイデガー的な「解体」との相違はいったいどこにあるのか。両者の相違は何より、ハイデガー的な「解体」や「克服」とは異なり――またフッサール的な「解体（Abbau）」とも[六一八]、ヘーゲル的な「反駁」とも異なり――デリダ的な「脱構築」は、何らかの根源の取り戻しを意図していないという点にある。ハイデガー的な「解体」や「克服」が、存在の根源的経験の取り戻しのために、それを隠蔽している派生的なものを除去することをつねに意図していたのに対して、デリダ的な「脱構築」は、取り戻し可能な根源などないということを肯定しようと努めている。というのも、以下で示すように、デリダが形而上学的な諸テクストを脱構築することによってその痕跡を示そうとする差延は、いかなる根源でもないからである[六一九]。

両者の戦略上の相違はなお、ハイデガー的な「解体」の対象として見定めているものが、ハイデガー自身とデリダとで異なっているということに関しても指摘されうる。デリダはこの講義を、「私は存在の問いと言うのであって存在論の問いとは言わない」[六二〇]と忠告することから始める。この忠告は、単なる形式的な断りではなく、内容的にきわめて重要なこと、すなわち「存在論」という語で理解しているものが、前期ハイデガーと、後期ハイデガーおよびデリダとで同じではないということを言わんとしている。前期ハイデガーにおいて「存在論」は主に、その歴史の解体を通じて存在についての根源的経験が取り戻されるべきものとして思索されていたのに対して、後期ハイデガーとデリダにおいて「存在論」や「形而上学」は、その根源が取り戻されるべきものではもはやなく、その始まりからすでに存在と存在者との根源的差異が忘却されているものとして思索されている。したがって、前期ハイデガーにおいて「解体」が、或る新たな存在論、つまり基礎存在論の創設と結びついていたのに対して、後期ハイデガーとデリダにおいては、そのような創設や「基礎づけ」はもはや目指されておらず、存在論そのものがまさに解体されるべきものとして扱われている。[六二一]というのも、ハイデガーにとって「存在論」という術語は、それが伝統に帰属的であるという理由から、『存在と時間』の刊行直後から次第に彼の眼に危険なものと映るようになっていくからである。[六二二]

それゆえ、ハイデガーにおける「存在論」という術語の用法の変遷を、デリダは次の三つの段階に区別して論じている。第一に、一九二七年の『存在と時間』における基礎存在論の創設の段階であり[六二三]、第二に、一九三五年の『形而上学入門』における「存在論」や「存在論的」という術語の断念の段階であり[六二四]、第三に、一九三六―四〇年の「ニーチェ」講義、および一九四三年の「ニーチェの言葉《神は死んだ》」講演において、彼が「存在論」という術語を、存在そのものを思索するのに本質的に不適当だと考え、存在者についての思索のみに割り当てるようになる段階である。[六二五]このようにデリダは、ハイデガーの「解体」が、当初は「存在論の歴史の解体」であったとしても、最終的には「存在論の解体」にまで徹底化されるということを見越したうえで、この「解体」を「存在論の解体」として解釈しようとする。そしてこのように解釈された「解体」から、デリダは自身の「脱構築」の戦略を引き出しているように思われる。

第二節　根源的時間と根源的歴史

前節でわれわれは、ハイデガー的な「解体」とデリダ的な「脱構築」との共通点と相違点を明らかにしてきた。そこで今度は、「ハイデガー」講義におけるデリダの『存在と時間』読解をより詳細に検討することで、この読解の争点を明確化させることにしたい。先取りして言えば、そこにおいてデリダは、この著作のなかの「歴史性」、あるいはより的を絞って言えば、それに特有なものとして属している「自己伝承」という概念に注目することで、ハイデガー的な自己触発としての根源的時間の時熟からの派生によっては明らかにされないような、自己伝承としての根源的歴史の生起を示そうとしている。さらに先取りして言えば、このように示された根源的歴史こそ、後にデリダが「差延」と名づけるようになるものにほかならない。

(1) デリダの『存在と時間』読解

デリダの「ハイデガー」講義は、主に『存在と時間』の読解を意図した講義だが、「存在の問いと歴史」というその副題が示すとおり、特に「歴史」や「歴史性」といった主題にかかわる探究がその大部分を占めている。このことは当然、デリダの問題設定と、ハイデガー自身がこの著作のなかで中心的な問いとして立てていた「存在と時間の連関」の問いとの、また「時間」や「時間性」といった主題に関する彼の探究との、何らかの対決を予想させせよう。実際、この講義のなかでデリダは、『存在と時間』に関する後期ハイデガーの批判的記述を頻繁に引用しつつ、この著作の「歴史性と時間性」と題する章の分析が「なお形而上学的である」[六二六]と指摘することで、ハイデガーがそこで解体しようとしていた形而上学に、彼自身、依然としてとらわれているという見解を示している。しかしデリダは、いったいこの章のどこにそうした捕囚を見て取っているのか。

　それはとりわけ、デリダが『存在と時間』の「息切れ（essoufflement）」と呼ぶようなものとの関連において見出される。この「息切れ」は、通例的には「失敗」や「挫折」といった言葉で示されるものであろうが、『存在と時間』が抱える問題をそれらの言葉よりもいっそう的確に表現している。というのも、この著作の未完という事態が意味しているのは、それが途中で道を誤ったり踏み外したりしたということではなく、或る地点まで到達したところで息切れして先に進むことができなくなったということだからである。こうした息切れは『存在と時間』第二編の最後の二つの章のなかに見て取れるものであり、デリダはその原因として特に、（一）「時間性への歴史性の根付き」と（二）「新たな範疇の欠如」の二つを挙げている。[六二七]以下、これらの原因を一つずつ確認していくことにしよう。

　（一）「時間性への歴史性の根付き」が、『存在と時間』における一貫した、とはいえ疑わしい前提であるということを、われわれは本書の第一部第二章でまさに問題としてきた。そこで指摘したように、この「根付き」が言わんとしているのは、歴史性の構造は時間性の構造によって一方的に規定されており、時間性の構造の解釈を差し置いて歴史性の構造を解釈することはできないということである。それゆえ、この著作のなかでハイデガーはまず、気遣いの意味として時間性を明らかにした後で、その時間性から歴史性を演繹するという手順を踏んでいる。しかしこの演繹という説明方式は、時間性から区別されるかぎりでの歴史性そのものを対象とすることができず、そのためハイデガーは、歴史性の分析を「時間性という現象のよりいっそう具体的な仕上げ」[六二八]として展開せざるをえなかった。デリダが問題視するのはまさにこの点であり、彼は、ハイデガーがこのように「時間性という現象のよりいっそう具体的な仕上げ」としてしか歴史性を分析できていないことが「期待はずれ（décevant）」[六二九]だと指摘している。というのも『存在と時間』における歴史性の分析は、ほぼ全面的に、その派生態である通俗的歴史概念に関する批判的言述によって構成されており、歴史性そのものに関する積極的かつ根源的な記述は、それがそこへと根付いているとされる時間性についての分析のなかに取り込まれているからである。

（二）以上のことはさらに、この歴史性を記述するための「新たな範疇の欠如」という事態とも関係している。もし歴史性がその構造を時間性のそれに負っているとすれば、歴史性だけに特有の性格や構造といったものはそもそも問題となりえないだろう。それゆえハイデガーは、この歴史性に関して「その存在論的位置づけ」[六三〇]を、つまりそれが時間性に根を下ろしているということを示すまでに留まっていた。

さて、デリダの読解によれば、『存在と時間』はこれら二つの原因によって「息切れ」を起こしており、なお「形而上学的」なままである。したがって、これらの原因に対する何らかの対処が、ハイデガーにおける「転回」の実質をなしていると考えられよう。実際、「転回」以後のハイデガーの思索においては、「時間性への歴史性の根付き」という前提はもはや保持されず、「時間性」は語彙としてはほとんど消失し、その代わりに「存在の歴史（＝歴運）」が中心的な主題として台頭してくる。それからまた「新たな範疇の欠如」という問題、すなわち形而上学の言葉の問題も、「性起」を中心とする新たな語彙群の導入によってその解決が図られる。かくしてデリダも、この「転回」を「現‐存在の歴史性から存在の歴史への移行」[六三一]と解釈することで、そこにハイデガーにおける「存在の問い」の決定的な地平変更を読み取っている。もっともこうした問いの転回ないし地平変更が、歴史性に関する、またその根源である時間性に関する、ハイデガーの当初の分析の単なる放棄を意味していないということを、われわれは本書のなかで繰り返し強調してきた。同様にデリダも、後期ハイデガーにおける時間性の消失が「その時間性という主題そのものの放棄を意味していない[六三二]」と主張しており、歴史性という主題についても、それが「転回」によって放棄されるのではなく、現存在の歴史性から存在の歴史へと移行することで「時間性という主題から解放されるようになる[六三三]」と指摘している。

(2) 自己触発と自己伝承

『存在と時間』において歴史性は、その構造を時間性のそれに負っており、歴史性だけに特有の概念というのはほとんど見出されなかった。しかし、そのような概念は一つもないわけではなく、デリダは「遺産(Erbe, héritage)」と「伝承(Überlieferung, transmission)」、またとりわけ「自己伝承」という概念が、歴史性に特有なものとして属していると主張する[六三四]。彼によれば、この「自己伝承」は、いわゆる「自己触発(Selbstaffektion, auto-affection)」という概念の「別面[六三五]」ないし「別名[六三六]」である。われわれは本書の第一部第三章で、この「自己触発」がハイデガーのカント解釈において根源的時間の時熟を指すものとみなされているということを明らかにしてきた。そのさいまたわれわれは、ハイデガーにとってこの自己触発としての根源的時間の時熟は、現存在の諸脱自態を統一する根源的な綜合作用であるということも明らかにしてきた。他方、デリダによれば、自己伝承は「諸脱自態における脱‐存の根源的な歴史的綜合[六三七]」である。このように自己触発と自己伝承は、諸脱自態を綜合する根源的な働きの二つの側面であり、一方は根源的時間による綜合であるのに対して、他方は根源的歴史による綜合である。デリダが自己伝承を自己触発の別面ないし別名だと主張することで言わんとしているのはおそらく、これら二種類の綜合が、異なる二つの綜合ではなく、同じ一つの綜合の二つの側面だということであろう。したがってこの主張からは、『存在と時間』における時間性への歴史性の根付きという前提に反しての、歴史性そのものの根源的性格の強調が読み取れる。

以上のことはしかし、ハイデガー自身が表明的に主張していることではなく、デリダのハイデガー読解に特有のことである。「自己伝承」という概念は『存在と時間』のうちではさほど目立っておらず、『カント書』では一度も登場していない。ハイデガーはこの概念を「決意性」の説明のために半ば補足的に導入しており、すなわち「決意して被投性へと帰来することは、それ自身のうちに、伝承された諸可能性の自己伝承〔*Sichüberliefern*〕を蔵している」[六三八]という記述によって導入している。この記述が意味しているのは、有限性の引き受けと死への先駆によって構成される決意性が、現存在が選択してきた事実的な諸可能性を自身の「遺産」として引き受けることを必要とするということである。[六三九]ともあれこの自己伝承は、それが現存在を本来的自己たらしめる決意性のうちに含まれている以上、根源的時間の自己触発と同様、気遣いのうちに含まれた自己性を可能にしている働きであることは間違いなく、したがってまた、この自己伝承が自己触発の一側面をなしていることも間違いない。

ところでハイデガーは、それによって現存在の気遣いが可能になる時間性が、根源的には「将来から時熟する」[六四〇]と主張していた。この主張に関して、われわれは以前、そのいずれもが自己関係性を可能にしているとされる将来と既在性のうち、将来に優位が認められているという点に疑問を呈してきたが、ここでその疑問を取り上げ直すことにしよう。というのも、デリダはこの講義において、「ハイデガーは将来を不当に特権化させているのではないか」と問うことで、「過去を将来の脱自態に対して副次的な脱自態としたこと」が、「ハイデガーが歴史性という根源についての謎から脱出できなかった」ことの原因と見ているからである。[六四一]もし時間性への歴史性の根付きという前提が拒絶され、その代わりに時間性と歴史性の等根源性が承認されるとすれば、根源的時間性において優位にあるとされる将来と、根源的歴史性において優位にあるとされる既在性は、同等の権利をもつということが確証されよう。

第三節　現前性の形而上学

これまでの議論を通じてわれわれは、デリダの「ハイデガー」講義を手がかりに、ハイデガーとデリダの関係の一端を紐解いてきた。そこで明らかとなったように、デリダは『存在と時間』における「時間性への歴史性の根付き」と「新たな範疇の欠如」が根源的歴史の生起をそのものとして分析することをハイデガーから妨げていると考え、その生起を「自己伝承」という概念に依拠して示そうとしている。そしてこのように根源的時間の自己触発と対照的に理解された根源的歴史の自己伝承は、後年のデリダのハイデガー解釈においてまさに「差延」と名指されるものの実質をなしているように思われる。そのことを立証するため、本節でわれわれはまず、一九六八年の論文「ウーシアとグランメー」の読解を通じて、ハイデガーのテクストがなお或る面で「現前性の形而上学」[六四二]にとらわれているとするデリダの解釈の趣旨を明確化させる。[六四三]そのうえで、デリダの「差延」を、ハイデガーの「時間性」との対比を通じて根源的歴史の生起として明らかにすることを試みる。

(1) 現前性の問題と時間のアポリア

はじめに、論文「ウーシアとグランメー」におけるデリダのハイデガー解釈を、特に現前性の問題と時間のアポリアとに関する議論を中心に概観することで、ハイデガーが「現前性の形而上学」にとらわれているとするその批判の解明のための準備を整えることにしたい。この論文のなかで、デリダは『存在と時間』を、存在論の伝統の解体と結びついた、通俗的で伝統的な時間概念の解体というハイデガーの課題に着目しつつ解釈している。この論文にかぎらず、『存在と時間』を解釈するにあたってデリダは、ハイデガーの後期のテクストの記述を頻繁に引き合いに出すが、そのことが意味しているのは、デリダがいわゆる「転回」を軽視しているということではなく、この「転回」が、ハイデガーの前期の思索の放棄を意味しないと彼が考えているということである。実際、デリダのハイデガー解釈が照準を定めるのはつねに、ハイデガー哲学のうちで継続的に立てられている問題、つまり「存在と時間の連関」の問題にほかならず、この問題に照準を定めるかぎり、「転回」によって彼の思索を前期と後期に分断することはあまり重要ではない。[六四四]

ところでこの問題は、ハイデガーにとっては同時に「現前性（Anwesenheit）」の問題でもあった。なぜなら現前性は、存在と現在の連関の名称として、存在と時間の連関に関する伝統的規定を示しているからである。[六四五] ハイデガー的な形而上学史観によれば、存在は、伝統的にこの現前性として解釈されてきたため、そのものとしては忘却されてきた。こうした現前性としての伝統的な存在解釈には、古代における「ウーシア（οὐσία）」から、「基体（ὑποκείμενον）」「実体（substantia）」「現実存在（existentia）」を経て、カントの「被知覚性（Wahrgenommenheit）」などに至るまで、要するに、ハイデガー以前に表明されたあらゆる存在解釈が含まれる。彼によれば、これらはすべて「存在」ではなく「存在者性（Seiendheit）」を示す概念であり、存在と時間の根源的連関の忘却の効果として生じたものにすぎない。おまけにこの忘却は、伝統的な存在論と時間論双方の行き詰まりを引き起こさずにはおかなかった。というのも、このように存在が現前性として解釈されるかぎり、現在ではない過去や未来にあるものは非存在の側に割り当てられることになる一方、時間は未来と現在と過去の統一的全体であるがゆえに、時間は存在と非存在とのあいだでの分裂を余儀なくされるからである。

存在と非存在への時間のこうした分裂を、アリストテレスは『自然学』のなかで「時間は存在するものに属するのか、それとも存在しないものに属するのか」[六四六]と問うことで問題とし、それが解決不可能なアポリアであるということを指摘した。彼以後の伝統的な時間論（特にアウグスティヌス、カント、フッサールの時間論）はどれも、このアポリアをさまざまな仕方で解決することを目指したが、それをそもそも引き起こしている現前性としての存在解釈を見直すまでには至らず、それゆえハイデガーがはじめて、その存在解釈を見直すことで、このアポリアを一定の解決へともたらそうと試みた。彼は『存在と時間』のなかで、存在と時間の根源的連関を、現存在と時間性の連関として解釈しようとしており、この解釈においては、現在だけでなく未来や過去も同様に現存在の諸脱自態に基づくものとされるため、当該の時間の分裂はもはや生じない。もっとも、リクールに続いてわれわれが示してきたように、こうしたアポリアの解決は、それとは別の新たなアポリア、つまり時間性のアポリアを生じさせずにはおかなかったわけだが。

さて「ウーシアとグランメー」におけるデリダの主要課題は、ハイデガーによるこうしたアポリアの解決が、なお或る面で「現前性の形而上学」にとらわれているということを示すことで、このアポリアの原理的な解決不可能性を示すことにある。デリダによれば、「時間概念は徹頭徹尾、形而上学に属しており、現前性の支配を名指している」(六四七)。それゆえ、ハイデガーが『存在と時間』においてそうしているように、通俗的時間概念に、それとは別の根源的時間、つまり時間性を対置することによっては、この形而上学および現前性の支配を脱することはできない(六四八)。

(2) アリストテレスとヘーゲルの時間論に関する註とその再解釈

先に「ウーシアとグランメー」におけるデリダの課題を明らかにしたため、以下では、そこでの彼のハイデガー解釈をより詳細に考察することにしたい。その解釈は、『存在と時間』第二編第六章の或る箇所に付された、アリストテレスとヘーゲルの時間理解にかかわる長大な註を主な対象としている。まずは、この註のなかでいったい何が問題となっているのかを確認することから取りかかろう。この註は次のような記述から始まる。

水平化された今がこのように特権を有しているということから、ヘーゲルが時間について与えた概念規定も、通俗的な時間理解の線に、ということはつまり同時に伝統的な時間概念に従っているということが明らかとなる。そればかりか、ヘーゲルの時間概念がアリストテレスの『自然学』から直接汲み取られたということさえ示されうる。（六四九）

ここでハイデガーの念頭にあるのはもちろん、アリストテレスからヘーゲルに至るまでの伝統的な時間論が「通俗的時間概念」に基づいているとする例の形而上学史観である。ハイデガーによれば、ヘーゲルの時間論は「アリストテレス的な時間の敷衍（*Paraphrase*）（六五〇）」であって「空間は時間である」という彼のテーゼは、同じくアリストテレスから獲得された「時間は空間である」というベルクソンのテーゼを単にひっくり返したものにすぎない。（六五一）実際、アリストテレスもヘーゲルも、時間の本質を「今（νῦν, Jetzt）」とし、その今を「限界（ὅρος, Grenz）」として解釈しているという点で一致している。（六五二）かくしてハイデガーは、アリストテレス以後の伝統的時間論はすべて、ただ一人カントをのぞいて、（六五三）通俗的時間概念についての解釈に留まっているという前提のもとに、その伝統的時間論の解体を計画していた。他方、以上のようなハイデガー的な前提に対して、デリダは次のように反論する。

ここでハイデガーに抗してこう考えることができないだろうか。すなわち、ハイデガーによればアリストテレスからヘーゲルにまで至るという直線の上に、カントもいるのではないかと。（六五四）

このようにデリダは、カントもまたアリストテレス以後の通俗的時間概念の伝承の直線上にいるのではないかと問うことで、ハイデガー的な形而上学史観におけるカントの例外視に疑問を投げかけている。[六五五] たしかにハイデガーも、カントの時間分析もやはり伝統的な通俗的な時間理解によって方向づけられているということを認めてはいたが、[六五六] しかし自身が試みる現象学的解釈によって、とりわけ彼の図式機能の分析のうちに、そのような伝統的理解の突破を読み取ることができると考えていた。それに対して、デリダは「形而上学全体が『自然学』第四巻の公教的な言説のアポリアの開口部のなかにいわばはまり込んだ、あるいはこう言ったほうがよければ、そのなかで麻痺したのであり、そのことはカントのもとにも指摘される」[六五七] と主張することで、ハイデガー的に解釈されたカントでさえ、通俗的な時間理解への捕囚を免れえないという見解を示している。

カントに対する——というよりむしろハイデガーのカント解釈に対する——デリダのこの反論は、ヘーゲルもまた、自己触発に関するカントの指摘と同様、「我思う」（超越論的統覚）と時間とのあいだに密接な連関を見ていたということによって裏付けを得る。[六五八] なぜならこの連関こそ、それを示すことによってハイデガーが、カントのうちに伝統的な時間理解の突破を認めようとしていた重要な契機だからである。もしヘーゲルのもとにもこれと同じ連関が見出されるとすれば、ただカントのみが伝統から逃れ、ヘーゲルはそこに留まっているとするハイデガーの主張は、恣意的であるという非難を免れないだろう。[六五九] ハイデガーは「時間のうちへの歴史〔＝精神〕の落下」というヘーゲルの主張を、現存在がそれである時間、つまり根源的で本来的な時間性からの落下として解釈することで、[六六〇] そこに現存在の「頽落」に起因する、通俗的時間概念への時間性の水平化の働きを見ていた。こうした解釈に対して、デリダは「時間のうちへの《落下》を語るあらゆる隠喩方式にヘーゲルの用心深い発言を対置することで〔……〕時間内部性（Innerzeitigkeit）に対するヘーゲルの批判を全面に押し出すこともできよう」[六六一] と反論する。デリダによれば、ハイデガーが問題としている箇所でのヘーゲルの時間論は基本的にカントの時間論の「敷衍」[六六二] であって、そこで「非感性的感性態（das unsinnliche Sinnliche）」[六六三] と呼ばれているものは、カントにおける純粋直観、つまり「純粋な感性態」としての時間に対応する。[六六四]ハイデガーは、このヘーゲル時間論のうちに、カントにおける本質的な発見、つまり根源的時間の発見の隠蔽しか見なかったが、デリダはむしろ、そこに『カント書』における「純粋自己触発」と「自己の時間性格」とに関する議論との連関を指摘することで、それと同様の発見を認めようとする。[六六五]

このように、デリダによるヘーゲルの時間論の再解釈は、ハイデガーの解釈に反して、それがカントの時間論の「敷衍」であるということを、それゆえまた、いずれの時間論もアリストテレスの時間論の「敷衍」であるということを示そうとしている。したがってデリダによれば、このアリストテレスの時間論のうちにはすでに、先にヘーゲル時間論の再解釈において問題となった「非感性的感性態」の先取りや、カント的な「超越論的構想力」のうちにあって眼前性に尽きないものの先取りが見出されうる。[六六六]そこで以下では、ハイデガーによれば、それとともに形而上学における伝統的で通俗的な時間概念の支配が始まるとされる、このアリストテレス時間論を、デリダがどのように再解釈しているのかを明らかにすることにしよう。

この再解釈におけるデリダの狙いは、『自然学』のなかで用いられる「一緒に（ἅμα）」という副詞を、その形而上学からの脱出の鍵として取り出すことにある。この「一緒に」こそ「形而上学の歴史をその争点において開くと同時に閉ざす小さな鍵」[六六七]であり、それによってデリダは、ハイデガーが同じく『自然学』のなかに見出した「脱自（ἐκστατικόν）」とは異なる概念を用いての、また彼とは異なる発想に基づいての、時間のアポリアについての解釈を提示しようと試みる。そのために、デリダがここで特に検討するのは、アリストテレスがそれとして時間を解釈していた「今継起」における「継起」（連続性）の問題、すなわち或る今から別の今への移行がいかにして可能になるのか、別言するに、点的な今がいかにして線的な持続をなすのかという問題である。この問題の解決にさいして、前期のハイデガーが、現存在の「脱自」という働きと、その脱自的伸張性に訴えた一方、それを拒んだレヴィナスは、連続創造説に依拠しつつ、他人による外からの働きかけに訴えた。それに対してデリダは、或る今から別の今への、内から外への、同から他へのこの移行を、先の二人がそうしたように、一方から他方への働きかけとして思考しようとするかぎり、この問題は解決しえないと考える。彼の考えでは、アリストテレスも先の二人も、この継起の問題を、互いに絶対的に分離された、それゆえけっして「一緒に」は存在しえない、二つ点をいかに結びつけるのかという問題として把握するがゆえに、脱出不可能なアポリアに陥っているのに対して、デリダはむしろ、この「一緒に」という「線（grammé, Linie）」から出発して、その両端として二つの点を捉えるべきだと考える。彼によれば、時間は「ウーシア」（現前性、存在者性）ではなく、[六六八]それゆえ時間の「本質」を思索しようとするかぎり、ひとは不可避的にアポリアへとはまり込む。他方、アリストテレス時間論のなかで登場する「一緒に」や「グランメー」といった語は、時間を時間たらしめているが、とはいえ時間の「本質」ではない何かを示している。それは、時間と空間の「共 - 出現（com-paraître）」[六六九]であり、以下で示すように、時間と空間の結合を可能にする「差延」の効果にほかならない。

(3) デリダのハイデガー解釈

以上の考察を踏まえつつわれわれは、ハイデガーが「現前性の形而上学」にとらわれているとするデリダの主張の趣旨を明確化させることにしたい。この主張はときに、あたかもハイデガーがもっぱらその思索の点で形而上学にとらわれているという趣旨のものと誤解されてきたが、[六七〇]実際には、この解釈によってデリダは特に「現前性の形而上学」の解体を期してハイデガーが用いる語彙、とりわけ「時間性」や「時性」といった語彙が、なお現前性の支配下にあるということを言わんとしており、それを示す決定的な記述が次である。

〔通俗的に理解された〕時間は現前性としての存在から思索されるものであるのだから、もし何か——時間と関係をもっているが時間ではない何か〔つまり時間性や時性〕——が、現前性としての存在の規定とは別に思索されるべきだとすれば、それによってなお時間と名づけられうる何かが問題であってはならない。[六七一]

直接的に言及されていないとはいえ、この指摘は明らかに、ハイデガーにおける「時間性」や「時性」といった語彙のもつ本質的な問題点を浮き彫りにしている。これらの語彙は、形而上学における現前性の優位と、それによる通俗的時間概念の定着とに反して、その形而上学の彼方にあるものを指示するためにハイデガーが用いていたものだが、それらはなお「時間（Zeit, tempus）」という語を含んでいる。極度に単純化して言えば、デリダはここで、通俗的に理解された時間を可能にしているものが時間という語によって示されてはならないということを主張している。それゆえデリダは、「そのものとしての形而上学を越えた唯一の思索」であるという点に「ハイデガーの突破（percée）[六七二]」を認める一方、その「語彙」や「文法」の点では、彼はそこに留まっていると指摘していた。[六七三]さらに、この指摘の矛先は「時間性」や「時性」といった語彙だけではなく、それらを論じるにあたってハイデガーが依拠する、本来性と非本来性の区別や、根源と派生の区別にまで及んでいる。

これこそ『存在と時間』のうちでハイデガーがした経験なのではないか。この著作においては、古典的存在論が尋常ではない揺さぶりをかけられているが、その揺さぶりそのものはなお形而上学の文法と語彙のうちで理解されたままに留まっている。そして存在論の解体に味方をする一切の概念的対立は或る基軸を中心に整理されており、その基軸とはつまり、本来的なものを非本来的なものから、また結局のところ、根源的時間性を頽落した時間性から分離する基軸である。[六七四]

ところで、根源的なものと派生的なものとの対立も依然として形而上学的ではないか[六七五]。

実際、これらの語彙や区別のうちになお形而上学的なものがあるということを、われわれも本書の第一部で指摘してきた。『存在と時間』の完遂を阻んだこの「形而上学の言葉」の問題こそ、ハイデガーに思索の「転回」を強いた要因の一つであり、彼はこの問題を解決すべく、自身がかつて「時間性」や「時性」という名称のもとで思索していた存在と時間の根源的連関を、今度は「性起」という新たな語彙によって思索しようと試みる。

しかしながらデリダは、この「性起（Ereignis, appropriation）」という語に含まれた eigen / propre のうちにもなお、形而上学的ないし人間主義的なものが残っていると考える。この eigen / propre は、前期ハイデガーにおける「本来性（Eigentlichkeit, propriété）」という語の語幹をなしており、存在論的な意味での「近さ（proximité）」や「固有性（propriété）」といった観念と結びついていた。それゆえデリダは、「ハイデガーの辿る小径には一種の磁気作用と呼びうるであろうものがあり、人間の固有性についての思考と、存在の問いもしくは存在の真理とが切り離されていない[六七六]」と指摘する。要するに、後期ハイデガーの用いる語彙と、彼にそのような語彙を選択させている隠れた先入観ないし価値観のうちにはなお、彼が乗り越えようとしていた「形而上学的人間主義[六七七]」の一種、あるいは「固有なものの形而上学[六七八]」が認められるということである。

こうしたデリダのハイデガー解釈に対して、ドミニク・ジャニコーは、デリダのようにハイデガーの「性起」を単に「固有化（appropriation）」として解釈することは、そこには「脱性起＝脱固有化（Enteignis, désappropriation）[六七九]」もまた本質的に属しているということを考慮するに、支持しがたいと非難した[六八〇]。われわれの考えではしかし、デリダは「性起」を単純に「固有化」と同一視しているわけではなく、あくまでその語彙を問題としており、たとえEnteignisであろうと、そこにeigenが含まれていることに変わりはない。非現前性が現前性との共属性においてしか考えられないように、脱性起もまた性起との共属性においてしか考えられないだろう。ハイデガーにおいて、「退去」や「隠れ」といった非現前化の働きはつねに、現前化としての「現われ」との共属性において思索されており、この意味で言えば、現前化と独立に見られた「退去」や「隠れ」の働きそのものや、現前性と非現前性の共属性そのものは、彼のもとでは思索されないままに留まっている。ところで、まさにそれらを思索するためにデリダが用いるのが「差延」や「痕跡」といった概念である。われわれは最後に、この差延の働きを、ハイデガーにおける時間性や性起の働きと比較することにしたい。

（4）時間性と差延

この比較を試みるにあたってわれわれはまず、これらの働きがいずれも、時間と空間を可能にする根源的な働きを意味しているという点を指摘することから始めよう。まず「時間性／時性」は、現存在ないし存在一般の本質的な時間性格として、時間と空間を可能にする働きないし構造である。次いで「性起」は、これもまた存在と時間の根源的連関の規定として、「時-空を開きつつ届けること（das lichtende Reichen des Zeit-Raumes）」[六八一]である。最後に「差延」は、それ自体「遅延（temporisation）」[六八二]の働きとして、「時熟（temporalisation）と間隔化（espacement）」[六八三]、ないし「時間と空間の《根源的構成》」[六八四]である。

このように、いま挙げた三つのものはどれも、時間と空間を可能にする根源的な働きを指している。それゆえデリダは、自身の提示する「遅延」としての差延と、ハイデガー的な時間性の「時熟」とのあいだの緊密な連関を次のように指摘する。

もはや現前性の地平では考えられない遅延‐時熟としての差異と、ハイデガーが『存在と時間』のなかで存在の問いの超越論的地平として論じる時熟（これは現在もしくは今による伝統的ないし形而上学的支配から解放されなければならない）、この両者のあいだの連関は、たとえそれによって問題のすべてが汲み尽くされるわけではなく、また解消不可能なほどに必然的というわけではないにせよ、やはり緊密である。[六八五]

この緊密な、とはいえ複雑な連関を紐解くために、われわれは、そのいずれもが或る時熟の働きである時間性と差延とのあいだにある三つの重要な相違点を指摘することにしたい。

（一）時間性が、そのうちに他の一切の派生的なものが取り集められる単一の根源であるのに対して、差延はそのような「単一」の根源ではなく、そもそも「根源」ではない。[六八六]このことは次のデリダの記述から読み取れる。

> それ自身を動的に構成し、分割するこの間隔こそ、間隔化、つまり時間の空間化ないし空間の時間化（遅延）と呼ばれうるものである。そして、私が原‐エクリチュール、原‐痕跡、あるいは差延と呼ぶことを提案しているのは（ここで類比的かつ暫定的に、後ですぐ不適切だと判明する現象学的・超越論的な言葉遣いを真似て言えば）、過去把持と未来把持の諸々の標記ないし痕跡の「根源的」な綜合としてのこの現在の構成であって、それは断固として非‐単一的な、それゆえ厳密な意味では〔*stricto sensu*〕非‐根源的な綜合としての現在の構成である。差延は（同時に）間隔化（と）遅延（である）。[六八七]

ここでの「現在の構成」ということで示唆されているのは当然、フッサールにおける根源的な時間化、つまり「時間を可能にする絶対的意識流」の根源的な綜合であり、デリダはそれをまさに「差延」と呼ぼうとしているわけだが、彼はしかし、それがフッサールにおいてそうであるような「現象学的・超越論的な言葉遣い」によって名指されるべきではないとも忠告している。デリダが「差延」を、いったんは「根源的」な綜合と呼ぶも、直後に「厳密な意味では非‐根源的な綜合」であると指摘するのは、「根源的」がまさにそのような言葉遣いだと考えられているためである。そしてこれと同様の対比をわれわれは、ハイデガーにおける根源的な時間化、つまり時間性の時熟と差延とのあいだにも認めることができよう。これらはいずれも、時間と空間を可能にする働きという同一のものを指示しているが、ハイデガーがそれをなお「根源的」という現象学的・超越論的な、それゆえ形而上学的な言葉遣いで形容するのに対して、デリダはそれを、そのような言葉遣いに頼らずに表現しようと努めている。

（二）次に、時間性と差延との相違を、差延と密接に結びついた「痕跡（trace）」との関連において示すことにしたい。デリダがレヴィナスから継承したこの「痕跡」という概念が示しているのは、「けっして現在にならないであろう過去」[六八]、つまり現前しない過去である。この過去はそもそも取り戻しえないものであって、それは現在のうちにも将来のうちにも取り戻しえないがゆえに、まさしく「取り戻し（Wiederholung）」を構成要素として含む本来的時間性のうちには場所をもたない。端的に言って、それは可能化されざる事実性、企投されざる被投性、あるいは引き受けられざる遺産であり、要するに『存在と時間』が分析の対象から除外したものである。この著作においてハイデガーは、かつてあったという仕方で現にあるもの（既在的なもの）を、それがそのように了解されうるという理由から、存在可能のうちに取り戻しており、それゆえ存在可能を企投する「将来」に「既在性」を従属させていた。しかし先に指摘したように、デリダにとってこの将来の優位はけっして有無を言わせぬものではない。というのも、痕跡のうちで過ぎ去ったもの、つまり差延は、けっして現前せず、了解されえず、取り戻されえないものとして、時間（現在）と空間の結合態である現前性を可能にしており、それはまた、将来から時熟する根源的時間性のうちには原理的に包摂されえないものだからである。その「根源」としての差延がけっして取り戻されえない「痕跡」という概念を導入することによってデリダは、その根源的構造をその本来的様態の分析を通じて取り戻すことが要求される、ハイデガー的な時間性の自己完結性を論難しており、ここに時間性と差延との重要な相違の一つを認めることができる。

（三）最後に、このように時間性と対照的に理解された差延を、デリダが特に「歴史」という語を用いて、しかもハイデガーがその語によって理解していたのとは異なる意味をそこに込めつつ規定しているという点に言及しよう。それが見出されるのはたとえば、デリダが差延を、「それによって言語が、あるいは一切のコードが、一切の指示体系一般が、諸差異の織物として《歴史的に》構成されるような運動」[六八九]として規定するような場合である。したがって、われわれはこの差延を、言語や記号のようなものを「歴史的」に構成する働きとして、「ハイデガー」講義のなかでデリダが、根源的時間の自己触発の別面とみなした、根源的歴史の自己伝承と類比的に捉えることができる。差延のもつこの「歴史的」性格は、前期のハイデガーにおいてそうであるように、時間性から演繹されうるものではなく、また後期のハイデガーにおいてそうであるように「存在の歴運」の「エポック」のうちに解消されうるものでもない[六九〇]。根源的時間が純粋自己触発として将来から時熟するのに対して、根源的歴史、つまり差延は、自己伝承として過去から生起するのだが、その差延そのものはけっして取り戻し可能ではなく、ただ痕跡としてのみそれ自身を示す。言語や記号の産出はまさに、その根源がもはや取り戻し不可能なこの痕跡の歴史的産出である。

そして、このように言語や記号の産出を差延という根源的歴史の生起に帰すことから、次の重大な帰結が生じてくる。それはすなわち、従来、或る根源的なものを派生的なものとして表象する（＝再現前化させる）第二次的産出とみなされてきた言語や記号の産出が、もはや取り戻し可能ないかなる根源も始元もないという意味で、それ自体、第一次的産出とみなされるという帰結である。この点に関して、われわれは差延における言語や記号の産出を、いわゆる超越論的構想力の産出と比較することで、リクールによるその解釈と関連づけることができるかもしれない。超越論的構想力の産出は、ハイデガーにとっては、時間的な図式の第一次的産出であったのに対して、リクールとデリダにとっては、語りや言語の働きとして、歴史的な図式の第一次的産出である。

以上のことからわれわれは、デリダにおける「差延」概念の成立は、その最も重要な局面において、ハイデガーの「時間性」概念との対決に依拠していると結論づける。ハイデガーが「時間性／時性」や「性起」といった名称のもとで思索しようとした事柄を、可能なかぎり形而上学的な言葉遣いに頼らずに示そうと努めることによって導入されたのが「差延」である。差延は、時間性や性起と同様、存在と時間の連関を、また時間と空間の連関を可能にする働きであるが、時間性や性起とは異なり、根源的でも本来的でもなく、現前することも固有化されることもない。このようにいかなる「根源」でもない差延は、存在と時間との、また時間と空間とのあいだにあって、双方を媒介している働きである。それは、これ以上遡ることのできない双方の「一緒に」の、またいかなる「根源」にも回収されえない差異そのものの産出であり、こうした差延の働きを、そこにおいて一切が或る単一の「根源」に根を下ろすものとして説明され、かつまたそこへと一切を取り集めることが目指されるような、ハイデガーのテクストの内部で示すこと、これこそ、デリダのハイデガー解釈の本質的な狙いである。

第四節　デリダのハイデガー解釈の検討

以上のデリダのハイデガー解釈を要約し、検討することにしよう。この解釈は「現前性の形而上学」の「解体」および「克服」というハイデガーの企図を継承し、それを「脱構築」という形で徹底化させることで、或る面ではハイデガー自身もその形而上学にとらわれているということを示そうとするものであった。もっとも形而上学への捕囚に関するこの指摘は、ハイデガーの思索だけに向けられているのではなく、むしろ彼の用いる語彙や文法に対して向けられているがゆえに、後期ハイデガーが、かつての自著である『存在と時間』へと向けた、それが「形而上学の言葉」に頼らざるをえなかったという自己批判を踏襲したものとして理解されよう。そうはいっても、後期ハイデガーとデリダとのあいだに戦略上の相違がまったくないと考えられてはならない。両者は、伝統的な語彙や思考様式によっては必然的に隠蔽されてしまうものをいかに言語表現へともたらすかという課題を共有しているが、後期ハイデガーが、それをなお「存在」や「性起」という語彙を用いて取り戻そうとしたのに対して、デリダは、それが原理的に取り戻しえないということを承認しようとする。より積極的な言い方をするならば、デリダは、ハイデガーが一貫して保持し続けた、単に派生的にすぎないものを除去し、その背後にある根源的なものを取り戻そうとする試みから手を切ることで、この派生的なものにも或る価値を見出そうとする。痕跡とはまさに、その背後に別の根源的なものが何も控えていない派生的なものであり、この意味で第一次的な所産である。「差延」と「痕跡」という術語を導入することでデリダは、ハイデガーを「現前性の形而上学」に引き留めていた根源と派生の区別を撤廃し、それによって諸差異間の戯れが思索されるような、媒介の哲学のための道を切り開いた。

　とはいえデリダ自身の狙いが、「現前性の形而上学」を真に乗り越えることで、ハイデガーよりも先まで進むことにあったと考えるべきではないだろう。デリダにとって「哲学を《脱構築する》」とは「包み隠され、禁止されたものを、そのようなものとして規定すること[六九一]」、つまり或る哲学をあるがままに記述することまでに制限されており、それを乗り越えることが目的というわけではない。形而上学のテクストの読解を通じてデリダが目指すのは、新たな形而上学ないし存在論の建造ではなく[六九二]、既存の建造物の探索に準えうる作業である。したがって、デリダの思索を後期ハイデガーの思索の単なる焼き直しとして捉えることも、デリダによってハイデガーは乗り越えられたと主張することも同様に適切ではないだろう。両者の関係は、或る共通の問題、とりわけ「形而上学の言葉」

と「現前性の形而上学」の問題に対する根本的に異なった二つの取り組みとして理解されるべきである。

以上、われわれはハイデガーとデリダの複雑な関係の一端を明らかにしてきた。最後に、重要な補足として、一九六四年の論文「暴力と形而上学」におけるデリダのレヴィナス解釈の一局面を取り上げることにしたい。この局面でのデリダの解釈の争点は、レヴィナスが、存在の外部性、あるいはこう言ったほうがよければ「存在の彼方」を語るその仕方にかかわっている。レヴィナスがそれを「無限」や「外部性」や「他性」といった言葉で語ろうとしたのに対して、デリダは次のように主張することで、「無限」であれ「外部性」であれ「他性」であれ、たとえそれらが空間的な含意を少しももっていないとしても、「全体性」や「内部性」や「自己性」といった既成の言葉との関係のうちでしか思考されえないと反論する。

全体性に対する無限の超過を全体性の言語のうちで語らなければならないということ、あるいは他なるものを同一なるものの言語のうちで語らなければならないということ、真の外部性を非‐外部性として、つまり〈内‐外〉構造と空間的隠喩を通じて相変わらず思考しなければならないということ、廃墟となった隠喩になおも住みつき、伝統の切れ端と厄介ものの残骸を身につけざるをえないということ、これらのことはおそらく、ただちに〈内‐外〉構造へと入り込まないような哲学的ロゴスは存在しないということを意味していよう。(六九三)

このデリダの主張は、レヴィナスにかぎらず、現代のどの哲学者も無縁ではありえない或る深刻な問題を浮き彫りにしている。ハイデガー以後、彼から影響を受けた数多くの哲学者たちが、形而上学の伝統を継承しつつ、ときにそれを解体し、乗り越えようと試みてきた。しかしながら、伝統を乗り越えるために伝統の手を借りざるをえないとすれば、こうした試み自体がそもそも伝統に属していないとどうして言えるのか。後期ハイデガーとデリダに特徴的なネオロジスムと難渋な文体は、この問題に対する彼らなりの真摯な取り組みの結果であって、断じて伝統の単なる破壊や衒学趣味の類に由来するものではない。他方で、前期ハイデガーの、あるいはまたレヴィナスやリクールの文体は、伝統的な言葉遣いに決定的な揺さぶりをかけるまでには至っておらず、それゆえこの問題に対しては一定の脆弱性を残しており、デリダが指摘しようとしたのはまさにそのことであった。

第二部総括――それぞれの対決の共通点と相違点

この第二部全体を通じてわれわれは、レヴィナス、リクール、デリダそれぞれの思想を、第一部で明らかとなったハイデガーの時間性の哲学との対決という観点から考察してきた。いまや、彼らそれぞれの対決を振り返ることにしよう。

まず、レヴィナスにおいて、この対決は主にハイデガーにおける「脱自」としての超越解釈にかかわっていた。現存在を世界内存在たらしめている超越の働きを、ハイデガーが存在者から存在への脱自として解釈したのに対して、レヴィナスはそれを、存在から存在者への実詞化として解釈しようと試みる。このように脱自に実詞化を対置することでレヴィナスはさらに、自己を他人と関係づける時間は、単にその脱自という外への働き、つまり時間性として時熟するのではなく、他人による外からの働きかけを必要とすると考える。したがって、レヴィナスにおいて時間は、現存在の時間性からの一方向的な派生によってではなく、他人との対面的ないし対話的関係のなかでこそ時熟するとされる。

次に、リクールにおいて、この対決は特に『存在と時間』における「歴史性」の位置づけとその機能とにかかわっていた。ハイデガーが時間性と同一視するか、もしくはそこから演繹しようとするこの歴史性を、リクールはむしろ、時間性と等根源的なものとみなし、さらに「筋立て」という物語的な媒介機能をそこに認めようとする。時間性ではなく歴史性に根を下ろしているこの筋立ては、カントの構想力が感性と悟性とのあいだを媒介するように、時間性と時間内部性とのあいだを媒介する。そして筋立てと構想力とのこうした類比によってリクールは、ハイデガーにおける時間性としての構想力解釈との対決を展開していた。

最後に、デリダにおいて、この対決は主に次の二つの局面からなっていた。第一の局面は、リクールの場合と同様、『存在と時間』における「歴史性」の位置づけにかかわる。この著作において、歴史性は時間性に根を下ろすものとして解釈されており、歴史性の分析は時間性の「よりいっそう具体的な仕上げ」にすぎなかった。この点を問題視することでデリダは、歴史性に固有なものとして属している「自己伝承」という概念に注目し、それをハイデガーにおける根源的時間の「自己触発」の別面として解釈しようと試みる。このように解釈された「自己伝承」は、根源的歴史の生起として、根源的時間の時熟とともに自己同一化を可能にしている根源的な綜合作用である。第二の局面は、「現前性の形而上学」をめぐる両者の戦略上の相違にかかわる。ハイデガーが形而上学の歴史を「解体」ないし「克服」することで、そこで隠蔽されてきた根源的なものを取り戻そうとたえず努めていたのに対して、デリダによる「脱構築」は、そうした根源的なものが取り戻しえないということを認めたうえで、けっして現前しない根源的差異そのものを「差延」と名づけ、ハイデガーのもとでなお支配的であった「根源」と「派生」の区別から手を切る。この「差延」こそ、かつてデリダが「自己伝承」の名のもとに根源的歴史の生起として見出したものであり、通俗的に理解された時間を可能にしている、根源的時間の時熟とは異なるもう一つの働きである。

さて、いま振り返った三つの対決は、いくつかの共通点をもつように思われる。そのなかで、特に重要と思われる次の三点を指摘することにしよう。

（一）歴史の根源性の強調。『存在と時間』でのハイデガーによれば、歴史性は時間性への根付きによって、つまりそこから演繹されるようなものとして解釈されていた。それに対して、先に挙げた三者はいずれも、歴史性のもつ或る種の根源性を強調することで、それが時間性からは演繹されえないということを示そうとしている。このことをわれわれは、レヴィナスのもとでは「時間の条件は、人間同士の関係のうち、ないしは歴史のうちにある」[六九四]という主張のうちに、リクールのもとでは「歴史性は時間性に新たな次元を——原的で、等根源的な次元を——付け加える」[六九五]という主張のうちに、デリダのもとでは「諸脱自態における脱‐存の根源的な歴史的綜合」[六九六]としての「自己伝承」の解釈のうちに、それぞれ読み取ってきた。

（二）語りや言語の問題への注目。本書の第一部でわれわれは、この問題が時間性の哲学の一つの盲点をなすということを指摘してきた。それゆえこの問題は、三者による時間性の哲学との対決においても特に重要性を帯びることになる。この問題への対処は、レヴィナスのもとでは、現存在がその脱自に先立ってそこへと巻き込まれているとされる他人との対面的関係を取り戻す「言葉」という関係の指摘によって、リクールのもとでは、言うまでもなく「物語」という彼の中心主題への取り組みによって、デリダのもとでは、現代の記号論や言語論についての考察を通じての、伝統形而上学における音声中心主義の脱構築によってそれぞれ明らかとなる。『存在と時間』における根源的時間に基づいた、またその本来的な形態がもっぱら「沈黙」として示されるような言語解釈に反して、三者はともに、根源的歴史に基づく言語解釈を提示することで、その著作のなかで不明瞭なままに留まっていた、語りや言語に特有の歴史的性格を明らかにしようとしている。

（三）将来の優位の問い直し。『存在と時間』のなかでハイデガーは、根源的時間性における将来の優位を明確に主張していたが、三者はそれぞれ、この将来の優位に異議を唱えている。もっともハイデガーにおいてこの優位は、歴史性に対する時間性の優位と密接に結びついているがゆえに、われわれが先に指摘した歴史の根源性の強調という論点はすでにこの優位の問い直しを含んでいた。そしてもし時間性が、歴史性よりも単純に根源的であるのではなく、歴史性と等根源的とみなされるならば、将来は既在性に対して優位にあるとも言えないだろう。根源的時間が将来から時熟するのに対して、根源的歴史は過去から生起し、けっして現前せず取り戻すこともできないその過去はただ「痕跡」としてのみ姿を現わす。デリダがレヴィナスから継承し、さらに両者からリクールが継承したこの「痕跡」という概念こそ[六九七]、伝統的な根源と派生の区別によって隠蔽された、それゆえハイデガーの時間性の哲学のうちでなお思索されないままに留まったものを名指す重要な概念である[六九八]。痕跡は、その背後に取り戻し可能な根源的なものが何も控えていない派生的なものであって、それはたとえば、通俗的時間概念のうちにあって時間性からは派生させられえないものである。それゆえリクールはまさに、「痕跡という概念は、ハイデガーが断ち切った、現象学的時間概念と、彼が《通俗的》時間概念と呼ぶものとのあいだを繋ぐ橋を再建しようとするわれわれ自身の試みのうちで、卓越した地位を占めることになる[六九九]」と主張していた。

さて、以上の三つの共通点は相互に連関をもっており、その連関を鑑みるならば、それらは根源的時間の単一性と自己完結性とに対する反論という一点に収斂するように思われる。ハイデガーにおいて根源的時間は、現存在の死によって限界づけられた有限的な時間性であり、この時間性があらゆる存在了解の可能的地平をなしている以上、この時間性に基づいてしか何ものも存在しえなかった。おまけにこの時間性はそれ自体、存在一般の時性をなすものとして、それ以上に根源的なものが何もない単一の全体性としてあらわにされていた。しかし『存在と時間』がそれによって挫折を余儀なくされた諸限界が示すように、この時間性は実際には時性をなすことはなく、両者のあいだには隙間が残り続ける。そこでこの隙間を埋めるべくハイデガーは、存在者そのものから世界への現存在の「超越」を問題とすることで、それをなお時間性の問題との関連において解釈しようとしたのに対して、三者はむしろ、それを歴史性や言語の問題との関連において解釈しようと試みる。したがってわれわれは、三者それぞれのハイデガーとの対決を、根源的時間と通俗的時間概念とのあいだに空いたこの隙間を、根源的歴史という観点から媒介しようとする三つの戦略と捉えることができよう。そこで最後に、これら三つの戦略のうちにある、特に重要な二つの相違点を指摘することにしたい。

（a）課題の点での相違。この相違はとりわけ、デリダと残り二人とのあいだに見出される。一方で、レヴィナスとリクールの課題は、伝統的な言葉遣いに依拠しつつ、或る新たな倫理的存在論を創設することへと向けられており、この点で言えば、両者の課題は前期ハイデガーの基礎存在論およびメタ存在論の別ヴァージョンの創設にあったとみなすことができる。他方で、デリダにおいて、伝統的な言葉遣いはもはや有無を言わせぬものではなく、むしろそれよって隠蔽されてきたものを新たに言語表現へともたらすことが本質的な課題となる。それゆえ、彼はもはや何らかの存在論の創設を目指してはおらず、目指されるのは、こう言ってよければ、後期ハイデガーのポスト形而上学的な思索の別ヴァージョンである。

（b）外部性の解釈の相違。この相違は何より、レヴィナスのハイデガー批判に対する、リクールとデリダによる再批判という形で明らかとなる。レヴィナスは、有限的な存在了解に先立つ他人との対面的関係から出発し、現存在は自身の絶対的外部性であるその他人による外からの働きかけを通じてこそ、真に時間的に実存するという解釈を提示することで、ハイデガーに対する批判を展開した。この批判に対してリクールは、このように他性を絶対的外部性とみなすかぎり、それがなぜ自己へと関係してくるのかが神秘に留まってしまうという点を問題視することで、その他性を自己にとって構成的な他性として解釈することを提案する。他方、同様の問題点についてデリダは、「外部」や「無限」といった概念自体が、すでに或る仕方で「内部」や「全体」を前提しているばかりか、そもそも外部性を記述しうる哲学的語りなどないと反論する。要するに、ハイデガー的な存在論の「外部性」をいかに解釈し、記述するのかという点で、三者はそれぞれ異なる見解を示しているということである。

この第二部を締めくくるにあたってわれわれは、ハイデガーの時間性の哲学に欠けているように見える根源的歴史の媒介的性格を、三者がそれぞれどのように具体的に示しているのかを明確化させておこう。

まず、レヴィナスにおいて、この性格は「他人からの働きかけ」によって示されている。この働きかけは、現存在の脱自や存在了解に先立つ、つまり根源的時間の時熟に先立つ他人との対面的な関係性としての根源的歴史の生起であり、この生起を取り戻すことが「言葉」であり「対話」である。

次に、リクールにおいて、この性格は「物語」として示されている。物語こそ、単なる時間を人間的時間たらしめているもの、自己を倫理的‐社会的な自己たらしめているものである。ハイデガーがもっぱら時間性によって可能になっているとみなしていた現存在の自己同一性は、物語の媒介的性格を経てこそ、倫理的‐社会的次元へと開かれた「物語的自己同一性」として構成されるのであり、この性格は時間性ではなく歴史性に根を下ろしている。

最後に、デリダにおいて、この性格は「自己伝承」および「差延」として示されている。これらはいずれも、時間性ではなく歴史性の、しかも時間性と同一視されることもそこから演繹されることもないような、根源的歴史の生起を指示する用語である。これらの用語によってデリダは、ハイデガー的な根源的時間の単一性と自己完結性のうちに潜む形而上学的なものを浮き彫りにしようと試みたのであった。

結論――根源・派生・媒介

以上、われわれはハイデガーの時間性の哲学と、フランスにおけるその哲学との三つの対決を考察してきた。そこで示されたように、この哲学の根本問題は、根源と派生の区別のうちに、すなわち、現存在の時間性という単一の根源から時間内部性と歴史性を派生させようとする手続きのうちにある。なぜなら、時間内部性は時間性だけではなく根源的自然にも根を下ろしており、後者は前者から派生したものではないからである。

そこでこの問題を解決すべくわれわれは、歴史性を時間性から演繹するのではなく、時間性と時間内部性とのあいだを媒介するようなものとして解釈することを提案した。別言するにわれわれは、時間性と歴史性と時間内部性とを、時間性という単一の根源から残りの二つを派生させるのではなく、互いに還元不可能な二種類の根源のあいだをとりなす媒介として歴史性を解釈すべきだと提案した。このような提案によってわれわれは、ハイデガーにおける等根源性の発見を徹底化させるとともに、時間性の哲学において支配的な、単一の根源とその諸派生態という関係を、複数の根源のあいだの媒介という関係に置き換えることで、その哲学の直面していた問題の解決を試みたのであった。

いま示された問題解決は、主として次の三つの利点をもっている。

第一に、この解決を受け入れるならば、自然を世界内部的存在者へと、それゆえまた自然時間を世界時間へと還元する必要はもはやなく、現存在がいようといまいと、自然ないし自然時間はあると明確に主張することで、時間についての自然科学的な探究をより強力に基礎づけることができる。

第二に、この解決は、時間性の哲学のうちで盲点となっていた語りと言語の問題を、歴史性に根を下ろすものとして再解釈することを可能にする。語りや言語は、時間性に基づくものというよりはむしろ、歴史性のもつ根源的な媒介作用の典型である。

第三に、これは先の二点からおのずと導き出される利点だが、この解決は、ハイデガー的な超越の問題を、時間性の問題としてではなく、歴史性の問題として再解釈することで、それをより徹底的な解決へともたらすことができる。ハイデガーのもとで主題的な、存在者そのものから世界への現存在の超越は、単に時間的な働きであるのみならず歴史的な働きでもあり、さらに言語と密接な連関をもっている。そのことにハイデガーはおそらく気づいてはいたのであろうが、時間性への歴史性の根付きという強力な前提が、この問題をそのように取り扱うことを彼から阻んでいた。

さて、こうした問題解決とその諸利点とを、われわれはレヴィナス、リクール、デリダそれぞれのハイデガー解釈の考察を通じて引き出した。三者の解釈はいずれも、ハイデガーの時間性の哲学との対決を通じて、そこでなお思索されないままに留まっている根源的歴史の生起を浮き彫りにしようとしている。まず、レヴィナスは、存在了解に先立つ他人との対面的関係に着目することで、そこに根源的時間性の時熟に先立つ根源的歴史の生起を見出した。そして彼はこの根源的歴史を、現存在の一方向的な了解によってではなく、双方向的な語りないし対話という媒介作用によって取り戻そうと試みた。次いで、リクールは、時間性からの通俗的時間概念の一方向的な派生に失敗を見ることで、歴史性が両者を媒介しているという解釈を提示した。さらに彼はこの歴史性の媒介機能を、物語を可能にする筋立ての働きとして解釈した。最後に、デリダは、『存在と時間』における時間性への歴史性の根付きという前提を問題視し、歴史性に固有の概念としての自己伝承を、根源的時間の自己触発の別面とみなすことで、そこに根源的歴史の生起を発見した。さらに彼は、後期ハイデガーの「形而上学の克服」という課題を引き継ぎつつ、根源と派生の区別を撤廃するために、この根源的歴史の生起を「差延」という語によって示そうと試みた。

以上の三者の解釈の考察を通じてわれわれは、ハイデガーの時間性の哲学は、それが伝統的な時間論の解体を意図したものである以上、根源と派生という伝統的な区別から解放されることで、その解体をより徹底化する必要があるということと、その徹底化のために媒介という概念が重要な役割を果たしうるということを主張するに至った。ハイデガーの時間性の哲学がそれである基礎存在論は、時間性という単一の存在論的根源から他の一切を派生させた後、それとは別の存在者的根源からの折り返し（メタ存在論）によって補完されるとはいえ、つねに根源と派生の区別のうちで動いている。そして彼が「転回」以後、この区別から自覚的に距離をとろうとする時期には、「時間性」はもはや彼の哲学の表明的な主題としては残っていない。けれどもわれわれは、この時間性の哲学の「挫折」という通説に合流する前になお、それを「媒介」という概念によって再構築する道が残されているのではないかと問いたい。媒介は、時間性という単一の根源から他の一切を派生させようとする試みにさいして「派生的」と称されるもののうちにも或る種の根源性を認めることで、一方を他方に対して派生的なものとすることなしに、複数の根源のあいだに橋を架ける。そしてハイデガーの時間性の哲学において、そのいずれもが根源と派生の区別に根を下ろしている、時間性と時間内部性の区別や、時間性と歴史性の区別や、本来性と非本来性の区別などを、この媒介という着想に基づいて再構築するならば、この哲学は「挫折」とも「転回」とも異なる新たな道へと開かれるのではないだろうか。

あとがき

本書は、二〇一八年四月に早稲田大学大学院文学研究科に提出し、同年七月に学位授与された同名の博士学位請求論文を元にしたものである。書籍化にあたって、公開審査会等で先生方から頂いた指摘や助言を踏まえて部分的に加筆・修正を施し、またいくつかの図表を新たに挿入したことをのぞけば、全体の内容はほとんど学位論文そのままである。この学位論文は、既刊の著作や雑誌に掲載された以下の論文を初出としているが、どれも論文全体の主旨に適合する形に再構成されており、したがってその大部分が書き下ろしである。

「前期ハイデガーにおける「現実性」概念の捉え直し――マールブルク時代の範疇論的取り組みの観点から」『現象学年報』第三〇号、日本現象学会編、二〇一四年、一五七―一六四頁。

「ハイデガー、デリダ、現前性の形而上学――その「批判」の解明」『終わりなきデリダ――ハイデガー、サルトル、レヴィナスとの対話』齋藤元紀・澤田直・渡名喜庸哲・西山雄二編、法政大学出版局、二〇一六年、一三七―一五三頁。

「時間性のアポリアの詩的解決――リクールのハイデガー解釈について」『実存思想論集　ＸＸＸⅡ　アーレントと実存思想』第二期、第二四号、実存思想協会編、二〇一七年、一六三―一七八頁。

「一九四七／四八年のレヴィナスの時間論――ハイデガーの時間論に関する批判」『哲学世界』第四〇号、早稲田大学大学院文学研究科人文科学専攻哲学コース編、二〇一八年、二五―三七頁。

またこの学位論文提出と同時期ないし以後に発表し、なおかつそれと内容上かかわりのある論文が以下である。

「実存的哲学と実存論的哲学――アルフォンス・ド・ヴァーレンスのハイデガー批判を通じて」『交域する哲学』岡田聡・野内聡編、月曜社、二〇一八年、二六一―二七五頁。

「「生の意味」としての時間――メルロ＝ポンティ『知覚の現象学』における「時間性」章の読解」『フィロソフィア』第一〇六号、早稲田大学哲学会編、二〇一九年、八九―一一〇頁。

本書の構想の成立事情は少し複雑かもしれない。そもそもの話をすれば、筆者の関心は、ハイデガーよりもむしろ、フランスの哲学者たちに向けられていた。いまとなってはほとんど見る影もないが、筆者が最初に研究対象として選んだのはジョルジュ・バタイユの思想であった。その後次第にデリダやジャン＝リュック・ナンシーの思想に関心をもつようになり、これより先に進むにはハイデガーについて一定の理解を得ることが不可欠であると感じられた。それゆえ筆者の研究は、少なくともその最初の動機においては、本書の第二部の課題をなしているような、ハイデガーの哲学がフランスの哲学者たちに与えたであろう諸影響を見極めることを目的としていた。

しかしすぐさま、このような研究は、探究領野があまりにも広すぎるため、いかなる厳密な結論にも至らないことが自覚的となった。双方の関係を全面的に考察するのではなく、或る特定の側面から考察する必要があった。かくして「時間性」という主題への取り組みという側面からこの関係を考察するというアイデアが浮かんだ。というのも、この「時間性」は『存在と時間』のハイデガーにとっての中心主題であると同時に、この著作から影響を受けた多くのフランスの哲学者たちにとっての中心主題でもあったからである。まさしくこの「時間性」をコネクターとして、双方の関係の少なくとも一つの面を照射できるのではないかという着想が生まれた。

この着想を具体化させるために、ハイデガーにおける「時間性」という主題への取り組みの全貌を把握しておくことが必要であったことは言うまでもない。しかしこの取り組みは、ハイデガー哲学のなかでも屈指の難解さを誇る議論に属しており、おまけにその議論は何らかの問題を抱えているか、あるいはまったく成功していないというのが通説であった。そこで、仮にこの議論に何らかの問題があるとして、それがどういう問題であるのかを明らかにする必要があった。もっとも筆者としては、ハイデガー自身にとってそれがどういう問題であるのかということよりも、フランスの哲学者たちがそこにどういう問題を読み取ったのかを知ることのほうが重要であった。ただ結果としては、ハイデガー自身にとっても、フランスの哲学者たちにとっても同様に、それは「根源」と「派生」の区別にかかわる問題であるという理解が得られた。またそれは、「時間性」という主題そのものにかかわる問題というより、この主題を論じるさいのハイデガーの言葉遣いや思考様式にかかわる問題であるように思われた。「根源」と「派生」という「形而上学の言葉」に属する区別が『存在と時間』の課題の完遂を阻んでいるとすれば、この事態をテクストの綿密な解釈を通じて明確化させなければならない。本書の第一部の課題はこのようにして成立した。

ところで、もし仮にハイデガーの時間性の哲学が、その資材の一つとして用いている「根源」と「派生」の区別によって内在的な問題を抱えているとすれば、この資材を何らかの別の資材に置き換えることで、その問題を打破する方途が示されうるのではないか。こうした仮説のもと、筆者はこの新たな資材を、特にリクールの著作のうちで重要な役割を担っているように見える「媒介」という概念のもとに見出した。さらにこの「媒介」は、レヴィナスやデリダの著作のうちでも、必ずしも目立った形ではないが、やはり重要な役割を担っているように思われた。段階的に区別された一連の諸水準を根源性や本来性の度合いに応じて位階化するようなハイデガーの論法を、この「媒介」によって別の仕方で再構成できないかという考えが浮上した。それというのも筆者は、ハイデガーが「派生的」とか「非本来的」とか「通俗的」とかいった言葉で指示する水準のうちにも、彼が「根源的」とか「本来的」とかいった言葉で指示する水準に劣らず重要なもの、還元しがたいものがあるという印象を抱いたからである。この明らかに非ハイデガー的な、ともすると非哲学的であるかもしれない印象の出所の一つには、ずっと以前から筆者が馴染んでいたバタイユの異質学の発想があろう。そして「人間における最も深いもの、それは皮膚である」というヴァレリーの言葉が、筆者の抱くこの印象を最も明瞭に代弁しているように思われた。探しているものの、発見すべきものは、隠されているはずだという前提ないし思い込みによって、ハイデガーは、自分の探している手紙がこれ見よがしに壁に飾られているのにそれに気づかないあの警視総監のように、ただただ派生的なものの背後にある根源的なものを探している。筆者は「媒介」という概念を導入することで、ハイデガーが取るに足らないものとみなしているボロボロのそれが、実は彼の時間性の哲学の未完のパズルを埋めるピースの一つだということを示そうと試みた。

以上が本書の構想の成立事情である。本書の元となった研究が学位論文という形で成就可能となったのは、ひとえに筆者の研究上の指導ならびに論文審査をお引き受けくださった先生方のご理解とご協力のおかげである。まずは、本書の元となった学位論分の指導と主査を務めてくださった早稲田大学教授、西山達也先生に御礼を申し上げたい。先生には、早稲田大学に着任された直後、しかも一年という短い期限ながら、筆者の問題点まみれの研究に理解を示していただき、研究指導を引き受けてくださった。また特に論文の完成間際には、数日にわたって論文全体のチェックに時間を割いていただき、丁寧で温かいご指導を賜った。先生のご助力なしには、この論文は今ある形をなすことはけっしてなかったであろうし、そもそも形をなすことすらできなかったように思われる。また筆者は、修士課程入学時から博士後期課程五年時までの計七年間、早稲田大学教授、佐藤真理人先生の指導下で研究を続けてきた。その間の研究が、この論文の元となっていることは言うまでもない。哲学科出身ではなく、専門的知識が皆無に等しい筆者を研究室に受け入れてくださり、目的地の一向に定まらない彷徨のようなこの研究を許容し、理解を示していただいた御恩は忘れがたい。またご退職後にもかかわらず、副査という形で筆者の論文審査にかかわっていただいたこと心より御礼申し上げる。それから、同じく論文の副査をご担当いただいた早稲田大学教授、藤本一勇先生に、深く感謝の意を表したい。学位論文公開審査会での先生のご指摘のおかげで、筆者は自分がこの論文で実際のところ何を問題としていたのかということに気づかされた。そしてそのご指摘は、この論文のなかでは解決できなかった諸問題をめぐっての筆者の今後の研究を方向づけている。そして最後に、筆者に研究者の道を志すきっかけを与えてくださった明治大学准教授、内藤朝雄先生に御礼申し上げたい。もう十年近く前に賜った御恩ではあるが、最初の単著では先生に感謝を捧げることを心に決めていた。

おわりに、日本現象学会、実存思想協会、東京ハイデガー研究会をはじめ、多くの学会、研究会、読書会などでご一緒させていただいた、先生方、先輩方、同期や後輩の皆様には大変お世話になった。名前を挙げることがご迷惑ではないかという懸念があるものの、恩恵の大きさゆえ、特に金成祐人、神谷健、両氏の名前は挙げさせていただきたい。この場を借りて御礼申し上げる。また、佐藤研究室ならびに西山研究室の皆様、また藤本研究室の皆様にも、筆者が修士課程入学時より長らくお世話になり、幾人かは筆者の学位論文の公開審査会にもご出席いただいた。その節は御礼が間に合わず申し訳なかった。皆様とともに研究活動を送ってこられたことを幸運に思う。最後に、学位論文の出版をご提案いただき、本書の出版の手筈を整えてくださった溪水社の木村斉子氏に心より感謝の意を表しつつ、このあとがきを締めくくることにする。

二〇一九年四月

峰尾　公也

注

序論

（一）「時間は〈いかに〉〔という仕方で問われるべきもの〕である。時間とは何かと問われる場合に、ひとは〈何〉がつねに意味するところの答え（何かしらが時間である〔という答え〕）に性急にしがみついてはならない」（GA64, 124）。

（二）GA26, 188 f. 傍点は引用者。

（三）GA31, 116.

（四）GA14, 8.

（五）「双方を、つまり時間と存在を、それぞれの固有性において、すなわち双方の共属において規定しているものを、われわれは性起と名づける」（GA14, 24）。

（六）『存在と時間』の解説書として書かれた『世界内存在』の「序文」において、ヒューバート・ドレイファスは「〔『存在と時間』の〕第二編の全体が第一編よりもはるかに粗雑な出来であって、実際のところ整合的な読みができないいくつかの過ちを含んでいる」（Hubert L. Dreyfus, *Being-in-the-World: A Commentary on Heidegger's "Being and Time" Division I*, Cambridge, MA: MIT Press, 1991, p. viii）と主張することで、第一編のみを独立した全体として扱うことを正当化している。

（七）先に挙げたドレイファスのほかにも、ハイデガーの「時間性」を主題的に論じた大半の解釈者がこの難題を指摘している。Cf. Karl Löwith, *Heidegger, Denker in dürftiger Zeit* (1953), in *Sämtliche Schriften*, Bd. 8, Stuttgart, J. B. Metzler Verlag, 1990, p. 154; William D. Blattner, *Heidegger's Temporal Idealism*, Cambridge, Cambridge University Press, 1999, p. 232 f.; Marion Heinz, *Zeitlichkeit und Temporalität: Die Konstitution der Existenz und die Grundlegung einer temporalen Ontologie im Frühwerk Martin Heideggers*, Würzburg, Königshausen und Neumann; Amsterdam, Rodopi, 1982, p. 208; Margot Fleischer, *Die Zeitanalysen in Heideggers „Sein und Zeit": Aporien, Probleme und ein Ausblick*, Würzburg, Königshausen und Neumann, 1991, p. 67; 細川亮一『意味・真理・場所』創文社、一九九二年、二二〇頁；仲原孝『ハイデガーの根本洞察――「時間と存在」の挫折と超克』昭和堂、二〇〇八年、三二六頁；木村史人『「存在の問い」の行方――『存在と時間』は、なぜ挫折せざるをえなかったのか』北樹出版、二〇一五年、二三二頁。

（八）　たとえば、デリダは次のように主張する。「一方で、時間性という主題はハイデガーの語りから徐々に消え去るであろう。このことは、その時間性という主題が破棄されたり反駁されたりするということを意味しているわけではない。ただ単に、それは存在の問いの特権的な超越論的地平ではもはやなくなるというだけのことである」（HQ, 241）。同様の指摘は、フランソワーズ・ダステュール（cf. Françoise Dastur, *Heidegger et la question du temps*, Paris, PUF, 1990, p. 95）やリクール（cf. TR3, 90 f.）のもとにも見出される。ちなみにデイヴィッド・ウッドも、デリダのハイデガー解釈に同意を示しつつ、一九三〇年代以後にハイデガーの著作のうちで時間や時間性が主題的に論じられなくなることが、それらの主題の放棄を意味しているのではなく、それらの主題はむしろ位置をずらされ「存在の歴運」についての思索のうちで継続的に思索され続けていると指摘している（cf. David Wood, "Reiterating the Temporal. Toward a Rethinking of Heidegger on Time," in *Reading Heidegger: Commemorations*, John Sallis (ed.), Bloomington and Indianapolis, Indiana University Press, 1993, p. 144 ff.）。

第一部

第一章

（九）　GA1, 415.

（一〇）　Cf. GA1, 431.

（一一）　SZ, 17.

（一二）　SZ, 329.

（一三）　「現存在は、この先投において、つねにすでに自己の外に踏み出ている、つまり外に立っている〔ex-sistere〕のであり、或る一つの世界のうちにある。それゆえ現存在は、主観的な内部圏域のようなものではけっしてない。われわれが《実存〔Existenz〕》という概念を現存在の在り方のために取っておく理由は、この存在には世界内存在が属しているということにある」（GA24, 241 f.）。

（一四）　GA24, 377.

（一五）　「諸脱自態はただ単に〈……へと脱出すること〔Entrückungen zu...〕〉であるだけではない。むしろ脱自態には、そうした脱出の《どこへ〔Wohin〕》が属している。このような脱自態の〈どこへ〉を、われわれは地平的図式と名づける」（SZ, 365）。「地平は、脱自態においてまたそれとともに時熟する。地平は脱自態〔*Ekstase*〕の脱自域〔Ekstema〕である」（GA26, 269）。

（一六）　SZ, 365 f.

（一七）「現象学において一般に究極の原現象と呼ばれる志向性——或るものへと向けられてあることと、そのことに存する志向作用と志向されるものの共属性——は、その可能性の条件を、時間性とその脱自的‐地平的性格のうちにもっている」（GA24, 378 f.）。志向性と時間性のこの関係を、われわれは本書の第一部第三章で改めて取り上げる。

（一八）SZ, 329.

（一九）GA24, 377.

（二〇）Cf. SZ, 326 f.

（二一）自然科学、とりわけ近代物理学における時間解釈についてのハイデガーの見解は「カッセル講演」第九回（cf. KV, 171 ff.）を参照せよ。

（二二）Cf. SZ, 18, 326, 404 ff., et *passim*.

（二三）「通俗的な時間理解とは、アリストテレス以来ベルクソンをも越えて〔現在に至るまで〕終始一貫している伝統的時間概念のうちで定着してきたような時間解釈においてはっきり表現されている時間理解である」（SZ, 18）。

（二四）*Ibid.*

（二五）「アリストテレスは時間を第一次的に今継起として性格づけている」（GA24, 362）。ちなみにハイデガーは、プラトンにおいても時間はこのような「今継起」として理解されていたと考えている。「〔……〕そこからしてすでにプラトンは、発生しつつ過ぎ去りゆく今継起〔entstehend-vergehende Jetztfolge〕としての時間へとまなざしを向けることで、時間を永遠の似像と名づけざるをえなかった」（SZ, 423）。

（二六）「時間の概念に関する後続の一切の究明は、根本的にはアリストテレスの時間定義に依拠しており〔……〕」（SZ, 421）。

（二七）SZ, 422, 426, et *passim*.

（二八）SZ, 421, 426, et *passim*.

（二九）Cf. SZ, 331.

（三〇）「もし時間の性格づけが主としてもっぱらこの今継起に依拠するならば、その場合には、この今継起そのもののうちには根本的にいかなる始まりも終わりも見出されえない」（SZ, 424）。

（三一）「根源的時間〔＝時間性〕が有限的にあるがゆえにのみ、《派生的》時間が非‐有限的時間として時熟しうる」（SZ, 331）。

（三二）SZ, 426 f.

（三三）Cf. SZ, 421, 432 Anm. 1.

（三四）Cf. SZ, 329.

（三五）SZ, 326.

（三六）SZ, 329.

（三七）SZ, 328.

（三八）「時間性は存在するのではなく、時熟する」（SZ, 328）。「時間は《存在する》のではなく、時熟する」（GA26, 234）。

（三九）Cf. SZ, 18, 329, 426.

（四〇）SZ, 377. 傍点は引用者。

（四一）ハイデガー自身は、歴史性を時間性から「派生させる」とは一度も書いていないが、数人の論者がこの歴史性の「演繹」を「派生」の一種とみなしている。たとえば、ハイデガーに関するリクールの論述のうちに「歴史性と時間内部性を根源的時間性から派生させ〔*dériver*〕ようとする意向」（TR3, 101）という表現が見られる。また、パオラ・マラーティも「ハイデガーは歴史性を根源的時間性から派生させる〔faire dériver〕」（Paola Marrati, *La genèse et la trace: Derrida lecteur de Husserl et Heidegger*, Dordrecht / Boston / London, Kluwer Academic Publishers, 1998, p. 138）と書いている。他方で、マリオン・ハインツは「〔歴史性の〕演繹〔Deduktion〕という語がここで意味しているのはもちろん、或る原理（時間性）からの派生〔Ableitung〕ではない」（Marion Heinz, *op. cit.*, p. 140）として「派生」と「演繹」の相違を強調している。この点に関してわれわれは、ハインツの指摘するとおり、厳密には「派生」と「演繹」は区別されるべきだが、その一方で「派生」という語を、時間内部性や歴史性が何らかの仕方で時間性という根源に基づいているということを示す手続きという広い意味で捉えるならば、歴史性の「演繹」をそのような「派生」の一種とみなすことが可能であると考える。

（四二）『存在と時間』第一部第二編は「時間性と歴史性」（第五章）の後で「時間性と、通俗的時間概念の根源としての時間内部性」（第六章）を取り扱っており、本書とは考察の順序が逆である。しかし、本書の順序のほうが「分かりやすいかもしれない」ということは、次の箇所でハイデガー自身が認めているとおりである。「〔第五章でなされる〕歴史性と時間性とのあいだの連関の究明よりも、次章へ置き移されてはじめてなされる分析、つまり時間性から派生する時間内部性としての《時間》の起源の分析を先に置くほうが分かりやすいかもしれない」（SZ, 377）。

（四三）「この時間内部性は、あらゆる存在者が時間のうちにあるということを意味している」（GA24, 361）。

（四四）SZ, 333.

（四五）SZ, 412.

（四六）この点については、本書の第一部第二章で詳しく説明する。

（四七）「しかし現存在は、或る世界のうちで現われたり眼前にあったりするという仕方で単に時間内部的にあるのではなく、第一次的にはけっして時間内部的ではない。そうではなく、現存在は本来それ自身として時間的である。しかしながら、われわれが現存在を或る観点において眼前のものとして考察することができるかぎりは、現存在は或る仕方で時間のうちにもある」（GA24, 384）。

（四八）Cf. GA24, 338.

（四九）「《時間のうちにある》という意味での《時間》が、存在領域を区分する判断基準として機能している」（SZ, 18）。

（五〇）SZ, 18.

（五一）SZ, 329.

（五二）「もしいかなる現存在も実存していないならば、いかなる世界も《現に》あることはない」（SZ, 365）。

（五三）世界内部性の一様態である「手許性（Zuhandenheit）」について、ハイデガーは次のように書いている。「手許性は《それ自体として〔*an sich*〕》あるような存在者の存在論的・範疇的規定である」（SZ, 71）。

（五四）「もし観念論が、一切の存在者を主観や意識へと〔……〕還元することを意味するならば、その場合には、この観念論は方法上、最も粗雑な実在論に劣らず素朴である」（SZ, 208）。

（五五）SZ. 334. 同様のことが「現象学の根本諸問題」講義では、次のようにより詳しく言い表されている。「存在論的領野におけるあらゆる発源とあらゆる生成〔Genesis〕は、すべての発源するものが発源する、すなわち、いわば離れ去り、その源泉のもつ優位から遠ざかるかぎり、成長や発展ではなく退化である」（GA24, 438）。

（五六）時間性から時間内部性への派生のこの一方向性ないし不可逆性は、たとえば、次のハイデガーの記述から読み取れる。「現存在の時間性への方向づけが〔……〕時間についての通俗的なテーゼの正当性の根拠を検討することを可能にする。それに対して、逆に、時間性は通俗的時間理解の地平のうちではどこまでも接近不可能なままに留まる」（SZ, 426）。

（五七）ハイデガーの記述のうちでは「通俗的時間概念」の派生に関する説明と「時間内部性」の派生に関する説明が多くの点で重複しており、これら二つの派生は明確には区別されていないように見える。とはいえ、通俗的時間概念と時間内部性は厳密には同じものではなく、「時間性と、通俗的時間概念の根源としての時間内部性」という『存在と時間』第二編第六章の表題が示すように、後者は前者の根源である。したがって、第一に時間性から時間内部性が派生し、次いで時間内部性から通俗的時間概念が派生すると理解されなければならない。ところがこうした派生の二段階性は、ハイデガーが「時間内部性としての時間〔Zeit als

Innerzeitigkeit]」(SZ, 338, 377) という表現によって、通俗的に理解された時間のことを指示する場合には、ほとんど機能しているように思われない。それゆえ本書では、これら二種類の派生を、それらを明確に区別する必要がある場合を除いて、基本的には同じ一つの派生として取り扱うことにする。

(五八) SZ, 405.

(五九) Cf. SZ, 88, 158, 194, 253, 329, 405, 422, et *passim*.

(六〇) SZ, 329.

(六一)「時間を無際限の過ぎ去りゆく不可逆的な今継起とする通俗的な性格づけは、頽落的現存在の時間性から発源する」(SZ, 426)。

(六二) SZ, 405.

(六三) ルドルフ・ベルネは、この「世界時間」という概念がハイデガーの時間分析のなかでもつ重要性を、フッサールの時間分析との対比において次のように強調している。「それゆえ、ハイデガーにとって世界時間は、フッサールがそうしたがるのとは異なり、主観的で構成的な根源的時間性から派生した客観的成果ではない。超越の時間的な可能性の条件として、世界時間は、現存在や手許のものや眼前のものといったあらゆる存在者の存在の《時的》な意味を規定している。脱自的‐地平的時間性についてのハイデガーの全分析の潜在的な中心であるのは、世界時間というこの難解な概念であり、ハイデガーが時間についてのフッサール現象学に対して最も根底的に距離をとるのはおそらく、この世界時間という概念を用いることによってである」(Rudolf Bernet, « Origine du temps et temps originaire chez Husserl et Heidegger », dans *Revue philosophique de Louvain*, quatrième série, tome 85, n° 68, 1987, p. 520 f.)。

(六四) Cf. Edmund Husserl, „Zur Phänomenologie des inneren Zeitbewusstseins", *Jahrbuchs für Philosophie und phänomenologische Forschung*, Bd. IX, 1928, p. 369.

(六五) SZ, 419.

(六六)「それゆえ世界時間は、カントの見解に反して、心的なものにおいても物的なものにおいても同様に直接に見出されるのであって、心的なものを経由する回り道を通ってはじめて物的なものにおいて見出されるのではない」(SZ, 419)。

(六七)「世界内部的存在者が《そのうちで》〔現存在に〕出会われるところの時間を、われわれは世界時間として知っている」(SZ, 419)。

(六八) SZ, 365.

（六九）「世界時間は、それが属する時間性の脱自的 - 地平的体制に基づいて、世界と同じ超越をもっている」（SZ, 419）。この超越の問題を、われわれは本書の第一部第三章で詳しく論じる。

（七〇）「われわれは、配慮される時間を世界時間と名づけた」（SZ, 422）。

（七一）「こうして通俗的時間理解にとっては、時間はそれ自身を、たえず《眼前に》あり、同時にまた過ぎ去っては到来する今の継起として示す」（SZ, 422）。

（七二）Cf. SZ, 422.

（七三）「今継起としての通俗的な時間解釈のうちでは、日付可能性も有意義性も欠けている」（SZ, 422）。「しかしながら、今継起としての通俗的な時間解釈は、有意義性という契機も、暦以前の日付可能性という契機もほとんど知らない」（GA24, 371）。「通俗的時間理解は、今、有意義性、日付可能性、緊張性、公開性といった諸性格をことさらには知らない」（GA24, 387）。

（七四）SZ, 75.

（七五）Cf. SZ, 407.

（七六）「《いま》とか《そのときに》とか《あのときに》ということを解釈しつつ語り出すことは、最も根源的な仕方での時間告知〔*Zeitangabe*〕である」（SZ, 408）。

（七七）「われわれが時間を世界時間と名づけるのは、時間が、アリストテレスの時間定義のうちでも、また一般に伝統的な時間規定のうちでも見落とされている、有意義性という性格をもっているからである」（GA24, 370）。

（七八）Cf. SZ, 415; GA24, 369, 374.

（七九）GA24, 370. Cf. SZ, 407.

（八〇）「そのさい、日付をつけることが事実上、暦的な《日付》を考慮して行なわれるかどうかは、まだまったく無視されなければならない」（SZ, 407）。「日付をつけることそれ自体は、狭い意味での暦的な日付をつけることである必要はない」（GA24, 371）。

（八一）「《……しているいま》と《……するそのとき》と《……したあのとき》は、その本質に従って、日付をつけられうるものに日付を付与する存在者に関係づけられている」（GA24, 371）。

（八二）Cf. SZ, 412.

（八三）「通俗的時間理解にとって今は、浮遊している、没関係的な、それ自身のうちに互いに繋ぎ留められた、それ自身において連続しているものと考えられている」（GA24, 371）。

（八四）GA24, 371.

（八五） GA24, 372.
（八六） Cf. GA24, 372; SZ, 409.
（八七） 「いかなる今も、いかなる時間の構成要素も、点化されえない。あらゆる時間の構成要素はそれ自体として緊張しており、そのさい、緊張範囲〔Spannweite〕は変化しうる」(GA24, 373)。
（八八） Cf. SZ, 409.
（八九） SZ, 423.
（九〇） Cf. SZ, 423.
（九一） Cf. SZ, 375.
（九二） GA24, 373.
（九三） 「事実的に被投的な現存在が自身に時間を《獲得》したり、時間を喪失したりしうるのはただ、脱自的に伸張する時間性としての現存在に、この時間性に基づいた現の開示性と一緒に、或る《時間》が授けられているからである」(SZ, 410)。
（九四） 「時間のこのような〔公開的〕性格に基づいて、或る固有の客観性が時間に帰属させられる」(GA24, 373)。
（九五） SZ, 419.
（九六） SZ, 412.
（九七） 「配慮は明かりと熱を授ける太陽という《手許存在》を〔日付をつけるために〕使用する。太陽は配慮のうちで解釈された時間に日付をつける」(SZ, 412 f.)。「〔時計という〕手許のもののもとに〔現存在が〕被投的にあることは時間性に基づいている。時間性は時計の根拠である」(SZ, 413)。
（九八） SZ, 419.
（九九） Cf. SZ, 413.
（一〇〇） 「《自然》そのものは、その手許的という在り方が無視されるならば、単にその純粋な眼前性において発見され規定されうる」(SZ, 70)。

（一〇一） このような還元はたとえば、ハイデガーの次の記述のうちに読み取れる。「自然はそれ自体、世界の内部で出会われる、しかもさまざまな手段と段階において発見可能になる存在者である」(SZ, 63)。「自然は――存在論的・範疇的に理解されるならば――可能的な世界内部的存在者の存在の極端な事例である」(SZ, 65)。また、一九二五／二六年の「論理学」講義の次の箇所においてすでに、ハイデガーは「世界」が「自然」よりも広い概念であり、自然は特定の観点において発見された世界にすぎないと主張することで、こうした世界への自然の還元を遂行している。「世界と自然は同一などではなく、世界は〔自然よりも〕範疇的により広い概念であって、その逆、すなわち、あたかも自然がより広い概念であって、世界がその特定の断面であるかのようなことはまったくなく、自然は、ただ或る特定の観点において発見されるかぎりでの世界である」（GA21, 244 f.）。

（一〇二）「『存在と時間』では、自然はその自然性を無視され、道具の《手許存在》や人間的現存在の歴史的《実存》とは異なり、単なる《眼前存在》という最下位の概念に属している。〔……〕全般的に見て自然は、人間的現存在が自身の世界のうちで出会う《世界内部的》存在者であって、それ自体としては何ものでもなく、ましてやすべての存在者の存在などでもない」（Karl Löwith, *op. cit.*, p. 182）。カール・レーヴィットが、一九五三年に出版した『ハイデッガー――乏しき時代の思索者』のなかで、ハイデガーにおける「歴史」概念の過大視と、それと関連しての「自然」概念の過小評価を非難したことはよく知られている。ハイデガーの実存論的分析論が、すでに自然を乗り越えた、世界内存在としての現存在を対象とするのに対して、レーヴィットの分析は、自然のただなかにある人間を対象とすることで、歴史の生起に先立つ自然との人間の根源的な結びつきを解明しようと試みる。

（一〇三） Michel Haar, *Le chant de la terre. Heidegger et les assises de l'histoire de l'être*, Paris, L'Herne, 1987, p. 26.

（一〇四） *Ibid.*, p. 46.

（一〇五） *Ibid.*, p. 52.

（一〇六） SZ, 70.

（一〇七） SZ, 211.

（一〇八） Michel Haar, *op. cit.*, p. 48 f. これとよく似た指摘が、ピュシスとしての自然に関する、ジャック・タミニオーの次の記述のなかにも見出される。「ギリシア的な意味での自然、つまりピュシスは、眼前性へと帰されるのではなく、それがもっている最も根源的なものにおける真理の出現そのものであり、それはまた現存在による発見作用ではなく、その保留と現われとのポレモス的な戯れにおける存在そのものの不明瞭かつ最初の非覆蔵性であり、この非覆蔵性によってわれわれは呼びかけられているのであって、われわれがそれを創設するのではない」（Jacques Taminiaux, « Ποίησις et Πρᾶξις dans l'articulation de l'ontologie fondamentale », dans *Heidegger et l'idée de la phénoménologie*, Franco Volpi et al. (dir.), Dordrecht / Boston / London, Kluwer Academic Publishers, 1988, p. 122）。

（一〇九） SZ, 211.

（一一〇） Cf. SZ, 183, 364; GA24, 413, 417, 422, et *passim*.

（一一一） 当該箇所（SZ, 211）に関するわれわれのこの読解は、特に次の論文の解釈に従っている。Cf. 金成祐人「全体における存在者としての自然――前期ハイデガーにおける自然概念再考」『実存思想論集　XXXⅡ　アーレントと実存思想』第二期、第二四号、実存思想協会編、二〇一七年、一一八頁。

(一二) GA9, 155 f. Anm. 55.

(一三) レーヴィットは「根拠の本質」におけるハイデガーのこの弁明にも納得せず、さらに次のように反論している。「〔……〕ハイデガーは、自然は、根源的には、現存在が存在者の《ただなかに》情態的にあるかぎりにおいて《現存在のうちで》あらわになると述べている。そしてこの情態性は現存在の本質に属しているため、自然についての問いの《基盤》は人間の実存論的な根本体制としての《気遣い》である。人間は理性的動物〔*animal rationale*〕ではなく脱自的実存である。――いったい、この基盤からどのようにして自然の支配〔Walten〕がその自然性において経験されるのかが分からない。せいぜいのところそれは、われわれの憂いに満ちた歴史的実存とは対照的に考えられた、無歴史的なもの、気遣いなきもの、非《実存的なもの》として否定的に経験されうるだけであろう」(Karl Löwith, *op. cit.*, p. 183)。

(一四) Michel Haar, *op. cit.*, p. 56.

(一五) SZ, 413.

(一六) GA24, 370. Cf. Michel Haar, *op. cit.*, p. 59. 傍点はアール。

(一七) Michel Haar, *op. cit.*, p. 60.

(一八) SZ, 327.

(一九) SZ, 405.

(二〇) Paul Valéry, *L'idée fixe* (1832), 49e éd, Paris, Gallimard, 1934, p. 49.

第二章

(二二) SZ, 377.

(二三) 時間性と歴史性の区別はさしあたり別として、ハイデガー自身は、本来性と非本来性の区別を根源と派生の区別との関係において明確に導入しているわけではない。しかし「現存在の常識的理解にとって接近可能な《時間》が根源的ではなく、むしろ本来的時間性から発源するものとして証明されるとすれば、命名はいっそう有力なものからなるという命題に従って、いまや掘り出された時間性を根源的時間と名づけることが正当化される」(SZ, 329) という記述からして、彼がこの区別をそのようなものとして導入しているということを、パオラ・マラーティが指摘している。「分析のこの点に関して、本来性と非本来性という二つの様態は、根源的なものと派生的なものという二重の水準から不可分的であるということが明らかとなる」(Paola Marrati, *op. cit.*, p. 135)。なおマラーティがそこで参照しているように、フランソワーズ・ダステュール (cf. Françoise Dastur, *op. cit.*, p. 56 ff.) とリクール (cf. TR3, 119) も同様の見解を示している。

(二三)「歴史性そのものは、時間性から、しかも本来的時間性から根源的に解明されるべきであるとすれば〔……〕」(SZ, 375)。他方、時間内部性に関してはこれほど明確な主張はないが、次の記述からこのような理解を引き出すことが可能であるように思われる。「それ〔＝通俗的に理解された《時間》〕は、非本来的時間性から発源しており〔……〕」(SZ, 326)。「時間内部性としての時間は、根源的時間性の或る本質的な時熟様式〔＝非本来的時間性〕から発源する」(SZ, 333)。

(二四) SZ, 42 f.

(二五)「実存範疇としての了解においては、何〔Was〕がなされうるのでなく、実存することとしての存在することがなされうるのである。了解のうちには、実存論的には、存在可能としての現存在の在り方が存している」(SZ, 143)。

(二六)「死は、そのつど現存在自身が引き受けなければならない存在可能性である。死とともに現存在自身は、自身の最も本来的な存在可能においてその身に迫っている」(SZ, 250)。

(二七)「世人のうちへの、また世界歴史的存在者のもとへの自己喪失性は、先には、死に面しての逃避〔Flucht〕としてあらわにされた」(SZ, 390)。「〈死へとかかわる存在〉に面して日常的に頽落しつつ逃避すること〔Ausweichen〕は、非本来的な〈死へとかかわる存在〉である」(SZ, 259)。

(二八)「現存在がそのつど事実的に何を決意するかということを、実存論的分析論は原則上究明することができない」(SZ, 383)。それゆえこの分析論に関するかぎり、本来性における具体的な行為や決意が何であるのかと問うのは的外れである。

(二九)「日常性という名称のもとで現存在の実存論的分析論のためにさしあたっての地平として眼差しのうちにあった事柄は、現存在の非本来的歴史性として明らかになる」(SZ, 376)。

(三〇) このことを、アルフォンス・ド・ヴァーレンスも次のように指摘している。「〔……〕日常性と非本来性という二つの用語のあいだに絶対的な同一性はない。実存がたいていの場合に帯びる特徴のなかで、日常性という特徴は、固有のものとしては非本来性に属しておらず、むしろ本来性と非本来性という二つの根本様態のあいだで選択することができるような無差別的構造に属している」(Alphonse de Waelhens, *La philosophie de Martin Heidegger* (1942), 7e éd., Louvain, Nauwelaerts, 1971, p. 33 f.)。

(三一)「本来的に自己であることは、世人から解放された主体の例外状態に基づいているのではなく、或る本質的な実存範疇としての世人の実存変様〔*existenzielle Modifikation*〕である」(SZ, 130)。「本来的に自己であることは、世人の実存変様として規定される」(SZ, 267)。

(三二)「選択を後から取り戻すこと〔Nachholen〕は、この選択を選択することを、つまり本来の自己のほうから或る存在可能のためにみずから決意すること〔Sichentscheiden〕を意味している」(SZ, 268)。「しかし〈良心をもとうと意志する〔*Gewissenhabenwollen*〕〉というこの現象のうちには、われわれが探し求めてきた、自己であるという選択を実存論的に選択することが存しており、そのような選択をわれわれは、その実存論的構造に応じて、決意性と名づける」(SZ, 270)。

(三三)この状態はたとえば、ヒューバート・ドレイファスが「真正でない本来性」の候補として挙げているものに対応する。「おそらく、真正でない本来性とみなされうる最も有力な候補は、不安にしがみついて離れないあまり、まったく世界を欠いたままで何も行為することができないような在り方である」(Hubert L. Dreyfus, *op. cit.*, p. 194)。たとえそれが真正でないとしても、このような在り方を本来性の一種とみなすことができるとはわれわれには思えない。というのも、このような在り方においては明らかに、現存在が本来的であるために不可欠な決意性が欠けているからである。このことは同時にまた、いわゆる不安障害のような精神病理的事例を、ハイデガーが本来的実存と呼ぶものと同一視することが明白な誤りであるということを露呈している。

(三四)SZ, 167.

(三五)本来性のもつこの「方法的」機能を、特にチャールズ・ギニョンが強調している(cf. Charles B. Guignon, "Heidegger's "Authenticity" Revisited," in *Heidegger, Authenticity, and Modernity: Essays in Honor of Hubert L. Dreyfus*, Vol. 1, Mark A. Wrathall and Jeff Malpas (eds.), Cambridge, MA: MIT Press, 2000, p. 193 ff.)。

(三六)「『存在と時間』では、無と本質上親和的な存在の意味が問われているがゆえに、ただそれゆえにのみ、不安、死、負い目、無が取り扱われている。こうした省察領域の選択は《否定的》《破壊的》《虚無主義的》といった陰鬱さへの偏愛にとりつかれた《人間学》《実存哲学》《生の哲学》に由来するのではない」(GA49, 58)。

(三七)「不安という現象が事実上稀であるということは、その現象が実存論的分析論にとって或る根本的に決定的な方法的機能を担っているということの適格性をその現象から奪い去ることはできない」(SZ, 190)。

(三八)それどころかハイデガーは、非本来性が「積極的な可能性」として機能しているとさえ主張している。「〈自己自身であるのでないということ〉〔＝非本来性〕は、本質的に配慮しつつ世界のうちに没入している存在者のもつ積極的な可能性として機能している」(SZ, 176)。

(三九)SZ, 44.

(四〇)Cf. SZ, 187 ff.「現存在が本来的に自己であるのは、沈黙して不安を自身に負わせる決意性の根源的孤立においてである」(SZ,

321）。

（一四一） SZ, 130.

（一四二） 「この孤立は、現存在を自身の頽落から取り戻し、本来性と非本来性を自身の存在の諸可能性としてその現存在にあらわにする」（SZ, 191）。

（一四三） SZ, 43.

（一四四） Hubert L. Dreyfus, *op. cit.*, p. 241.

（一四五） *Ibid.*, p. 240.

（一四六） 「しかし自己はさしあたりたいてい非本来的自己、つまり世人自己である」（SZ, 181）。

（一四七） SZ, 232.

（一四八） SZ, 376.

（一四九） たとえば、仲原孝は次のように主張することで、『存在と時間』における無差別相を非本来性と同一視する解釈をとっている。「ハイデガーが《非本来性》と呼んでいるのは、本来性と非本来性との可能性があることを知った上でみずから非本来性の方を選ぶことによって成立する実存様態ではなく、本来性が何たるかも、自己が非本来性のうちにあること自体も知らぬままに、その中へと《すでに転落してしまっている》ような実存様態である。《様態的無差別》という語は、少なくとも『存在と時間』のなかでは一貫してこのような非本来的実存の様態を表わすものとして用いられており、この点に関するかぎりハイデガーの用語法は完全に整合的である」（仲原孝、前掲書、六三三—六三四頁）。

（一五〇） こうした選択の二者択一性は、たとえば、次のハイデガーの記述から読み取れる。「現存在は、自己と世界のどちらか一方を選択するという仕方で、一瞬一瞬、態度をとることができる。現存在がすることのできるあらゆる決定は、世界のうちで自身が出会うものに基づいての決定か、自己自身に基づいての決定かのいずれかである」（KV, 168）。

（一五一） ド・ヴァーレンスは、クレメンス・ホーベルクの「単なるせわしなさ」という表現を引用しつつ、次のようにハイデガーを非難している。「この〔ハイデガーの〕教説は——それが世人を実在的存在者〔ens realissimum〕と呼んでいるとはいえ——絶対的非存在のなかへと人間性のほぼすべてを廃棄するように強いる。そしてなぜそうなのかと言えば、この教説が、日々の取るに足らない生活のなかにある《単なるせわしなさ〔blosse Geschäftigkeit〕》でないあらゆるものを熟考することを拒むからである。その結果、日常性の絶対的支配はこの《単なるせわしなさ》へと委ねられることになる」（Alphonse de Waelhens, *op. cit.*, p. 78）。またレヴィナスも、次の主張において、名指しではないが明らかにハイデガーを念頭に置いた非難を行なっている。「世界を日常的と呼び、それを非本来的なものとして断罪することは、飢えや渇きの真摯さを見誤ることである」(EE, 69)。

(一五二) SZ, 191, 304, 328, 350.

(一五三) SZ, 259.

(一五四) 「決意性は本来的に自己であることとして、現存在をその世界から切り離すのではなく、現存在を宙に浮いた自我へと隔離するのではない」(SZ, 298)。「決意といえども、世人とその世界へと差し向けられたままであることに変わりはない」(SZ, 299)。

(一五五) 本来性と非本来性のこの不可分性を、渡邊二郎は次のように指摘している。「現存在は、たとえどれほど本来的に実存することを決意していようとも、やはり再三再四、非本来性のうちへと巻き込まれざるをえず〔……〕。したがって、本来性が、無媒介的に直接、いわば一挙に現実化されうるということは、おそらくないが、しかし、そうかといって、本来性と非本来性が互いに対立したまま平行線をたどるということもないであろう」(渡邊二郎「ハイデガーにおける本来性と非本来性」(一九八六年)『渡邊二郎著作集　第三巻　ハイデガーⅢ』高山守・千田義光・久保陽一・榊原哲也・森一郎編、筑摩書房、二〇一一年、二一〇頁)。

(一五六) SZ, 331.

(一五七) Cf. SZ, 329.

(一五八) 「世界内存在はさらにまた、現存在の存在の構造全体のうちに存在論的に組み込まれており、気遣いがそのような構造全体として性格づけられた」(SZ, 209)。

(一五九) SZ, 191, 284, et *passim*.

(一六〇) 「頽落(Verfallen)」ないし「頽落性(Verfallenheit)」と「……のもとにある(Sein-bei...)」との関係については、解釈者ごとに見解の相違が見られる。たとえば、マリオン・ハインツは、エルンスト・トゥーゲントハットの指摘を引き合いに出しつつ(cf. Ernst Tugendhat, *Der Wahrheitsbegriff bei Husserl und Heidegger*, 2 unveränderte Aufl., Berlin, Walter de Gruyter & Co., 1970, p. 316)、「頽落は〔……〕実存性や事実性と並ぶ自立的契機ではなく、それらの非本来的な変様を示している」と主張し、それを現存在の無差別的な構造契機である「……のもとにある」と同一視することに反対している(cf. Marion Heinz, *op. cit.* p. 35)。それに対して、アルバート・ロザレスは「〈……のもとにある〉ことは頽落していることである」(Alberto Rosales, *Transzendenz und Differenz. Ein Beitrag zum Problem der ontologischen Differenz beim frühen Heidegger*, Den Haag, Martinus Nijhoff, 1970, p. 116)と書くことで、両者の同一性を指摘している。われわれは、ロザレスと同様、頽落は現存在の無差別的な存在体制の一契機として「……のもとにある」と同じものだという見解を支持する。実際、「この〔頽落という〕名称が言わんとしているのは〔……〕現存在がさしあたりたいてい、配慮された《世界》のもとにあることである」(SZ, 175)というハイデガーの記述をそれ以外の仕方で読めるようには思えない。

（一六一） Cf. SZ, 191, 316 f.

（一六二） Cf. SZ, 327.

（一六三） SZ, 187.

（一六四） ジャン＝フランソワ・クルティーヌは「『存在と時間』においてはまさに不安の分析こそが、エポケーや現象学的 - 超越論的還元のフッサール的な問題構制の《反復》のようなものをなしている」と指摘することで「不安の分析の方法的機能」を特にフッサール的な「還元」と関連づけて論じている（cf. Jean-François Courtine, « L'idée de la phénoménologie et la problématique de la réduction », dans *Phénoménologie et métaphysique*, Jean-Luc Marion et Guy Planty-Bonjour (dir.), Paris, PUF, 1984, p. 232）。

（一六五） SZ, 325 ff.

（一六六） このことを、ミシェル・アールも次のように指摘している。「本来的時間性と根源的時間性はときに、少なくとも部分的に、結局のところ重なり合ったり一致したりする。〔……〕けれども、これら二つの次元は区別されなければならない。なぜなら、根源的なものが本来的なものに完全に依存しているとすれば、それはもはや根源的ではないだろうからである」（Michel Haar, *Heidegger et l'essence de l'homme*, Paris, Jérôme Millon, 1993, p. 60）。

（一六七） 「時間性は時熟し、しかもそれ自身の可能的な時熟様式を時熟させる。これらの可能的な時熟様式が現存在の存在様態の多様性を可能にしており、とりわけ本来的実存と非本来的実存という根本可能性を可能にしている」（SZ, 328）。

（一六八） Margot Fleischer, *op. cit.*, p. 19 ff.

（一六九） William D. Blattner, "Existential temporality in *Being and Time* (Why Heidegger is not a Pragmatist)," in *Heidegger, a Critical Reader*, Hubert L. Dreyfus and Harrison Hall (eds.), Oxford, Blackwell Publishers, 1992, p. 101. Cf. William D. Blattner, *op. cit.*, p. 98 ff.

（一七〇） Daniel O. Dahlstrom, "Heidegger's Concept of Temporality: Reflection of a Recent Criticism," in *The Review of Metaphysics*, Vol. 49, No. 1, 1995, p. 101.

（一七一） *Ibid.*, p. 113.

（一七二） 「現存在が根源的にそれであるものは、或る企投、或る〈ありうる〉であって、〈ありうる〉一般（それが何を意味しえたとしても）ではない。むしろ現存在は、一定の仕方で、すなわち本来的な仕方で〈ありうる〉として存在している（そしてただそれゆえにのみ、現存在は非本来的な仕方で存在しうる）」（Daniel O. Dahlstrom, *art. cit.*, p. 113 f.）。

（一七三） SZ, 234.

(一七四) SZ, 317.
(一七五) SZ, 319.
(一七六) SZ, 303, 320 f.
(一七七) SZ, 303, 332.
(一七八) SZ, 322.
(一七九) *Ibid.*
(一八〇) SZ, 323.
(一八一) SZ, 318.
(一八二) 「気遣い構造の根源的統一性は時間性のうちに存する」(SZ, 327)。
(一八三) Cf. SZ, 326, 329.
(一八四) SZ, 325.
(一八五) Cf. SZ, 336 f.
(一八六) SZ, 234 f.
(一八七) SZ, 250.
(一八八) SZ, 341.
(一八九) Cf. SZ, 326.
(一九〇) 「そしてこの〔自己の〕忘却に基づいてのみ、配慮的な予期しつつ現在化することは把持しうるのであり、しかも非現存在的な周囲世界的に出会われる存在者を把持しうるのである。この把持には、把持し損ねることが対応し、その把持し損ねることが派生的な意味での《忘却》を意味する」(SZ, 339)。
(一九一) SZ, 326.
(一九二) 本書では「他者」という語を、ハイデガーが「非現存在的存在者(das nichtdaseinmässige Seiende)」と呼んでいるものを指して用いる。したがってそこには当然、他人だけではなく、道具や事物といった、自己ではないあらゆるものが含まれる。
(一九三) SZ, 338. セオドア・キシールは、一九二五年の「時間概念の歴史への序説」講義のなかで用いられる Appräsentieren をこの Gegenwärtigen の先行概念とみなし、それがフッサールの『論理学研究』における Apperzeption に由来するものだと指摘している(cf. Theodore Kisiel, „Der Zeitbegriff beim früheren Heidegger (um 1925)," in *Zeit und Zeitlichkeit bei Husserl und Heidegger*,

Rudolf Bernet (Hrsg.), München, Karl Alber, 1983, p. 196）。このことは、たとえハイデガーが、時間性に関する自身の分析と、フッサールの時間意識の分析との関連を表明的には認めていないとしても、少なくともこの「現在化」という主題に関して、両者の分析のあいだに一定の継承関係が認められうるということを示している。そしてこの継承関係はおそらく、ルドルフ・ベルネが示そうと努めるように、「絶対的意識流」と「時間性」とのあいだにまで拡張されうるであろう（cf. Rudolf Bernet, *art. cit.*）。

（一九四）「現在化という意味での現在としてのみ決意性は、あるがままのもの、すなわち、行為しつつ決意性が把捉するものを偽りなく出会わせることでありうる」（SZ, 326）。もしここでの「現在化」が非本来的現在のことを指しているのだとすれば、決意性はただ非本来的現在としてのみ、あるがままでありうるという主張になり、矛盾をきたすとは言わないまでも当惑させるものとなる。したがってわれわれは、ハイデガーは「現在化」という用語を、あるときは無差別的脱自態としての現在を指すものとして、またあるときは非本来的現在を指すものとして用いていると考える。また、次の箇所での「現在化」も明らかに、無差別的脱自態としての現在を指していよう。「〈自身に先立って〉は将来に基づいている。〈……のうちにすでにある〉はそれ自体として既在性を示している。〈……のもとにある〉は現在化において可能にされる」（SZ, 327）。

（一九五）SZ, 338. 傍点は引用者。

（一九六）SZ, 328.

（一九七）プラトンは『パルメニデス』で瞬間をまさに「奇妙な＝無場所的〔ἄτοπον〕」（Platon, *Parmenides*, 156d）と形容し、キルケゴールも『不安の概念』において瞬間のこの性格づけを継承している（cf. キルケゴール『不安の概念』邦訳書、一四六頁）。また周知のように、ハイデガーの「瞬間」概念も、少なくとも部分的にはキルケゴールの著作から獲得されたものである（cf. SZ, 338 Anm.）。

（一九八）SZ, 338.

（一九九）「『存在と時間』において現在が（「既在する」）将来に包み込まれ、したがって何らの積極的な規定もなされていないということはまったくもって異様である。将来という時間の脱自態が、実存、企投、死への先駆、決意性などによって豊かな仕方で規定され、同様に既在性という脱自態が、事実性、被投性、負い目、取り戻しなどによって規定されているのに対して、現在は――少なくとも瞬間としてのその本来性においては――空虚なままである」（Otto Pöggeler, *Der Denkweg Martin Heidegger*, Pfullingen, Günther Neske, 1963, p. 210）。

（二〇〇）ハイデガーは「瞬間」にかかわる記述のなかで「限界状況」という言葉も用いている。「現在が、節度ある瞬間としてそのつどの状況を開示し、またその状況と一緒に〈死へとかかわる存在〉という根源的な《限界状況〔Grenzsituation〕》を開示するために、決意性のうちでその喪失性から取り戻されるのでなければ〔……〕」(SZ, 348 f.)。

(二〇一) SZ, 299 f.

(二〇二) SZ, 347.

(二〇三) 「世人には、状況は本質上閉鎖されている」(SZ, 300)。

(二〇四) SZ, 328.

(二〇五) ハイデガー自身「ナトルプ報告」のなかでアリストテレスの「好機(καιρός)」を自身の「瞬間」概念と結びつけて解釈している(cf. GA62, 383)。また次の記述も参照せよ。「アリストテレスはすでに、瞬間という現象、つまり好機〔καιρός〕を見て取っており、彼の『ニコマコス倫理学』第六巻においてそれに明確な輪郭を与えているが、そこでも彼は、好機〔καιρός〕に特有の時間的性格を、彼が今〔νῦν〕として別に知っているものと関連づけることには成功しなかった」(GA24, 409)。なおフランコ・ヴォルピは、『存在と時間』における「良心(Gewissen)」と「瞬間(Augenblick)」はそれぞれ『ニコマコス倫理学』における「賢慮(φρόνησις)」と「好機(καιρός)」を翻訳したものだと指摘している(cf. Franco Volpi, "*Being and Time*: A "Translation" of the *Nicomachean Ethics?*" translated by John Protevi, in *Reading Heidegger from the Start. Essays in His Earliest Thought*, Theodore Kisiel and John van Buren (eds.), Albany, State University of New York Press, 1994, p. 208)。

(二〇六) SZ, 338.

(二〇七) *Ibid.*

(二〇八) SZ, 347.

(二〇九) SZ, 328.

(二一〇) この点に関して、マルゴット・フライシャーは、現在化はそもそも脱自態ではなく、三つの脱自態の統一としての根源的時間性など存在しないという見解を示している。「現在化は、それが将来と既在性のうちに包み込まれているとすれば、時熟した脱自態ではまずないだろう。そしてもし時間性が三つの脱自態の《統一的現象》であるとすれば、そのことはまさに、根源的時間性などは存在しないということを意味している」(Margot Fleischer, *op. cit.*, p. 25)。われわれはこの見解に同意はしないが、現在化という脱自態が他の二つの脱自態と同等でなく、したがってそれら三つの脱自態の統一として時熟する根源的時間性が無条件に納得されうる現象ではないとは考えている。

(二一一) このことは、レヴィナスがハイデガー的な「共存在」を批判する理由の一つである。「ハイデガーにおいてもたしかに、共存在が他人との関係として定立され、対象の認識には還元不可能なものであるとされる。けれども、その共存在も結局はまた存在一般との関係に、了解に、つまり存在論に基づくものにすぎない。〔……〕さらにハイデガーにおいては、間主観性は共存在であり、〈私〉と〈他者〉に先立つ一つのわれわれであって、それは中立的な間主観性にすぎない」(TE, 39)。

(二二二) SZ, 329.

(二二三) *Ibid.* 傍点は引用者。

(二二四) 「将来の優位は、非本来的時間性という変様された時熟に応じてそれ自身変化させられるであろうが、それでもなお派生的な〔abkünftig〕《時間》のうちでも現われてこよう」(SZ, 329)。

(二二五) 「時熟とは諸脱自態の《前後継起〔Nacheinander〕》を意味しているのではけっしてない。将来は既在性よりも後にあるのではないし、既在性は現在よりも前にあるのではない」(SZ, 350)。

(二二六) ハイデガーが「自己との近さ」をそれ自体「根源的であること」との関連において理解しているということは、彼がカントにおける空間に対する時間の優位を解釈している次の箇所から明らかである。「カントは、時間が空間よりもいっそう根源的に《主観》に、《自我》に、つまり人間的現存在に付帯するものであるということを見て取っている」(GA25, 150)。「時間は主観に、自我に、われわれの自己に、空間よりもいっそう根源的に帰属している〔……〕」(*ibid.*)。

(二二七) デイヴィッド・ファレル・クレルも同様の疑問を呈している。「さらに、もし《被投性》(Geworfenheit) が《つねにすでに存在してしまっていること》、つまり既在性〔Gewesenheit〕の事実性を表現しており、しかも一切の根拠がそこへと戻っていくとすれば、どうして将来という脱自態が最も優位でありうるのか」(David Farrell Krell, *Intimations of Mortality: Time, Truth, and Finitude in Heidegger's Thinking of Being*, University Park, Pennsylvania State University Press, 1986, p. 33)。また本書の第二部第三章で詳述するように、デリダもこの将来の優位に異議を唱えている (cf. HQ, 257)。

(二二八) 「現存在は、それ自身に委ねられて可能的にあることであり、徹頭徹尾、被投的可能性である」(SZ, 144)。

(二二九) SZ, 326. また次も参照せよ。「現存在は、それが存在するかぎり、必然的につねに既在的にある」(GA24, 375)。

(二三〇) このことを、フランソワーズ・ダステュールは次のように指摘している。「そのうえ、将来の優位は相対的である。というのもそれは、根源的な時熟の意味を特徴づけているにすぎず、したがってそうした優位は、現存在の実存様態に依存しているそれ以外の脱自態へと移動させられうるからである」(Françoise Dastur, « La constitution ekstatique-horizontale de la temopralité », in *Heidegger Studies*, Vol. 2, 1986, p. 104)。

(二三一) 「現在という脱自態は、手許のものとの交渉の時間性において主導的である」(GA24, 438)。

(二三二) 「既在性が歴史的なものを優位に規定している」(SZ, 381)。

（二二三）「しかしながら死はやはり、現存在の《終わり》にすぎず、形式的に解すならば、現存在の全体性を取り囲んでいる一方の端にすぎない。それに対して、他方の端は《始まり》つまり《誕生》である」（SZ, 373）。

（二二四）SZ, 373.

（二二五）Cf. SZ, 373.

（二二六）「われわれはこれまで、現存在を絶えず一定の境位や状況のうえで静止させており、しかも《その当然の帰結として》次のことを、すなわち、現存在が漫然と自身の日々を生きていくことにおいて、自身の日々の継続のうちで《時間的に》伸張しているということを軽視してきたのではないか」（SZ, 371）。

（二二七）「伸張されながら自己を伸張するという独特の動性を、われわれは現存在の生起と名づける」（SZ, 375）。

（二二八）SZ, 376.

（二二九）SZ, 382.

（二三〇）HQ, 202.

（二三一）SZ, 377.

（二三二）*Ibid.*

（二三三）ウィリアム・ブラットナーは、時間性と歴史性の同一視を単純に「誤り」と断じることで、この曖昧さを解消しようとしている。「『存在と時間』とそこでの時間性概念についてなされた、いっそう強力かつ影響力の大きい解釈のいくつかは、時間性を歴史性と緊密に同一視している。しかし、この同一視は誤りである。歴史性は時間性の派生的現象だとハイデガーは主張している」（William D. Blattner, *op. cit.*, p. 29）。しかし『存在と時間』における時間性と歴史性の或る面での同一視は否定しがたく、このような解消はわれわれには受け入れがたい。

（二三四）SZ, 19.

（二三五）「ましてや現存在は、時間的である〔Zeitlichsein〕という仕方においてあるような《時間》である」（GA64, 61）。

（二三六）John Sallis, "Another Time," in *Appropriating Heidegger*, James E. Faulconer and Mark A. Wrathall (eds.), Cambridge, Cambridge University Press, 2000, p. 184.

（二三七）「時間性の時熟構造は現存在の歴史性としてあらわになる」（SZ, 332）。

（二三八）「現存在の歴史性の分析が示そうと試みているのは、この〔現存在という〕存在者が《歴史のうちにある》がゆえに《時間的》であるのではなく、逆に、この存在者が自身の存在の根本において時間的であるがゆえにのみ歴史的に実存し、歴史的に実存しうるということである」(SZ, 376)。

(二三九)「《世界史〔Weltgeschichte〕》という通俗的概念は、まさにこの〔世界内部的に出会われる〕第二次的に歴史的なものへの方向づけから発源する」(SZ, 381)。

(二四〇) この優位が孕む問題は、エルンスト・トゥーゲントハット(cf. Ernst Tugendhat, *op. cit.*, p. 300 f.)の指摘に続いてわれわれが、現存在の「……へとかかわってある(Zu-Sein)」という本質に、被投的な「事実性(Faktizität)」と、企投的な「実存(Existenz)」という二つの相を明確に区別する場合に、とりわけ明瞭なものとなる。というのも、ハイデガーは「現存在の《本質》はその実存に存する」(SZ, 42)と主張することで、もっぱら後者の相だけに現存在の本質を認めているように見えるからである。彼にとって「実存」は、或る箇所では、現存在の本質の一側面の名称であるにもかかわらず、別の箇所では、現存在の本質そのものの名称であり、この点について彼の「実存」概念には曖昧さかもしくは多義性があるように思われる。なお、ド・ヴァーレンスも同様のことを指摘している(cf. Alphonse de Waelhens, *op. cit.*, p. 308)。

(二四一) SZ, 377.

(二四二) *Ibid.*

(二四三) SZ, 379. 傍点は引用者。

(二四四) Cf. SZ, 423.

(二四五)「語りは、世界内存在の情態的了解可能性を、意義に従って分節化することである」(SZ, 162)。

(二四六) SZ, 349.

(二四七) *Ibid.*

(二四八) Didier Franck, *Heidegger et le problème de l'espace*, Paris, Minuit, 1986, p. 111.

(二四九) Jean Greisch, *op. cit.*, p. 339.

(二五〇) SZ, 164 f.「したがって、良心をもとうと意志することに属している分節化する語りの様態は沈黙である」(SZ, 296)。

(二五一)「語りが外へと語り出されているということが言語である。語りはそういった言葉のまとまりという形で独自の《世界的》な在り方をしているのだが、この言葉のまとまりは、或る手許のもののように、何か世界内部的なものとして眼前に見出されることになる」(SZ, 161)。

(二五二)「現存在のうちにはそのつどすでに、空談というこの被解釈性が強固に定着してしまっている。〔……〕現存在はその日常的被解釈性からけっして脱出することができない」(SZ, 169)。

（二五三） 語りに本質的に属する通俗化の傾向を、テイラー・カーマンは「包括的浮動（generic drift）」と呼び、現存在はこの傾向に対する抵抗のうちでのみ本来的に実存可能であると主張した（cf. Taylor Carman, "Must We be Inauthentic?" in *Heidegger, Authenticity, and Modernity: Essays in Honor of Hubert L. Dreyfus*, Vol. 1, Mark A. Wrathall and Jeff Malpas (eds.), Cambridge, MA: MIT Press, 2000, p. 25）。この指摘において特に重要だと思われるのは、包括的浮動における通俗化を完全に免れた本来性というものはありえず、したがって非本来性からすっかり切り離された本来性などないということである。

（二五四） 「第一次的に歴史的に――とわれわれは主張する――あるのは現存在である。しかし、第二次的に歴史的にあるのは、世界内部的に出会われる存在者、つまり最も広い意味での手許にある道具だけでなく、さらに《歴史的地盤》としての周囲世界的自然〔*Umweltnatur*〕である」（SZ, 381）。

（二五五） Didier Franck, *op. cit.*, p. 112.

（二五六） GA9, 343.

（二五七） 参考までに、『存在と時間』の「挫折」についてわれわれと近い理解を示している、フランソワーズ・ダステュールとリクールの記述を援用しておこう。「この《挫折》はしかし、まったくもって消極的ではない。というのも、ここでハイデガーにとって重要なのは、あたかもそれが袋小路に行き当たったかのように存在と時間の連関を思索する試みを放棄することではなく、むしろ現存在の企投によってそれを基礎づけるのとは別の仕方でこの関係を思索することだからである」（Françoise Dastur, *op. cit.*, p. 94）。「われわれの考えでは、この《挫折》こそは時間性のアポリアをその頂点に高めるものである。その挫折は、時間に関するわれわれの一切の思考の、また何にもまして、現象学と科学の思考の挫折を要約している。しかしながら、以下に続く本書〔＝『時間と物語』〕の全体がそれを立証することに専念するように、この挫折は無駄ではない」（TR3, 138）。

（二五八） GA9, 328.

（二五九） GA9, 193.

（二六〇） GA26, 201.

（二六一） Otto Pöggeler, *op. cit.*, p. 181.

（二六二） Jean Grondin, *Le tournant dans la pensée de Martin Heidegger*, Paris, PUF, 1987, p. 21.

（二六三） GA9, 328.

（二六四） GA9, 377.

（二六五） GA9, 328.

（二六六） ウィリアム・ブラットナーは「ハイデガーは自身の前期の存在論的観念論を放棄し、存在の性起〔obtaining〕へと向かう半神秘主義的な立場〔quasi-mystical stance〕、つまりいかなる識別可能な意味でも観念論的とも実在論的ともつかない立場を採用する」（William D. Blattner, *op. cit.*, p. 291）と主張する。またデイヴィッド・ファレル・クレルも、一九三〇年代から一九六二年の講演「時間と存在」に至るまでのハイデガーの「時間性／時性」の主題に関する長い沈黙に、その主題に関するハイデガーの思索の隠れた連続性を見るような態度を「きわめて皮相な態度（the most superficial posing）」（David Farell Krell, *op. cit.*, p. 51）とみなし、後期ハイデガーにおける時間性の理論の放棄を強調している。

（二六七） ラズロ・テンゲィは、一九二〇年代末のハイデガーにおける基礎存在論からメタ存在論への「転換（Umschlag, Kehre）」と、『ヒューマニズム書簡』で言及される「転回」（GA9, 327 f.）との関係について次のように述べることで、これら二種類の転回のあいだの微妙な関係性を表現している。「私が思うに、問題となっているのはまさに唯一同一の転回であるが、しかし結果的には、われわれをここで特に引き留めている時期（一九二八—二九年）にハイデガーがその転回から引き出す結論は、もっと後の《真理の本質》講演や、それ以後に彼がそこから導き出すことになる結論と同じではない」（László Tengelyi, « L'idée de métontologie et la vision du monde selon Heidegger », in *Heidegger Studies*, Vol. 27, 2011, p. 141）。

第三章

（二六八） SZ, 436.

（二六九） GA24, 26.

（二七〇） 「基礎存在論とメタ存在論は、それらの統一において形而上学の概念をなしている。しかしここで表現にもたらされるのは、すでに先に〔＝一九二八年夏学期講義の〕序論で、第一哲学〔*πρώτη φιλοσοφία*〕と神学〔*θεολογία*〕としての、哲学の二重的な概念によって触れられていた哲学そのものの唯一の根本問題の転換〔Verwandlung〕だけである」（GA26, 202）。

（二七一） ハイデガーの「メタ存在論」を取り扱った先行研究として、特に次のものを挙げておく。Cf. László Tengelyi, *art. cit.*; 酒井潔「モナド論・基礎有論・メタ有論——もうひとつの〈ライプニッツ - ハイデッガー問題〉」『思想』第九三〇号、岩波書店、二〇〇一年。前者は、一九二〇年代末のハイデガーの基礎存在論 - メタ存在論構想を、特にアリストテレスにおける形而上学の存在論 - 神学の二重性との構造上の類似性に着目して論じている。後者は、ハイデガーのメタ存在論に関してそれ以前に提出された諸論を整理しつつ、とりわけ彼のライプニッツ解釈との関係においてそれを論じている。われわれとしては、このメタ存在論構想そのものの意味や内実の考察は最低限に留め、それが時間性の問いといかなる関係にあるのかという点に考察の範囲を絞ることにしたい。

（二七二）　GA26, 199.

（二七三）「基礎存在論が学科として見られた後で、それを補完するものとして、基礎存在論と並んでさらにもう一つの新しい標語を伴った存在論が置かれるなどと思うとしたら、それは皮相で些末であろう」（GA26, 200）。「まさに基礎存在論の徹底化こそが、存在論のそれ自体からの先述の〔メタ存在論への〕転換を推進する」（*ibid.*）。

（二七四）　SZ, 38, 436.

（二七五）　GA26, 201.

（二七六）　一部の解釈者は、存在論の存在者的基礎の探究としてのこのメタ存在論という着想をきわめて消極的に捉えている。たとえば、スティーヴン・クロウェル（Steven G. Crowell, "Metaphysics, Metontology, and the End of *Being and Time*," in *Philosophy and Phenomenological Research*, Vol. LX, No. 2, 2000）は、メタ存在論という着想、すなわち、有限的な存在論的基礎の背後になお、無限的な存在者的基礎が控えているという着想は「当惑させる着想〔puzzling idea〕」（p. 316）だとしたうえで、一九二〇年代末のハイデガーにおける「形而上学的存在者論」や「メタ存在論」といった、引用符を外された形而上学への一時的な移り気を「カント的な超越論的弁証論から締め出された独断形而上学」（p. 314）への座礁と見る。クロウェルによれば、この存在論の存在者的基礎という幻想こそが『存在と時間』を「未完」に留めた直接の原因にほかならない。この点に関して、われわれはクロウェルの解釈に反対はしないが、彼がこの「未完」をきわめて消極的な「挫折」として受け取っているのに対して、われわれはそのようには受け取らず、それゆえメタ存在論についても消極的には受け取っていないということを付言しておく。

（二七七）　GA26, 270.

（二七八）「時間性が、世界内存在を、それゆえまた現存在の超越を可能にしていなければならない」（SZ, 364）。

（二七九）　ハイデガー自身、この種の超越を「認識論的」と呼んでいる。「内在を反対概念にもつものとして特徴づけられた超越概念に基づいて、ひとが認識論と呼ぶものがはじめて可能になる。それゆえ、われわれはこの超越概念を認識論的な超越概念と呼ぶ」（GA26, 206）。

（二八〇）　Cf. GA26, 170.

（二八一）「『存在と時間』に関しての諸探究のうちからこれまでに発表されたものが課題としていることは、超越を具体的にあらわにしつつ企投することにほかならない」（GA9, 162 Anm.）。

（二八二）　Cf. Jean A. Wahl, *Esquisse pour une histoire de «l'existentialisme» : suivie de Kafka et Kierkegaard*, Paris, Arche, 1949, pp. 33

–37, Alphonse de Waelhens, *op. cit.*, pp. 243–261; Walter Biemel, *Le concept de monde chez Heidegger*, Paris, J. Vrin, 1950, pp. 153–178. また比較的新しいところでは、特に次の著作がハイデガーの「超越」概念を詳しく論じている。Cf. Alberto Rosales, *op. cit.*; Ingtraud Görland, *Transzendenz und Selbst. Eine Phase in Heideggers Denken*, Frankfurt am Main, Vittorio Klostermann, 1981.

(二八三) GA9, 137.

(二八四) GA26, 211.

(二八五) GA9, 138.

(二八六) GA9, 139.

(二八七) ハイデガーはこの「存在者そのもの」ないし「全体としての存在者」をときに「自然」とも言い換えているため、自然から世界への現存在の乗り越えという定式化も可能である。「現存在は実存しつつある現存在として、自然をつねにすでに乗り越えてしまっている」（GA9, 139）。ただしこの場合の「自然」は、『存在と時間』で論じられていたような世界内部的存在者としての自然ではなく、世界の内部に進入していない手つかずの自然を指している。

(二八八) ジャン・ヴァールは、ハイデガーの「超越」概念を「世界への超越」「他者への（自己）超越」「未来への超越」の三種類に区別したうえで、そこにさらに「無からの超越」と「存在への超越」を付け加えている（cf. Jean A. Wahl, *op. cit.*, pp. 33–37）。またド・ヴァーレンスも、このヴァールの区別に言及しつつ、ハイデガーの「超越」概念を「自己に対する世界の超越」「自己自身に対する超越」「現存在に対する無の超越」の三種類に区別している（cf. Alphonse de Waelhens, *op. cit.*, p. 246）。ただし彼は「超越の最初の二つの定義は再び一つに合流する」（p. 254）と書くことで、結局は「世界の超越」と「自己の超越」を同じ一つの超越として説明している。ちなみにイングトラウト・ゲルラントも、次のように書くことで、すべての存在者と自己を同時に乗り越えるこの超越の働きを簡潔に表現している。「人間的現存在の働きとして解された超越することは、すべての存在者も、存在者としてのこの自己も乗り越えるのでなければならない」（Ingtraud Görland, *op. cit.*, p. 17）。

(二八九) 「現存在は、投げられたもの、事実的なものであり、その身体性によってまったく自然のただなかにある。〔……〕現存在は、事実的なものとしては自然に取り囲まれ続けているにもかかわらず、超越するものとしては自然を超えている」（GA26, 212）。ここで留意すべき点は、現存在は超越することによって、自然、つまり存在者そのものを抜け出すわけではなく、事実的にはそこに繋ぎ止められたままであり続けるということである。「退屈（Langeweile）」という根本気分が開示するのはまさにこの次元である。「退屈は存在者を全体として開示する」（GA9, 110）。

(二九〇) 「実存論的分析論の成果、すなわち現存在の存在体制をその根本において取り出したことの成果は、現存在の存在体制は時間性に基づいているということである」(GA24, 323)。

（二九一）「世界へと超越すること、すなわち世界内存在は、時間性として時熟し、またそのようにしてのみ可能である」(GA26, 274)。また、ド・ヴァーレンスはより簡潔に「超越という働きは、時熟と異なるものではない」(Alphonse de Waelhens, *op. cit.*, p. 250) と指摘している。

（二九二）「それゆえ、有限的認識において先行的にまたつねに必然的に〈……へと越え出て行くこと〔Hinausgehen zu ...〕〉〔＝超越〕は、恒常的に〈……を越え出て立つこと〔Hinausstehen zu ...〕〉(脱自〔Ekstasis〕) である」(GA3, 119)。

（二九三）「時間性が世界内存在を、したがってまた現存在の超越を可能にしていなければならない」(SZ, 364)。

（二九四）GA26, 272.

（二九五）この「志向性」という語は『存在と時間』のなかでは原註 (SZ, 363 Anm.) で一度だけ登場する。

（二九六）GA20, 26, 37.

（二九七）このように、フッサールが「志向性」という言葉で理解しているものと、ハイデガーがそれによって理解しているものは必ずしも同じではない。ハイデガーによる「志向性」概念のこの刷新について、ルドルフ・ベルネは「志向性のこの新たな用法は、志向性という現象を、フッサールがそれをその内部に閉じ込めていた認識論の狭い枠組みから引き抜こうとするハイデガーの関心をすでに露呈している」(Rudolf Bernet, « Transcendance et intentionnalité: Heidegger et Husserl sur les prolégomènes d'une ontologie phénoménologique », dans *Heidegger et l'idée de la phénoménologie*, Franco Volpi et al. (dir.), Dordrecht / Boston / London, Kluwer Academic Publishers, 1988, p. 197) と指摘している。

（二九八）GA20, 48.

（二九九）GA26, 169.

（三〇〇）*Ibid.*

（三〇一）*Ibid.*

（三〇二）*Ibid.*

（三〇三）GA26, 170.

（三〇四）Cf. GA26, 170.

（三〇五）「超越問題一般は志向性の問題と同一ではない。志向性は存在者的な超越そのものとして、ただ根源的な超越の根拠に基づいてのみ、すなわち世界内存在に基づいてのみ可能である」(GA26, 170)。

(三〇六) GA24, 452.

(三〇七) 「世界は存在論的術語として機能しており、その場合には、先の項目で挙げた存在者〔＝世界内部的存在者〕の存在を意味している」(SZ, 64)。

(三〇八) 「世界という概念は、それ自体において眼前にある存在者としての世界内部的存在者の一つの規定ではなく、世界は現存在の存在の一つの規定である」(GA24, 420)。

(三〇九) Cf. GA9, 165–175.

(三一〇) 「《現存在が超越する》ということが意味しているのは、現存在がその存在の本質において世界形成的〔weltbildend〕だということであり〔……〕」(GA9, 158)。ちなみにこの「世界形成」という語は、一九二九／三〇年の「形而上学の根本諸概念」講義でも頻繁に用いられているが――この語はとりわけ「石は無世界的〔weltlos〕であり、動物は世界貧乏的〔weltarm〕であり、人間は世界形成的である」(GA29/30, 261, 273) というテーゼを通じてよく知られている――この講義では「超越」がハイデガー自身の用語としては消失している。

(三一一) GA9, 166.

(三一二) 「《気遣い〔cura〕》の《二重の意味》は、被投的企投という本質的に二重の構造をした一つの根本体制を意味している」(SZ, 199)。

(三一三) GA26, 249.

(三一四) GA26, 250 f.

(三一五) われわれが使用するこの「世界外部的存在者」という表現が不正確であるということを断っておく。というのも、この表現は明らかに世界の存在を前提しているが、この語によって指示される種類の存在者は世界の企投ないし形成に先立っており、それゆえその内と外という区別自体にも先立っているからである。それからまた、この表現の意味するものは、ハイデガーがカントとともにそれについての問題定立を無効化している「外界 (Aussenwelt)」(SZ, 202) とは何の関係もない。

(三一六) 「世界進入と言ってもそれは、眼前のものがそのさいに変化し、この変化に基づいて殺到するというような意味では、いかなる眼前のものの出来事でもない」(GA26, 250)。

(三一七) ヴァルター・ビーメルも同様の見解を示している。「〔ハイデガーが〕存在者の世界進入について語ることで示そうとしているのは単に、存在者が覆いを剥がされることによって世界の一部となり、世界の内部に組み込まれているということにすぎない」(Walter Biemel, *op. cit.*, p. 164)。

（三一八）　GA26, 251.

（三一九）　これと類似した言い回しに次のようなものがある。「もし時間性が時熟しさえすれば、そのときには、存在者の世界進入のその時刻と期日が与えられる」（GA26, 249）。「もし存在者が、世界のうちへと進入する機会をもたなければ〔……〕」（GA26, 250）。「存在者の、可能的で機会に応じた世界進入」（GA26, 250）。

（三二〇）　GA26, 251.

（三二一）　GA26, 270. ちなみにハイデガーは、この「原歴史」としての超越の時熟を「原性起〔Urereignis〕」とも言い換えている。「存在者の世界進入の性起〔Ereignis〕は原性起であり、かつまたその本質において時熟である」（GA26, 274）。

（三二二）　この問いは、原歴史に時間的に先立つ「前史」を問題としているのではない。ビーメルが指摘しているように、「この《原歴史〔Urgeschichte〕》という用語は、本来の意味での歴史に時間的に先立つであろう歴史、前史〔préhistoire〕を指しているのではなく、まさに一切の歴史を可能にしているもの、すなわち超越を指している」（Walter Biemel, *op. cit.*, p. 164）。ここでわれわれが問題にしているのは、この超越としての原歴史がそれ自体、時間性によって可能になっているとハイデガーが主張している以上、そのことは、この原歴史を可能にしているような、つまりそれ自体としては歴史的でないような時間への言及を含んでいるという点である。

（三二三）　GA24, 324.

（三二四）　GA24, 388.

（三二五）　「超越とは、自己を世界から了解することを意味する」（GA24, 425）。この主張が言わんとしているのは、現存在は、世界へと向かって自己を乗り越えることで、その自己を世界のうちにある自己として了解するようになり、世界内存在として実存するようになるということである。したがって、超越と存在了解とのあいだには緊密な連関がある。

（三二六）　GA24, 429.

（三二七）　GA24, 436.

（三二八）　GA26, 269.

（三二九）　*Ibid.*

（三三〇）　「諸脱自態はただ単に〈……へと脱出すること〉ではない。むしろ脱自態には、その脱出の〈どこへ〔Wohin〕〉が属している。脱自態のこの〈どこへ〉をわれわれは地平的図式と名づける」（SZ, 365）。

（三三一）　KrV, A145/B184.

(三三二) KrV, A138/B177.

(三三三) GA3, 101.

(三三四) このことをハイデガーが表明的に主張していないのは、「超越についての時的な解釈は、この考察〔＝「根拠の本質」〕のなかでは一貫して、また意図的に脇に置かれている」(GA9, 166 Anm. 60) からである。その「意図」が何であるのかについて彼が明確なことを何も述べていない以上、この解釈が回避された理由は推測するしかないが、それはおそらく、ハイデガーがこの時期(一九二九年)にはすでに、「時間性／時性」という概念に基づいての存在解釈という自身の企図が完遂されえないと考えていたためであろう。

(三三五) GA9, 165.

(三三六) Cf. GA9, 166–172.

(三三七) ハイデガーが「既在性の図式」に与えているこれらの規定を、われわれは便宜上「どこに〔Woran〕」という一語で示すことにする。

(三三八) SZ, 365.

(三三九) *Ibid.*

(三四〇) このことを、われわれは本書の第一部第二章で、非本来性は自己関係性の喪失ではないと指摘することでまさに示してきた。

(三四一) GA9, 165.

(三四二) Cf. GA9, 166.

(三四三) SZ, 365.

(三四四) 「手許から離れたもの〔das Abhandene〕は手許のものの一様態にすぎない」(GA24, 432)。

(三四五) Cf. GA9, 169.

(三四六) *Ibid.*

(三四七) GA24, 435.

(三四八) ハイデガーがこうしたラテン語的な表現を用いるのは、時間性の解釈の次元と時性の解釈の次元を用語的に区別するためである。「いまやわれわれは、存在を時間から解釈する次元においては、あらゆる時間規定に対して意図的にラテン語的な表現を使用する。それは、これらの時間規定を、これまでに性格づけられた意味での時間性に属する時間規定から用語的に区別するためである」(GA24, 433)。

（三四九）「プレゼンツ」を現在の地平的図式として規定した直後、ハイデガーは次のように続けている。「これに対応することが、他の二つの脱自態、将来と既在性（取り戻し、忘却、把持）についても妥当する」（GA24, 435）。

（三五〇）*Ibid.*

（三五一）たとえば、一九三一年の「人間的自由の本質について」講義のなかの『自然学』第三巻の「運動」に関する究明についての解釈を意図した箇所で、ハイデガーは、そこにおいてアリストテレスが問題としている「存在（οὐσία）」が「（恒常的）現前性」に等しいということを示しつつ、より根源的に解釈された「存在（οὐσία）」を「現前性（παρουσία）」と「非現前性（ἀπουσία）」の双方に「変様可能」なものとして提示している（cf. GA31, 60 ff.）。そして、このように存在そのものに関係づけられた現前性と非現前性の二重性は、一九六二年の「時間と存在」講演でハイデガーが提示する、Es gibt の Es、つまり性起としての存在が、それ自身を現前性として人間に送り与えながら、それ自身を保留するという働きの二重性に至るまで、形を変えつつも保持され続けるであろう。

（三五二）「現在化において出会われるあらゆるものは、脱自態においてすでに脱出された地平、つまりプレゼンツに基づいて、現前者として、すなわち現前性に向かって了解されている」（GA24, 436）。

（三五三）「時間性は、現存在がかかわることを、それが自己自身であろうと他者であろうと、また手許のものや眼前のものであろうと、存在者へとかかわることとして可能にする」（GA24, 453）。

（三五四）「現存在は、投げられたもの、事実的なものであり、その身体性によってまったく自然のただなかにある。〔……〕現存在は、事実的なものとしては自然に取り囲まれ続けているにもかかわらず、超越するものとしては自然を超えている」（GA26, 212）。

（三五五）本書の注（七）を参照せよ。

（三五六）SZ, 23.

（三五七）*Ibid.*

（三五八）*Ibid.*『カント書』が『存在と時間』の第二部第一編で予定されていたこの課題の補完であるのかどうかについて、ジャン＝フランソワ・クルティーヌは慎重な態度を示している（cf. Jean-françois Courtine, *Heidegger et la phénoménologie*, Paris, J. Vrin, 1990, p. 112 ff.）。これら二つの著作の相互の位置づけは、彼の言葉を借りるに「混乱（confuse）」（p. 113）しており、というのもハイデガーは『カント書』が「『存在と時間』第二部の最初の仕上げとの連関で生じた」（GA3, xvi）と述べる一方、それを『存在と時間』第一部の問題構制への「《歴史的》序論」（*ibid.*）としても提示しているからである。クルティーヌは『存在と時間』と『カント書』双方に通底する現象学的解体の連続性を強調することで、この混乱を解消しようと試みている。

（三五九） GA21, 357 f.

（三六〇） Cf. GA21, 358.

（三六一） 「私が数年前〔おそらく「論理学」講義の時期〕に『純粋理性批判』を改めて研究し、それをいわばフッサールの現象学を背景にしながら読んだとき、まるで目から鱗が落ちるような思いがした」（GA25, 431）。

（三六二） GA3, 145. Cf. GA21, 271.

（三六三） 『カント書』の付録にある「エルンスト・カッシーラーとマルティン・ハイデガーとのあいだでのダヴォース論争」（GA3, 274–296）を参照せよ。

（三六四） ハイデガー自身『カント書』第二版への前書きで次のように書いている。「ひとは絶えず私の解釈の暴力性〔Gewaltsamkeit〕に突き当たる。暴力的であるという非難は、この著作に十分に浴びせられてかまわない」（GA3, xviii）。ちなみにこの暴力性は、カッシーラーにとっては特に「図式機能の過大評価」という点にかかわる。「図式機能の特殊な意味は過大評価されることはできない。この点において、〔ハイデガーの〕カント解釈の最大の誤解が犯されている」（GA3, 227）。また、デイヴィッド・カーは次のように書くことで、ハイデガーの解釈の「行きすぎ」を非難している。「ハイデガーが、カントは形而上学の批判よりも、むしろ《形而上学の基礎づけ》に携わっており、カントの企図は認識論や科学哲学とは《何の関係もない〔nichts zu schaffen〕》と述べるとき、彼は遠くに行きすぎているように私にはつねに思われた」（David Carr, "Heidegger on Kant on Transcendance," in *Transcendental Heidegger*, Steven G. Crowell and Jeff Malpas (eds.), California, Stanford University Press, 2007, p. 30）。他方で、ダニエル・ダールシュトロムは、ハイデガーのカント解釈が「強いテクスト的根拠」をもっていると主張している（Daniel O. Dahlstrom, *art. cit.*, p. 383）。

（三六五） GA25, 3.

（三六六） GA3, 202.

（三六七） SZ, 311.

（三六八） Cf. GA28, 21; GA9, 121; GA3, 1.

（三六九） GA3, 1.

（三七〇） KrV, B21. Cf. GA25, 60; GA3, 206.

（三七一） GA26, 197.

（三七二） ハイデガーにおける「自然的形而上学」としての「現存在の形而上学」というこのモチーフを、フランソワ・ジャランが特に詳しく論じている（cf. François Jaran, *La métaphysique du Dasein: Heidegger et la possibilité de la métaphysique* (*1927-1930*), Paris, J. Vrin, 2010; « La pensée métaphysique Heidegger. La transcendance du Dasein comme source d'une metaphysica naturalis », dans *Les études philosophiques*, n°76, 2006, pp. 47-61）。これらの箇所でジャランは、「カントとバウムガルテンが標榜していた自然的形而上学〔metaphysica naturalis〕という着想をハイデガーがいかに取り戻そうとしているのかを示すことによって、形而上学に関するハイデガーの特殊な構想を説明すること」（François Jaran, *art. cit.*, p. 48）を自身の課題としている。われわれは、このジャランの研究に後に続いて、とはいえそこではほとんど話題となっていない時間性の問題との連関において、ハイデガーのカント解釈を考察することを試みる。

(三七三)「もし存在論的認識というカントの問題を、単に実証的な諸科学の存在論的基礎づけに制限しないという意味で根本化したならば、そしてさらに、その問題を判断の問題ではなく、存在一般の了解の可能性についての根本的で基礎的な問いとして捉えたならば、その場合には『存在と時間』の哲学的な基礎問題系が生じてくる」（GA25, 426）。

(三七四)「了解は単に認識することの一種にすぎないのではなく、第一次的には実存することと一般の根本要素である」（GA3, 233）。

(三七五) 一九二五年の夏学期講義「時間概念の歴史への序説」のなかで、ハイデガーはこの「アプリオリの根源的な意味」を、「志向性」と「範疇的直観」と並んで、フッサール現象学の決定的な発見の一つとみなしている（cf. GA20, 34）。もっとも、ルドルフ・ベルネが指摘するように、ハイデガーはこの講義において「フッサールに仕えているかのような外見のもと、実際には彼を利用しており、自分自身に仕えている」（Rudolf Bernet, *art. cit.* p. 196）ため、次のハイデガー的な「アプリオリ」理解が、フッサールの理解に必ずしも忠実なままであるわけではないだろう。「アプリオリとは認識作用の順序系列の性格ではなく〔……〕むしろ存在者の存在における、つまり存在の存在構造における構造継起の性格である」（GA20, 102）。

(三七六)「アプリオリとは《より先のものから》あるいは《より先のもの》を意味する。《より先》は明らかに一つの時間規定である。みながよく注意していれば、われわれの説明のなかで《すでに〔schon〕》という表現ほど頻繁に使用された語はないということに気づいたに違いない。それは《先立ってすでに》根底に存するとか、《それはつねにすでに〔immer schon〕前もって了解されていなければならない》とか、或るものが出会われるところでは《前もってすでに》存在が企投されているとかいった、これらすべての時間的な、すなわち時的な用語によってわれわれは、たとえ用語上は違っていても、プラトン以来の伝統においてアプリオリと呼ばれてきたものを名指している」（GA24, 461）。

(三七七)「構想力は、時間に関係づけられたものとしてのみ可能である。あるいはよりはっきりと定式化するならば、構想力はそれ自体、時間である――すなわち、われわれが時間性と呼ぶ根源的時間という意味における時間である」（GA25, 343）。

（三七八）SZ, 23. Cf. GA25, 412; GA3, 160. これらの箇所でハイデガーが指摘しているカントの「後ずさり」の理由については、ダニエル・ダールシュトロムの論文（cf. Daniel O. Dahlstrom, "Heidegger's Kant-Courses at Marburg," in *Reading Heidegger from the Start: Essays in His Earliest Thought*, Theodore Kisiel and John van Buren (eds.), Albany, State University of New York Press, 1994）を参照せよ。この論文でダールシュトロムは、その理由として特に次の三点を挙げている。（一）感性と悟性という伝統的な二項対立への拘泥、（二）ライプニッツやニュートンの数学における「自然」という方向づけにおける「時間」理解、（三）時間を第一次的には主観に帰属的とみなすような「デカルト主義的立場」。

（三七九）GA3, 202.

（三八〇）「綜合一般は〔……〕構想力の純然たる働き〔blosse Wirkung〕である」（KrV, B103）。また、この箇所に関する次のハイデガーの解釈も参照せよ。「この綜合が構想力の純然たる働きと呼ばれているのは、それが構想力の純粋な〔*rein*〕働きであるということを意味している」（GA25, 277）。

（三八一）KrV, B104.

（三八二）GA25, 354.

（三八三）「純粋綜合の諸様態――純粋覚知・純粋再生・純粋再認――は、それらが純粋認識の三つの要素にかかわっているから数が三つなのではなく、それらがそれら自身において根源的には単一であり、時間形成的に時間そのものの時熟をなすから三つなのである」（GA3, 196）。「覚知の綜合は現在に関係づけられており、再生の綜合は過去に関係づけられており、予‐認の綜合は将来に関係づけられている」（GA25, 364）。「綜合の三つの様態すべてが時間に関係づけられているかぎりにおいて、しかしまた時間のこれらの契機が時間そのものの統一性をなすものであるかぎりにおいて、三つの綜合は時間の統一性のうちでそれ自身の統一的根拠を受け取っている」（GA25, 364）。

（三八四）Cf. KrV, B152.

（三八五）KrV, A118. Cf. GA3, 80.

（三八六）Cf. GA3, 90.

（三八七）「図式は形象から区別されなければならない」（KrV, B179）とカントは忠告している。「形象」は「イメージ」であるのに対して、「図式」とはそうしたイメージ化のための一般規則である。カント自身が挙げている例を用いて説明するならば、紙面に置かれた五個の点「・・・・・」が五という数の「形象」であるのに対して、「五」という概念をそのようにイメージ化するための一般規則がその「図式」である。

（三八八）GA3, 131.

（三八九）GA3, 132.「〔……〕根源的直観〔intuitus originarius〕は存在者的に創造的であり、物自体をその眼前存在へともたらす。それに対して、構想力の産出的綜合における根源的表示〔exhibitio originaria〕は、普遍的な時間地平をアプリオリな抵抗性、つまり対象性の地平として自由に形成するがゆえに、もっぱら存在論的に創造的である」（GA25, 417）。

（三九〇）KrV, B177 f.

（三九一）KrV, A118.

（三九二）「しかし超越論的構想力はその引き裂きえない根源的構造を根拠として、存在論的認識の基礎づけと、それとともに形而上学の基礎づけの可能性を開くものであるため、『純粋理性批判』の第一版は形而上学の基礎づけの問題構制の最も内奥にある進行により近いままであり続けている。したがって『純粋理性批判』全体のこの最も中心的な問いを考慮して言えば、第一版が第二版に対して根本的に優位にあるのは当然である」（GA3, 197）。

（三九三）この書き換えについて、ハイデガーは次のように指摘している。「カントは超越論的統覚を超越論的構想力の犠牲にすることに恐れをなした。そこで『批判』の第二版では、超越論的統覚が再び頂点としてかつての優勢な地位に高められ、この頂点に全超越論的哲学が、つまり存在論が吊り下げられなければならなくなる」（GA25, 412）。

（三九四）Cf. GA25, 287; GA3, 273.

（三九五）「超越論的感性論は、それが『純粋理性批判』の最初に置かれているままでは、根本においては不可解である。それは単に準備的な性格をもっているにすぎず、本来、超越論的図式機能の展望に基づいてはじめて読解されうるものである」（GA3, 145）。

（三九六）GA3, 142.

（三九七）GA3, 143.

（三九八）「カントは純粋直観としての解釈を時間に捧げているとはいえ、彼が知っているのは通俗的な意味での時間だけである」（GA25, 342）。

（三九九）「カントは、時間が空間よりもいっそう根源的に《主観》に、《自我》に、つまり人間的現存在に付帯するものであるということを見て取っている」（GA25, 150）。「時間は主観に、自我に、われわれの自己に、空間よりもいっそう根源的に帰属している〔……〕」（*ibid.*）。

（四〇〇）「カントが言う意味での空間に対する時間の優位とは異なっている」（SZ, 367）とハイデガーは忠告しているが、目下の文脈においては、両者の類似点に注目することのほうが有益であろう。

(四〇一) SZ, 367.

(四〇二) ただしこの優位は、後年の「時間と存在」講演のなかで次のように撤回されている。「現存在の空間性を時間性へと帰そうとした『存在と時間』第七〇節の試みは保持されえない」(GA14, 29)。

(四〇三) KrV, B47.

(四〇四) KrV, B48.

(四〇五) このことを、リクールも次のように指摘している。「時間を全体として捉えるという〔ハイデガーの〕この野心は、カントが感性論の主要な前提の一つみなした、時間の単一性という周知の問題、すなわち、一つの時間しかなく、すべての時間はそれの諸部分であるという問題の実存論的再現である」(TR3, 96 note 1)。

(四〇六) SZ, 24.

(四〇七) 「カントの問題の基盤にある内的な亀裂がここで明らかになる。それはすなわち、時間と超越論的統覚が結びつけられていないということである」(GA25, 358)

(四〇八) 「〔……〕時間と《我思う》とのあいだの根本関係や超越といった最も中心的な現象は〔カントのもとでは〕まったく暗いままに留まっている。存在論的に見るならば、デカルトが開始したような、存在論的に解明されていない主観という出発点は、カントのもとでもそのまま保たれている」(GA25, 381)。

(四〇九) 「〈我思う〉は、私の一切の表象に伴いうるのでなければならない」(KrV, B131)。

(四一〇) 「この〈我思う〉という表象は、自発性の働きである」(KrV, B132)。

(四一一) Cf. SZ, 318 ff.

(四一二) GA25, 382.

(四一三) GA25, 359 ff.; GA3, 183 ff.

(四一四) GA25, 364.

(四一五) 「こうした〔実存の存在論的な〕諸構造の連関をわれわれは実存性と名づける」(SZ, 12)。

(四一六) 「カントがここで第三の綜合に定位しつつ超越論的統覚という表題のもとで取り出しているものは、その本質上、時間に関係づけられており、すなわち時間的である」(GA25, 365)。

(四一七) GA25, 402.

(四一八) *Ibid.*

(四一九) もっとも、カントが主張するように、「構想力がカテゴリーに従って直観を結合する」(KrV, B152) のか、それともハイデガーが主張するように、カテゴリーが構想力の生み出した図式に従うのかという点に関してはなお議論の余地があろう。実際、われわれが後で詳しく取り上げるように、リクールは、それ以外の多くの点ではハイデガーのカント解釈に同意するにもかかわらず、この点に関してはカントの側に立つことで、カテゴリーを時間規定に従わせるようなハイデガーの解釈に否定的な見解を示している。「超越論的な時間規定に基づいて悟性と直観それぞれの規則をこのように〔それらの「共通の根」として〕根本的に生成すること――それゆえ、図式に基づいてカテゴリーを生成すること――は、果たされぬ願いのままに留まる」(HF, 61)。

(四二〇) GA25, 152.

(四二一) GA25, 151.

(四二二) KrV, A77/B102.

(四二三) GA3, 189.

(四二四) Cf. GA3, 90.「現象学の根本諸問題」講義のなかでハイデガーは、カントにおける「対象 (Gegenstand)」と「対象性 (Gegenständlichkeit)」の区別を、自身が導入する「存在者」と「存在」の区別と類比的に捉えている (cf. GA24, 222)。

(四二五) GA3, 189.

(四二六) GA3, 190.

(四二七) 「純粋自己触発は、有限的自己そのものの超越論的な原構造を与える」(GA3, 191)。「しかしこれにより、純粋自己触発としての時間は、純粋統覚と《並んで》《心のうちに》現われるのではなく、時間は自己性の可能性の根拠として純粋統覚のうちにすでにあり、そのようにして心をはじめて心たらしめるということが一挙に明らかになる」(*ibid.*)。

(四二八) GA25, 391.

(四二九) GA3, 189.

(四三〇) GA25, 396.

(四三一) GA25, 395 f.

総括

(四三二) SZ, 131.

(四三三) 「気遣いという現象を明らかにすることは、現存在の実存の具体的体制への、すなわち、現存在の事実性と頽落と実存との等根源的な連関への洞察をもたらした」(SZ, 231)。「〔……〕既在性は現在と将来と等根源的に時熟する」(SZ, 381)。

第二部

第一章

(四三四)　初期レヴィナスにおけるハイデガー解釈を取り上げた研究としては、たとえば、フランソワーズ・ダステュールが、両者の存在論と倫理学の対比という観点からそれを取り上げている（cf. Françoise Dastur, "Levinas and Heidegger. Ethics or Ontology?," in *Between Levinas and Heidegger*, John E. Drabinski and Eric P. Nelson（eds.）, Albany, State University of New York Press, 2014）。また、ミシェル・ヴァンニは「忘却」という主題に関して、両者の存在論と倫理学の類似性を指摘している（cf. Michel Vanni, « Oubli de l'autre et oubli de l'être. Une étrange proximité entre Heidegger et Lévinas », in *Phänomenologische Forschungen*, Ernst Wolfgang Orth und Karl-Heinz Lembeck（Hrsg.）, Neue Folge 4, Freiburg / München, Karl Alber, 1999）。さらに、フランソワ・ラフールは「責任」という概念に着目して、両者の存在論と倫理学を比較している（cf. François Raffoul, "Responsibility for a Secret: Heidegger and Levinas," in *Heidegger, Levinas, Derrida: The Question of Difference*, Lisa Foran and Rozemund Uljée（eds.）, Basel, Springer International Publishing AG, 2016）。しかしいずれの研究も、レヴィナスによるハイデガーの「時間性」の解釈は主題的に取り扱っておらず、初期レヴィナスの時間論を取り扱ったエレーナ・ボヴォやロバート・レグロスの論文においてさえ、主題となるのはフッサール時間論との関係までである（cf. Elena Bovo, « Le temps, cette altérité intime. La critique de la temporalité husserlienne par Lévinas », dans *Cahiers d'études lévinasiennes*, n° 1, 2002; Robert Legros, « L'expérience originaire du temps. Lévinas et Husserl », dans *Cahiers d'études lévinasiennes*, n° 1, 2002）。その一方、エミリア・アンジェロヴァは、時間に関するハイデガーとレヴィナスとのあいだの考えの近さを主題的に論じているが、そこでは、ハイデガーの時間性に関する理論、とりわけその原型をなす一九二〇／二一年の「宗教現象学入門」講義における彼の「カイロス的時間」に関する理論と、後期レヴィナス（一九九三年の『神、死、時間』）の時間論との近さが解明されるに留まり、われわれがここで問題としたいと考えている、前期レヴィナスにおける時間論との関係は話題となっていない（cf. Emilia Angelova, "Time's Disquiet and Unrest: The Affinity between Heidegger and Levinas," in *Between Levinas and Heidegger*, John E. Drabinski and Eric P. Nelson（eds.）, Albany, State University of New York Press, 2014）。

(四三五)　このことは、レヴィナスによるハイデガー哲学の課題と主題の継承としてだけでなく、『存在と時間』以降のハイデガーによるレヴィナス的な問題提起への返答としても明らかになる。実際、ルドルフ・ベルネは、フランソワ＝ダヴィッド・セバーによるレヴィナス批判への反論を意図した論文（cf. Rudolf Bernet, « Lévinas et l'ombre de Heidegger », dans *Revue philosophique de*

Louvain, n°. 4, 2002）のなかで、「『存在と時間』刊行以降、ハイデガーがいかに自身の基礎存在論の修正に身を投じることで、少なくとも部分的に、レヴィナスの要望に応えているかを示すこと」（p. 787）を試みている。ただし彼の試みは、主に一九三〇年の講演「真理の本質」以降の後期ハイデガーとレヴィナスとのあいだの類似関係を明らかにすることを目指しているのに対して、この章でのわれわれの狙いの一つは、一九二〇年代末のメタ存在論期の時点ですでにそのような類似が認められるということを示すことにある。

（三六）初出は以下。Emmanuel Levinas, « Martin Heidegger et l'ontologie », dans *Revue philosophique de la France et de l'étranger*, n°. 113, 1932 pp. 395-431.

（三七）Georges Gurvitch, *Les tendances actuelles de la philosophie allemande. E. Husserl — M. Scheler — E. Lask — M. Heidegger*, Paris, J. Vrin, 1930. Cf. Dominique Janicaud, *Heidegger en France, I. Récit*, Paris, Albin Michel, 2001, p. 25 f.

（三八）Georg Misch, *Lebensphilosophie und Phänomenologie. Eine Auseinandersetzung der Diltheyschen Richtung mit Heidegger und Husserl*, Bonn, F. Cohen Verlag, 1930.

（三九）DE, 53.

（四〇）DE, 55.

（四一）DE, 58.

（四二）デリダは「ハイデガーの人間学的読解」を戦後フランスにおける実存主義運動の共通基盤の一つとして指摘している（cf. M. 138）。またアルフォンス・ド・ヴァーレンスは、特にアンリ・コルバンによる『存在と時間』の部分訳が、このような実存主義的解釈に拍車をかけたと指摘している（cf. Alphonse de Waelhens, *op. cit.*, p. ix）。後者の点については特に、コルバンによるDasein の訳語である「人間存在（réalité-humaine）」が後世に（特にサルトルに）及ぼした影響が有名であろう。ちなみにコルバン自身は、Dasein を単に existant と訳した場合に、それが他の非現存在的存在者と区別がなくなることを警戒してこの訳語を採用したようである（cf. Avant-propos de H. Corbin, dans *Questions I*, traduction par Henry Corbin, Roger Munier, Alphonse de Waelhens, Walter Biemel, et André Préau, Paris, Gallimard, 1968, p. 14）。

（四三）無論、このことはハイデガー哲学における「死」や「本来性／非本来性」といった主題に対するレヴィナスの無関心を意味しているわけではなく、それらが『存在と時間』の存在論的な課題にとっては副次的な主題にすぎないことを彼が見抜いていたということを意味している。これらの主題はレヴィナスにとっても同様に重要であり、彼はそれらをハイデガーとは異なる仕方で解釈することで、自身の哲学のうちに積極的に取り込んでいる。その結果、レヴィナスにとって「死」は、それを引き受けることが本来的実存をなすようなハイデガーの解釈とは異なり、もはや「引き受けられることはけっしてない」（TA, 61）ものとなり、また日常性を非本来性として明らかにするハイデガーの世界分析も、とりわけレヴィナスが「糧（nourriture）」（EE, 65）と呼ぶような存在様態を無視しているがゆえに、彼にとって受け入れがたいものとなる。「世界を日常的と呼び、それを非本来的なものとして断罪することは、飢えや渇きの真摯さを見誤ることである」（EE, 69）。

（四四） DE, 65 f.

（四五） ハイデガーは一九二七年頃、自身の存在論を「超越論的な学」とも名づけていた。「われわれは批判的な学としての存在の学〔＝存在論〕を、超越論的な学と名づけることもできる」（GA24, 23）。「存在の対象化は、さしあたり超越に着目して遂行されうる。われわれは、そのように構成された存在の学〔＝存在論〕を、正しく理解された超越の光のうちで問いかつ解釈する超越論的な学と名づける」（GA24, 460）。

（四六） EN, 15.

（四七） レヴィナスは、一九四二年にリヨンで開かれた或る討論（他の参加者には、ジャン・ヴァール、ニコラス・ベルジャーエフ、ガブリエル・マルセル、ジョルジュ・ギュルヴィッチ、アレクサンドル・コイレ、モーリス・ド・ガンディヤックなどがいる）のなかで、ハイデガー哲学を「唯一の実存主義者」だと発言しており（cf. Jean A. Wahl, *op. cit.*, p. 82）、ここでのわれわれの解釈に反すると指摘されよう。しかしその発言にさいしてレヴィナスは、或る学説の「拒絶」もまたその学説の発展段階の一つをなすというフッサール的な考えのもとに立っており、ハイデガーがその学説を拒絶しているということ自体は認めている。それからまた、ハイデガー哲学を唯一の実存主義者だと述べることで、彼が主張しようとしているのは、通常「実存主義」とみなされるヤスパースやキルケゴールやサルトルといった者らの哲学とは、それが本質的に異なっているということである。したがってハイデガーの哲学が、普通の意味での「実存哲学」や「実存主義」に属するものではないという理解は、レヴィナスのうちでつねに一貫しているように思われる。

（四八） ジャン・ヴァールも、ハイデガーの哲学を解説するにあたって、存在論に対する彼の重要視をこの「存在論主義〔ontologisme〕」という言葉で表現しつつ、それがフッサールに由来するものだと指摘している（cf. Jean A. Wahl, *op. cit.*, p. 47）。

（四九） DE, 70 f.

（五〇） DE, 70.

（五一） *Ibid.*

（五二） EN, 24.

（四五三） クリスチャン・チョカンは、より明確に、初期のレヴィナスにおけるハイデガーの存在論的差異の継承が、ハイデガーの存在論とは反対の方向に向けられていると指摘している。「この時期〔一九四六―四七年〕、レヴィナスははじめて存在〔l'être〕と存在者〔l'étant〕（レヴィナスの用語では l'existence と l'existant）とのあいだのハイデガーの存在論的差異を用いるが、ただしそれをハイデガーの存在論とは反対の方向に向けている」（Cristian Ciocan, « Le problème de la corporéité chez le jeune Levinas », dans *Les études philosophiques*, n° 105, 2013, p. 209）。

（四五四） TA, 24.

（四五五） 通例では、これらのフランス語は「実存」と「実存者」とそれぞれ訳されてきた。われわれがこの通例を避けるのは、何よりもまず、これらがハイデガーにおける Sein / Seiendes の訳語であるという明白な事実を強調するためである。たしかに、レヴィナスは être / étant という「存在」と「存在者」以外に訳しようがない表現も多用するため、それらと区別するために「実存」と「実存者」という訳語を導入することは避けがたいことではある。しかしながら、少なくともハイデガー哲学において、実存（Existenz）は存在（Sein）と同義ではなく、実存者――ハイデガーの著作のうちではほとんど見られない表現だが、ドイツ語に直訳するならば das Existierende ないしは Existierendes となろう――は存在者（Seiendes）と同義ではない。「実存」は存在一般ではなく「現存在の存在」を指す表現であり、「実存者」は存在者一般ではなく「現存在という存在者」を指す表現である。したがってわれわれは、être / étant と exister / existant はどちらも Sein / Seiendes の訳語であり、それらは単に「口調上の理由から」訳し分けられているにすぎず、おまけに「実存主義的な意味を込めることなく」と言われているのであるから、いずれも「存在」と「存在者」によって訳して差し支えないと考える。事実、*De l'existence à l'existant* のドイツ語訳の表題も『存在から存在者へ』(*Vom Sein zum Seienden*. übersetzt von Anna Maria Krewani und Wolfgang Nikoraus Krewani, Freiburg / München, Karl Alber, 2008）となっている。それからまた、われわれは existant を、それが特に人間という存在者を指して使用されていると見られる場合には、Dasein の訳語とみなし「現存在」と訳す。この点について、「実際には、*existant* という語によってレヴィナスは、つねにとはいかないまでもほとんどの場合、人間存在〔Dasein〕という形での存在者〔étant〕を意味している」（ED, 133）というデリダの指摘を援用しておこう。最後に、われわれは必ずしも existence を「実存」とは訳さず、特にそのように訳さなければならない理由がないかぎりは「存在」と訳す。一九四〇年代当時、ハイデガーの Sein / Seiendes は être / étant ではなく existence / existant によって訳し分けられるのがつねであった（コルバンもド・ヴァーレンスもそのように訳している）。

（四五六） 論文「ハイデガーと存在論」においてすでにレヴィナスは、存在論的差異をこのように「存在者（l'étant, das Seiende）」と

「存在者の存在（l'être de l'étant, das Sein des Seienden）」の差異として定式化していた（cf. DE, 56）。

（四五七） TA, 24.

（四五八） 「もし現存在が実存しないならば〔……〕その場合には、存在者があるともないとも言われえない」（SZ, 212）。

（四五九） Geworfenheit の訳語としての déréliction はコルバンの翻訳に由来し、ド・ヴァーレンスもこの訳語を踏襲している。この déréliction は、もともと宗教的な文脈で「（神に）見捨てられた状態」を意味する単語である。

（四六〇） TA, 25.

（四六一） 「現存在は被投的現存在として、企投するという在り方のうちへと投げられている」（SZ, 145）。

（四六二） 「存在することによって、現存在はつねにすでに自身の諸可能性のただなかに投げられているのであって、それらの前に置かれているのではない。現存在はそれらの可能性を、つねにすでに捉えているか、もしくは取り逃してしまっている。ハイデガーは、それらの可能性のただなかに投げられて喘いでおり、そこに引き渡されているというこの事実を Geworfenheit という術語によって規定している」（DE, 68）。

（四六三） 「このイリヤという語はハイデガーの《ある＝与えられている》とは根本的に異なっている。イリヤはけっして、このドイツ語表現や、そこに含まれている豊饒さや気前よさといった含意の翻訳でもなければそれを下敷きにしたものでもなかった」（EE, 10）。

（四六四） TA, 25 f.

（四六五） GA9, 112.

（四六六） EE, 102.

（四六七） *Ibid.*

（四六八） 「恐れは《世界》へと頽落した非本来的不安であり〔……〕」（SZ, 189）。

（四六九） GA9, 114.

（四七〇） Cf. GA9, 111 f.

（四七一） GA9, 113.

（四七二） 「存在と存在者の区別は、時間性の時熟において時熟させられている」（GA24, 454）。

（四七三） ハイデガーは、現存在の超越によって乗り越えられる「全体としての存在者」をときに「自然」とも言い換えており（cf. GA9, 139）、超越以後も現存在はこの意味での「自然」によって取り囲まれたままであり続けると述べている。「現存在は、事実

的なものとしては自然に取り囲まれ続けているにもかかわらず、超越するものとしては自然を超えている」(GA26, 212)

(四七四) TA, 30.

(四七五) EE, 121.

(四七六) ルドルフ・ベルネは、次のように書くことで、後期ハイデガーの「存在(Seyn)」の性格と、レヴィナスの「イリヤ」の性格との類似を指摘している。「レヴィナスが《イリヤ》と呼ぶものに関して作り出す恐怖を帯びたイメージは、ハイデガーにおける存在の生起〔*Geschehen des Seyns*〕の非人称的性格の忠実な生き写しである」(Rudolf Bernet, *art. cit.*, p. 791 f.)。われわれとしては、ここで特に前期ハイデガーとレヴィナスとの関係に議論の範囲を絞ることで、こうした性格の類似が「全体としての存在者」と「イリヤ」とのあいだにすでに認められるということを示したい。

(四七七) 「時間性は、時熟の脱自的 - 地平的統一として、超越の可能性の条件であり〔……〕」(GA24, 452)。

(四七八) EE, 121 f.

(四七九) SZ, 118.

(四八〇) SZ, 120.

(四八一) TA, 18.

(四八二) TA, 19.

(四八三) TA, 22. このことは、レヴィナスにとって「独我論(solipsisme)」が必ずしも消極的な意味をもつわけではないということを示している。この点について、フランソワーズ・ダステュールの次の指摘を援用しておこう。「〔レヴィナスにとって〕孤独は、他人の不在や交流の不可能性を意味しているのではない。それが意味しているのは、《自我の自己への不可避的な結びつき》、自己自身からの脱出不能性である。これこそ、レヴィナスが独我論を次のように積極的な仕方で論じている理由である。《独我論は錯誤でも詭弁でもない。それは理性の構造そのものである》〔TA, 48〕」(Françoise Dastur, *art. cit.*, p. 137)。

(四八四) 「私が存在しているかぎり、私はモナドである。私には戸口も窓もないのだが、それはまさしく、存在することによってであり、私のうちにある伝達不可能な何らかの内容によるのではない」(TA, 21)。ちなみにハイデガーも「根本諸問題」講義や「ライプニッツ」講義のなかで、現存在を「モナド」にたとえており、それが「窓を必要としない」理由を次のように説明している。「モナドとしての現存在が第一に自身の外の或るものへと眼を向けるために窓を必要としないのは〔……〕モナド、つまり現存在が、それ自身の存在に従えば(超越に従えば)、すでに外にあり、すなわち、他の存在者のもとにあり、そしてそれは、現存在それ自身のもとにあるということだからである」(GA24, 427)。レヴィナスは、こうした「すでに外にある」モナドとしての現存在からではなく、自身の内部に閉ざされたモナドとしての主体から出発するがゆえに、両者のモナド解釈は対照的である。

(四八五) TA, 17.

(四八六) TA, 20.

(四八七) 「超越とは、自身を世界から了解することを意味する」（GA24, 425）。

(四八八) TA, 22 f.

(四八九) TA, 26.

(四九〇) GA26, 211.

(四九一) GA24, 425.

(四九二) Jean-françois Courtine, *Levinas. La trame logique de l'être*, Paris, Hermann, 2012, p. 15.

(四九三) 「私がイリヤと呼ぶ存在者なき存在は、そこにおいて実詞化が生じることになる場である」（TA, 28）。

(四九四) EE, 173.

(四九五) 「世界へと超越すること、すなわち、世界内存在は、時間性として時熟し、またそのようにしてのみ可能である」（GA26, 274）。

(四九六) TA, 34.

(四九七) TA, 32.

(四九八) *Ibid.*

(四九九) *Ibid.*

(五〇〇) Cf. SZ, 338.

(五〇一) EE, 129.

(五〇二) Cf. EE, 129.

(五〇三) *Ibid.*

(五〇四) Cf. GA3, 188 ff.

(五〇五) EE, 159 f.

(五〇六) Cf. EE, 161.

(五〇七) TA, 69.

(五〇八) SZ, 267.

(五〇九) 「〔良心の〕呼び声は私のうちから、しかし私を超えてやってくる」(SZ, 275)。

(五一〇) 「良心の呼び声は、現存在を、その最も固有の存在可能へと、しかも最も固有の〈負い目を負っていること〔Schuldigsein〕〉へと、呼びかけるという性格をもつ」(SZ, 269)。「良心の《声》は何らかの仕方で《負い目〔Schuld〕》について語っている」(SZ, 280)。「良心は、第一次的には《咎める》良心である。このことのうちで告げられているのは、一切の良心経験が《負い目がある〔schuldig〕》というようなことをまず第一に経験するということである」(SZ, 290)。

(五一一) SA, 408 f.

(五一二) TA, 71.

(五一三) *Ibid.*

(五一四) 「いかなる仕方でも捉えられないもの、それは未来である。未来の外部性は、未来がまったく予想だにしないものであるという事実によって、まさしく空間的な外部性とはすっかり異なっている」(TA, 64)。

(五一五) TA, 65. 傍点は引用者。

(五一六) TA, 73 f.

(五一七) TA, 74.

(五一八) 「他者を知り他者に到達するという目論見は、他人との関係のなかで達成されるわけだが、その関係には言葉という関係が当てはまる。言葉という関係の本質は呼びかけであり、呼格である。他人は呼びかけられたとたん、その異質性において維持され確証される〔……〕」(TI, 41)。

(五一九) 「存在論として作動するような存在との関係は、存在者を中立化して、それを了解すること、あるいは存在者を把握することにある。そのような関係はそれゆえ、他者としての他者との関係ではなく、〈他〉を〈同〉に還元することである」(TI, 16)。

(五二〇) 「他者としての他者は他人である。他人を《あらしめる》には、語りの関係が必要である」(TI, 42 f.)。

(五二一) 「このように語りにおいて正面から他人に接近することを、われわれは正義と呼ぶことにしよう」(TI, 43)。

第二章

(五二二) Cf. CI, 10.

(五二三) *Ibid.*

（五四）たとえば、ケヴィン・ヴァンフーザーは、『時間と物語』の哲学的先行者として、特にカントとハイデガーの名を挙げ、リクールとハイデガー双方の構想力解釈を比較している（cf. Kevin J. Vanhoozer, "Philosophical Antecedents to Ricœur's *Time and Narrative*," in *On Paul Ricœur: Narrative and Interpretation*, David Wood (ed.), London, Routledge, 1991）。また、パトリック・ブルジョワとフランク・シャロウも、ハイデガーとリクール双方の解釈学の関係を論じた著作のなかで、カントの構想力に関する両者の解釈を比較しつつ論じている（cf. Patrick L. Bourgeois and Frank Schalow, *Traces of Understanding: A Profile of Heidegger's and Ricœur's Hermeneutics*, Amsterdam / Atlanta, GA: Rodopi B. V., 1990; Patrick L. Bourgeois, Ricœur between Levinas and Heidegger: Another's Further Alterity », dans *Bulletin de la Société Américaine de Philosophie de Langue Française*, Vol. 11, 1999）。

（五五）リクールが『他者のような自己自身』でのハイデガー解釈において重視する「証し（Bezeugung, attestation）」という概念に関して、とりわけ「証言（témoignage）」という概念との比較という観点から、多くの解釈者が論考を提出している（cf. Jean Greisch, « Témoignage et attestation », dans *Paul Ricœur. L'herméneutique à l'école de la phénoménologie*, Jean Greisch (dir.), Paris, Beauchesne; Peter Kemp, « Ricœur entre Heidegger et Levinas. L'affirmation originaire entre l'attestation ontologique et l'injonction éthique », dans *Paul Ricœur. L'herméneutique à l'école de la phénoménologie*, Jean Greisch (dir.), Paris, Beauchesne; Yasuhiko Sugimura, « Pour une philosophie de témoignage: Ricœur et Heidegger autour de l'idée d'« attestation » (Bezeugung) », dans *Études théologiques religieuse*, tome 80, n° 4, 2005）。

（五六）TR1, 17.

（五七）TR1, 126.

（五八）TR1, 127.

（五九）TR3, 142.

（六〇）TR3, 141. リクールが参照している『存在と時間』のマルティノ訳では、Datierbarkeit, Gespanntheit, Öffentlichkeit はそれぞれ databilité, é-tendu, publicité と訳されており、ここでの表現とは Datierbarkeit 以外は対応していない。しかしリクールは、同じ著作の別の箇所で、時間内部性の諸性格として databilité, laps de temps, publicité を併置しており（TR3, 139, 142）、Gespanntheit 以外は基本的にマルティノ訳に準拠しているように見える。また laps de temps という表現も、マルティノが Spanne（SZ, 409）の訳語として用いているものであり、おおよその対応関係は認められよう。

（六一）TR3, 141.

(五三一) 「派生は、ハイデガーがそう告げているように見えるほどには一方向的ではない」(TR3, 109)。

(五三二) Cf. SZ, 334; GA24, 438.

(五三四) TR3, 109. われわれはここでの étirement, mutabilité, constance à soi を、それぞれ『存在と時間』における Erstrecken, Bewegtheit, Selbständigkeit の訳語として解釈する。

(五三五) TR3, 109.

(五三六) TR3, 354. また次のドメニコ・ジェルボリーノの指摘も参照せよ。「したがって《物語られた時間》は或る意味で第三の時間である。それは《世界の時間》(アリストテレス)と《魂の時間》(アウグスティヌス)とのあいだの軋轢に対して調停者の役割を果たす時間であり、人間的歴史性の時間、すなわち、自分たちの生の歴史を動かし、蒙り、物語る人々の時間である」(Domenico Jervolino, *Paul Ricœur. Une herméneutique de la condition humaine*, Paris, Ellipses, 2002, p. 37)。

(五三七) TR3, 138.

(五三八) Cf. TR3, 10, 31, 152, 199.

(五三九) 「われわれの研究は、その意味の広がりの全体において解された物語制作が、時間についての思弁のアポリア的性格に対する反撃〔riposte〕をなすというテーゼに立脚しているため〔……〕」(TR3, 17)。

(五四〇) TR3, 139 f.

(五四一) TR3, 352.

(五四二) TR3, 131.

(五四三) 「《通俗的時間》という表現も、時間の方向性、連続性、計測可能性といったものが科学に対して提出してきた問題の豊富さと照らし合わせてみると滑稽〔dérisoire〕に見える」(TR3, 133)。

(五四四) このように、通俗的時間概念のうちにあって時間性から派生させられないようなものを、リクールが宇宙的ものや自然との繋がりで思考しようとするのに対して、レヴィナスはむしろ他人との繋がりで思考しようとする。このことを、パトリック・ブルジョワは次のように指摘している。「〔……〕リクールのハイデガー批判は、外的時間としての、それゆえまた内的時間とは異なる宇宙的時間に集中しており、したがって時間を、レヴィナスがそうしたように、他人と結びつけるよりも、むしろ宇宙的なものと結びつけている」(Patrick L. Bourgeois, *art. cit.*, p. 47)。そしてこれは、ハイデガーやレヴィナスのもとではほとんど見られない、現代の自然科学的な時間論に対するリクールの真摯な態度を或る程度説明するであろう。

(五四五) TR3, 143.

（五四六） TR3, 109.

（五四七） TR3, 143.

（五四八）「われわれがカントから離れるのが次の点だということが分かる。すなわち、真のアプリオリな綜合は、《諸規則》のうちで、つまり物理学の領域でのあらゆる経験的命題に対して第一次的であるような諸判断のうちで表明される綜合ではない。カントは自身の発見の射程を認識論という制限された次元に還元してしまった」（HF, 56）。

（五四九） HF, 57.

（五五〇） KrV, B181.

（五五一） KrV, B104.

（五五二） Cf. HF, 59.

（五五三） HF, 62.

（五五四） HF, 59.

（五五五） HF, 60.

（五五五） Cf. SZ, 23 f.

（五五七） GA3, 273. また次のハイデガーの記述も参照せよ。「構想力が純粋直観と純粋思考との中間にあるのは、おそらく〈あいだ〉という意味においてではなく、両者の中心であり根であるものという意味においてである」（GA25, 287）。

（五五八） HF, 61.

（五五九） KrV, A125.

（五六〇） HF, 61 f.

（五六一） TR1, 103 f.

（五六二） TR1, 106.

（五六三） Cf. TR1, 106.

（五六四） TR1, 108.

（五六五） TR1, 106.

（五六六） TR3, 141.

（五六七） TR3, 358.

（五六八）　Cf. SZ, 267.

（五六九）　「現存在の《存立》は実体の実体性に基づいているのではなく、その存在が気遣いとして把握されたところの、実存している自己の《自立性》に基づいている」(SZ, 303)。

（五七〇）　Cf. SZ, 86, 267.

（五七一）　Cf. SZ, 117, 128, 322.

（五七二）　Cf. SZ, 318 ff.

（五七三）　Cf. SA, 12 f.

（五七四）　SA, 167.

（五七五）　「自立性〔Selbstständigkeit〕は現存在の一つの在り方であり、それゆえ時間性の或る特殊な時熟に基づいている」(SZ, 375)。ここでの Selbstständigkeit をわれわれは、『存在と時間』の他の箇所で用いられている Selbständigkeit (SZ, 303, 332) や Selbst-ständigkeit (SZ, 322 f., 332) と内容上異なるものを指していないと解釈する。

（五七六）　SZ, 234.

（五七七）　SZ, 274.

（五七八）　SZ, 275, 277.

（五七九）　SZ, 275.

（五八〇）　Cf. SZ, 275.

（五八一）　「配慮された雑多な《世界》のうちに自己を喪失してしまっている世人にとって、無気味さのなかで自己へと孤立され無のうちに投げられている自己ほどに異他的な〔fremd〕ものがありえようか」(SZ, 277)。

（五八二）　Cf. GA9, 356.

（五八三）　「負い目〔dette〕の存在論をこのように強調することによってハイデガーは、常識が負い目という観念に結びつけること、すなわち、負い目は誰かに対して負うものだということ、ひとは債務者として責任があるということ、そして相互共存在は公共的なものであるということから切り離される」(SA, 402)。

（五八四）　SA, 404.

（五八五）　「M・ハイデガーの哲学に特徴的な、負い目ある存在を、世界内存在の事実性に結びついた異他性に帰すことに対して、E・レヴィナスは、良心の他性を、その顔において表出される他人の外部性へと対称的に帰すことを対置する」(SA, 408)。

（五八六） Cf. SA, 405.

（五八七）「良心のこの脱道徳化に、私は命令の現象を証しの現象と密接に結びつける考え方を対比させてみたい」（SA, 404）。

（五八八） SA, 409.

（五八九） *Ibid.*

（五九〇） *Ibid.*

（五九一） SA, 408 f.

（五九二）「この自己触発という次元を排除してしまうと、極端な場合、良心というメタカテゴリーを蛇足的なものにしてしまい、他人のカテゴリーだけで十分だということになってしまう」（SA, 409）。

（五九三） KrV, BXXX.

（五九四） GA25, 338.

（五九五）「〔構想力が二つの幹の根であるという〕このことは、純粋感性と純粋悟性が構想力へと連れ戻されるということによって――のみならず、理論理性と実践理性もまたそれらの分離性と統一性において構想力へと連れ戻されるということによって示される」（GA3, 273）。

第三章

（五九六） Cf. Thomas Sheehan, "Derrida and Heidegger," in *Hermeneutics and Deconstruction*, Hugh J. Silverman (ed.), Albany, State University of New York Press, 1985; John Sallis, "Heidegger / Derrida — Presence," in *Journal of Philosophy*, No. 81, 1984; Françoise Dastur, *Déconstruction et phénoménologie. Derrida en debat avec Husserl et Heidegger*, Paris, Hermann, 2016.

（五九七） Cf. Luc Ferry et Alain Renault, *La pensée 68*, Paris, Gallimard, 1985, pp. 197-236. リュック・フェリーとアラン・ルノーが用いるこの「フランスのハイデガー主義」という言葉が指しているのは、ジャン・ボーフレらを筆頭とする、いわゆる「ハイデガー主義」のことではなく、一九六八年のフランスの革命運動と結びついた、また後期ハイデガーの哲学の非人間主義的傾向と結びついた思想のことであり、特にデリダの思想が念頭に置かれている。

（五九八） フランソワーズ・ダステュールは、デリダの脱構築がフッサールとハイデガーのテクストの読解を通じて成立したその過程を明らかにした後で、この脱構築が両者の企図とは一致しないということを次のように指摘している。「しかしながらデリダ的な脱構築は、この種のドクサのような前述定経験の回復というフッサール的な企図とも、《最初期の、しかもそれ以降主導的であった存在諸規定がそこで獲得されてきた根源的経験》〔SZ, 22〕への立ち返りを可能にするような、存在論の歴史の解体というハイデガー的な企図とも一致しない。というのも、このように現象学的な思考様式とは決定的に手を切るデリダにとって、歴史的過程は根源なしにあるからである」（Françoise Dastur, *op. cit.*, p. 85 f.）。

（五九九）　ドミニク・ジャニコーは「解体は、ジャック・デリダが脱構築という概念において提示する、よく練り上げられたそれの変様態、つまり文字の上での転覆〔subversion〕という中立的で半ば形式的な働きとも厳密には一つとならない」（Dominique Janicaud et Jean-François Mattéi, *La métaphysique à la limite: cinq études sur Heidegger*, Paris, PUF, 1992, p. 14）と書くことでこの相違を指摘しているが、ここにはデリダの脱構築に関する典型的な誤解と単純化が見られる。さらにサイモン・クリッチリーは、両者の戦略の相違を、デリダにおける形而上学の「閉域（clôture）」と、後期ハイデガーにおける哲学の「終わり（Ende）」や「完了（Vollendung）」との相違という観点から説明している（cf. Simon Critchley, *The Ethics of Deconstruction: Derrida and Levinas*, Oxford, Blackwell Publischers, 1992, pp. 76-88）。この説明はしかし、デリダの「脱構築」と、後期ハイデガーの「克服」との相違の説明にはなるとしても、ハイデガーがそれによって「哲学の終わり」ということをまだ思索していなかった前期の「解体」との相違の説明にはならないだろう。

（六〇〇）　SZ, 22.

（六〇一）　SZ, 22 f.

（六〇二）　SZ, 21.

（六〇三）　Cf. SZ, 2, 21 f.

（六〇四）　GA26, 125, 175, 214; GA27, 33; GA28, 32, 40 f.; GA3, 218, 230 ff. et *passim*.

（六〇五）　この時期のハイデガーに関して、ラズロ・テンゲィも次のように指摘している。「ハイデガーにとって伝統を訂正したり修正したりすること、また或る意味で《解体》することさえもがまさに問題となっているのだとしても、この解体は彼のもとでは或る新たな形而上学の構築のみを目指している」（László Tengelyi, *art. cit.*, p. 142）。

（六〇六）　一九五四年刊行の『講演・論文集』に収録された「形而上学の克服」と題するテクストは、一九三六年から四六年にかけてハイデガーがこの主題に関して書き留めた手記の一部である。したがって、遅くとも一九三六年には、この主題に関する構想がハイデガーの頭のなかにあったと考えられる。

（六〇七）　「《形而上学の克服》は形而上学を除去するのではない」（GA9, 367）。

（六〇八）　GA9, 367 f.

（六〇九）「当該の〔『存在と時間』第一部の〕第三編が差し控えられたのは、思索がこの〔第三編でなされる予定であった〕転回を十分な言〔Sagen〕へともたらすことにおいて断念し、したがって形而上学の言葉の助けをもってしては切り抜けなかったからである」（GA9, 328）。

（六一〇）Cf. Joseph Claude Evans, *Strategies of Deconstruction: Derrida and the Myth of the Voice*, Oxford, University of Minnesota Press, 1991, p. xviii.

（六一一）レナード・ローラーは、デリダにおける脱構築という着想の成立を、これよりもさらに早く、そこではまだ「脱構築」という概念が登場していない、一九六四年の論文「暴力と形而上学」のうちに認めている（cf. Leonard Lawlor, "Phenomenology and metaphysics: Deconstruction in *La voix et le phénomène*," in *Journal of the British Society for Phenomenology*, Vol. 27, No. 2, 1996）。われわれとしては「ハイデガー」講義から出発することで、あくまでその概念の成立を問題とすることにしたい。

（六一二）HQ, 24.

（六一三）Cf. HQ, 24.

（六一四）Cf. SZ, 2, 22.「ハイデガーがまさに解体しようとする存在論の伝統に、ヘーゲル哲学が属しているということ」（HQ, 31）。

（六一五）HQ, 34.

（六一六）*Ibid.*

（六一七）Cf. HQ, 34.

（六一八）Cf. Françoise Dastur, *op. cit.*, p. 85.

（六一九）「ひとはもはや差延を根源的とか究極的とか言うことさえできない」（M, 10）。「《根源》という名称はもはや差延にはふさわしくない」（M, 12）。

（六二〇）HQ, 23.

（六二一）「ハイデガーの企図は、ここでは〔=彼の後期の思索においては〕、存在論の基礎づけでも、新たな存在論の基礎づけでも、根本的に新しい意味での存在論の基礎づけでも、さらに何であれまたいかなる意味においてであれ基礎づけでもない。ここで問題となっているのはむしろ、存在論の解体である」（HQ, 23）。「『存在と時間』の冒頭でハイデガーが語っている解体〔Destruktion〕は、存在論の歴史の解体であって、存在論の解体ではない」（HQ, 48）。

（六二二）Cf. HQ, 36 f.

（六二三）Cf. HQ, 37 ff.

(六二四) Cf. HQ, 40 ff.「今後《存在論》や《存在論的》といった表題を用いるのを断念するほうがよいかもしれない」(GA40, 44. Cf. HQ, 41)。

(六二五) Cf. HQ, 42 ff.「ニーチェにとって、思索することは存在者を存在者として表象することを意味している。あらゆる形而上学的な思索は存在 - 論〔Onto-logie〕であるか、あるいはそもそも何ものでもない」(GA5, 210. Cf. HQ, 43)。

(六二六) HQ, 241.

(六二七) HQ, 240. Cf. SZ, 377.

(六二八) SZ, 382.

(六二九) HQ, 273.

(六三〇) SZ, 377.

(六三一) HQ, 249.

(六三二) HQ, 241.

(六三三) HQ, 242.

(六三四) 「歴史性の第一段階を〔……〕示すであろう外見上新しい唯一の諸概念は、われわれの見たところ、遺産（Erbe）、伝承（Überlieferung）、そしてとりわけまた第一に自己伝承（Sichüberlieferung）である」(HQ, 265)。Sichüberlierung は原文のままだが、ドイツ語としては Sichüberliefern が正確であろう。

(六三五) HQ, 265.

(六三六) HQ, 272.

(六三七) HQ, 260.

(六三八) SZ, 383.

(六三九) 「現存在がそのうちで自己自身へと帰来するところの決意性は、本来的に実存することのそのつどの事実的な諸可能性を、その決意性が被投的決意性として引き受ける遺産から開示する」(SZ, 383)。

(六四〇) SZ, 329.

(六四一) HQ, 257.

(六四二) 「現前性（Anwesenheit）」はハイデガーの用語（主にウーシアの訳語）であるが、「現前性の形而上学（métaphysique de la présence）」はデリダの用語であり、混同しないように注意すべきである。この点に関しては、フランソワーズ・ダステュールの次の指摘を参照せよ。「《現前性の形而上学》というのは一見したところ、ハイデガーの表現のように見える。しかしわれわれは、この表現をそのものとしてはハイデガーの著作のうちに見出すことができない。グラマトロジーの仕上げというデリダの試みにとって、現前性はつねに《十全な現前性》を意味しており、非現前性と対立している。一方で、ハイデガー的な現われないものの現象学にとって、形而上学的領域における《現前性》は《恒常的現前性》(beständige Awesenheit)を意味しており、現前性において到来するものの現前性への到来(現前者の現前化〔Anwesung des Anwesenden〕)という現われない出来事〔=性起〕と対立している」(Françoise Dastur, « Derrida et la question de la présence: une relecture de *la voix et le phénomène* », dans *Revue de métaphysique et de morale*, n° 53, 2007, p. 20)。

(六四三)「ハイデガーのテクストがなお《現前性の形而上学》にとらわれている」というデリダの著作の随所に見られる指摘と関連した、次の二つの箇所を引用しておく。「それゆえ、ロゴス中心主義は存在者の存在を現前性として規定することと連帯していよう。そのようなロゴス中心主義がハイデガーの思索にまったくないわけではないというそのかぎりにおいて、このロゴス中心主義は彼の思索をなお、かの存在神論の時代のうちに、現前性の哲学のうちに、つまり哲学そのもののうちに引き留めている」(DG, 23 f.)。「〔……〕私はハイデガーのテクストのなかに、形而上学への、すなわち彼が存在神論と呼んでいるものへの帰属のいくつかのしるしを認めようと試みているのです」(POS, 18 f.)。

(六四四)論文「人間の終わり=目的」のなかでデリダは、彼がそこで試みるような、ハイデガーの存在の問いのうちで密かに働いている或る種の人間主義的な磁気作用を暴き出そうとする作業にとって「ハイデガーの思想のあれこれの時期を区別したり、例の転回〔Kehre〕以前のテクストをそれ以後のテクストと区別したりすることは、かつてほどの意味をもたない」(M, 148)と書いている。

(六四五)「〔存在者の存在の古代的解釈において〕存在者はその存在に関して《現前性》として把握されており、すなわち、或る特定の時間様態である《現在》を考慮して理解されている」(SZ, 25)。

(六四六) Aristoteles, *Physica*, 217b30.

(六四七) M, 73.

(六四八)「〔……〕こうした《通俗的時間概念》に、それとは別の時間概念を対置することもできない。なぜなら、時間一般が形而上学の概念体系に属しているからである。そうした別の概念を生み出そうとしてもやはり、形而上学的ないし存在-神論的な他の諸述語によってその概念を構築していることにすぐさま気づくであろう」(M, 73)。

(六四九) SZ, 432 Anm.

(六五〇)　*Ibid.*

(六五一)　「空間は時間《である》というヘーゲルのテーゼと、ベルクソンの見解は、その根拠づけがまったく異なっているにもかかわらず、結果においては一致している。ただしベルクソンは逆に、時間（temps）は空間であると述べている。ベルクソンの時間観もまた、アリストテレスの時間論についての或る解釈から生じたものであることは明白である」（SZ, 433 f. Anm.）。

(六五二)　「時間の本質を、アリストテレスは今〔νῦν〕のうちに認めており、ヘーゲルも今のうちに認めている。アリストテレスは今〔νῦν〕を限界〔ὅρος〕として捉えており、ヘーゲルも今を《限界》と解している。アリストテレスは今〔νῦν〕を点〔στιγμή〕として理解しており、ヘーゲルは今を点として解釈している」（SZ, 432 Anm.）。

(六五三)　「時性の次元へと向かう方向において探究の道の一歩を踏み出したか、あるいは諸現象そのものに強いられて時性の次元へと突き動かされた最初にして唯一の人、それはカントである」（SZ, 23）。

(六五四)　M, 49.

(六五五)　デリダは問題としていないが、ハイデガーは「根本諸問題」講義では、カントだけでなくアウグスティヌスも例外視している。「後に続く時代は、アリストテレスが問題を論じた段階からは本質的に先に進んでいないと言うことができる――ただしアウグスティヌスとカントのもとでのいくつかの例外を無視すればの話であるが〔……〕」（GA24, 336）。

(六五六)　「カントのなした時間の分析は、この時間という現象を主観のうちへと取り戻したにもかかわらず、伝承された通俗的時間理解に方向づけられたままに留まっており〔……〕」（SZ, 24）。

(六五七)　M, 53.

(六五八)　このような連関を、デリダは特にヘーゲルによる次の時間定義のうちに読み取っている。「時間は純粋な自己意識の〈我＝我〉と同じ原理である」（Georg Wilhelm Friedrich Hegel, *Enzyklopädie der philosophischen Wissenschaften im Grundrisse* (1830), sechste Aufl., Friedhelm Nicolin und Otto Pöggeler (Hrsg.), Hamburg, Felix Meiner, 1959, p. 209. Cf. M, 49）。

(六五九)　Cf. M, 53. これと同じことが、ハイデガーにおけるフッサール時間論の事実上の無視に関しても指摘されうる。ハイデガーはフッサールの時間論のうちに伝統的時間理解の突破を見ることもできたはずだが、それをしようはせず、そこでは「時間の問題に関して、根本的には一切は昔のまま」（GA26, 264）だと断じていた。それゆえ数人の解釈者は、こうしたハイデガーの主張に反して、フッサールの諸テクスト（特に『内的時間意識の現象学』と『C草稿』）のうちに、根源的時間性についての本質的な洞察を読み取ろうとしている。Cf. Rudolf Bernet, « Origine du temps et temps originaire chez Husserl et Heidegger », dans *Revue philosophique de Louvain*, quatrième série, tome 85, n° 68, 1987; Alexei Chernyakov, *The Ontology of Time. Being and Time in the Philosophies of Aristotle, Husserl and Heidegger*, Dordrecht / Boston / London, Kluwer Academic Publischers, 2002, pp. 212–217.

（六〇）「《精神》が時間のうちへ落下するのではなく、事実的実存が頽落的実存として、根源的で本来的な時間性から《落下する》のである」（SZ, 436）。

（六一）M, 49 f.

（六二）M, 49. Cf. SZ, 432.

（六三）Cf. SZ, 428.

（六四）Cf. M, 49.

（六五）Cf. M, 49.

（六六）「アリストテレスは非感性的感性態という概念を先取りしつつ、時間についての或る思索――現在によってもはや単に支配されるのでないような時間についての思索――のための諸前提を設置する」（M, 56）。「超越論的構想力のうちにあって眼前性〔Vorhandenheit〕および現在性〔Gegenwärtigkeit〕の形で与えられる現在の支配を免れるように思われるものが『自然学』第四巻によって疑いなく告知されていた」（*ibid.*）。

（六七）M, 64.

（六八）Cf. M, 58.

（六九）M, 65.

（七〇）たとえば、マーティン・ディロンは、この脱構築が「形而上学の言葉」にかかわっているということを見抜いているにもかかわらず、その趣旨を不用意にもハイデガーの「思索」が形而上学にとらわれているということにかかわるものとして説明している（cf. Martin C. Dillon, "The Metaphysics of Presence: Critique of a Critique," in *Working through Derrida* (Studies in Phenomenology and Existential Philosophy), Gary B. Madison (ed.), Evanston, Northwestern University Press, 1993, p. 190）。またデイヴィッド・ウッドも、時間に関するハイデガーの「思索」のうちに現前性の優位のようなものを認めるという考えを、自身がデリダと共有していると主張する（cf. David Wood, *art. cit.*, p. 136）。

（七一）M, 69.

（七二）M, 72.

（七三）Cf. M, 59, 73.

（六七四） M, 73.
（六七五） *Ibid.*
（六七六） M, 148.
（六七七） 「自己への近さや存在への近さといった或る種の近さの戯れのなかで、形而上学的人間主義と形而上学的人間学主義に逆らいつつも、或る別の〈人間への固執〉が形をなすのをわれわれは目の当たりにする」（M, 148）。
（六七八） ED, 271; OG, 41.
（六七九） 「性起そのものには脱性起が属する」（GA14, 28）。
（六八〇） Cf. Dominique Janicaud, "Presence and Appropriation. Derrida and the Question of an Overcoming of Metaphysical Language," in *Research in Phenomenology*, Vol. 8, 1978, p. 73.
（六八一） GA14, 21. 無論、ここでの「時 - 空」という表現を、通俗的な意味での「時間と空間」と解してはならない。この表現について、ハイデガーは次のように述べている。「時 - 空とは、いまの場合、到来〔Ankunft〕と既在性と現在との〈相互の届け合い〉において明け開かれる開けを名指している」（GA14, 18 f.）。
（六八二） M, 8.
（六八三） *Ibid.*
（六八四） *Ibid.*
（六八五） M, 10.
（六八六） 「ひとはもはや差延を根源的とか究極的とか言うことさえできない」（M, 10）。「《根源》という名称はもはや差延にはふさわしくない」（M, 12）。
（六八七） M, 14.
（六八八） M, 22.
（六八九） M, 12 f.
（六九〇） 「差延は、われわれの《エポック》の最も還元不可能なものを思索するために〔……〕戦略的に最もふさわしいものと私には思われた」（M, 7）。ここでの「エポック」は、ハイデガーが「時間と存在」講演のなかで「存在の歴運」の自己贈与に属する「保留〔ἐποχή〕」の働きとして示した「エポック」のことを指していよう（cf. GA14, 13）。
（六九一） POS, 15.

（六九二）この点に関しては、ルドルフ・ベルネの次の指摘を参照せよ。「デリダが問題とする差延（différance）は、形而上学の終わりを意味しているのでも、新たな基礎存在論の始まりを意味しているのでもない」（Rudolf Bernet, „Differenz und Anwesenheit", in *Studien zu neueren französischen Phänomenologie: Ricœur, Foucault, Derrida*, Ernst Wolfgang Orth（Hrsg.）, München, Karl Alber, 1986, p. 63）。

（六九三）ED, 165 f.

総括

（六九四）TA, 69.

（六九五）TR3, 109.

（六九六）H, 260.

（六九七）リクールは『時間と物語』の「時間性のアポリア論」の或る註（TR3, 46 f. note 1）のなかで、デリダが「このような痕跡は、もしその語が、矛盾なしに、またすぐに抹消されずに用いられうるとすれば、現象学的根源性そのものよりも《根源的》である」（VP, 75）と主張している『声と現象』の一文を引用しつつ、「われわれも後で、痕跡についてのこれと近い考え方を引き受けることにしよう」と付け加えている。

（六九八）少なくともリクールはそのように考えている。「〔歴史学を歴史性によって基礎づけようとするハイデガーの試みのうちで〕棚上げされているように見えるのは、まさに痕跡の問題構制である」（TR3, 117）。

（六九九）TR3, 117 note 1.

索　引(事項)

・本文のみを対象とする。
・(　) 内の語句は、本文中での言い換えや補足を指す。
・著作や講義のタイトルに含まれるものは除外した。

【あ】

証し Bezeugung, attestation　142, 147, 161–162
アプリオリ a priori　92, 102, 104, 109–110, 116, 154, 165
遺産 Erbe, héritage　178–179, 191
今 Jetzt, νῦν　13–14, 22–23, 61, 140, 183, 185–186, 190
今継起 Jetztfolge　13–14, 18–20, 185
今時間 Jetzt-Zeit　13
イリヤ il y a　123, 128, 131–135, 137, 139
ウーシア οὐσία　181, 186
演繹 Deduktion　8–9, 14–15, 34, 63–64, 66–68, 70–71, 75, 103, 105, 109, 112, 114–115, 149, 153, 158, 163, 165, 176, 192, 197, 202–203
負い目 Schuld　39–41, 142, 162
恐れ Furcht　132

【か】

開示 Erschliessen　41, 49, 57–58, 94, 132–133
開示性 Erschlossenheit　68, 70
解体 Destruktion, déstruction　13, 168–176, 180, 183, 186–187, 193, 195, 198, 205
語り Rede　35, 67–71, 115, 145, 147, 157–158, 193, 199, 204
カテゴリー Kategorien　100, 103–105, 108, 156, 165
間隔化 espacement　189–190
眼前性 Vorhandenheit / 眼前的 vorhanden　20, 25–28, 30, 86, 88, 94, 110, 159, 185
既在性 Gewesenheit　12, 48, 52–56, 59, 61–62, 66, 70, 93, 95–96, 114, 117, 139, 143, 179, 191, 200
基礎存在論 Fundamentalontologie　8–9, 74, 76–77, 83, 85–87, 100–101, 141, 170, 172, 174, 201, 205
気遣い Sorge　29, 35, 43, 48–52, 54, 84–85, 102, 104, 110, 130, 134, 176, 179
企投 Entwurf　26, 84–86, 93–94, 130–132, 135, 143, 191
客観的時間 objektive Zeit　12, 19, 151
共存在 Mitsein　60, 84, 135, 141, 145
緊張性 Gespanntheit　22–23, 67, 149
空間 Raum　106, 100, 110, 183, 186, 189, 191, 193
空間性 Räumlichkeit　106
空談 Gerede　69
決意性 Entschlossenheit　39, 41, 46, 57, 58, 179
現 Da　57, 117, 135, 137
言語（言葉）Sprache, langage　35, 68–70, 89, 97, 114–115, 117, 145, 150–151, 158, 192, 193, 199–200, 202, 204
現在 Gegenwart, présent　12, 14, 48, 51–53, 55–56, 58, 61–62, 68–70, 93–96, 104, 114–115, 117, 139, 140, 143, 181–182, 190–191
現在化 Gegenwärtigen　55–59, 61, 68, 94,

139
現前性 Anwesenheit, présence 96, 167–168, 180–182, 186–187, 189–191, 193–195, 198
原歴史 Urgeschichte 79, 88–89, 111–112, 115
公開性 Öffentlichkeit 22, 24–25, 149
公開的時間 öffentliche Zeit 24–25
好機 καιρός 58
交渉 Umgang 26, 49, 51, 56, 62, 69, 94, 95
構想力 Einbildungskraft 52, 71, 79, 100, 102–105, 109, 146–147, 154–159, 165, 185, 193, 198
克服 Überwindung, Verwindung 168–169, 171, 173, 193, 198
孤立 Vereinzelung 37, 40–41, 49
顧慮 Fürsorge 48
根源 Ursprung 3, 6, 12, 15–17, 24–25, 33, 35, 45, 47, 53, 55, 64, 73–74, 88, 97, 105, 108, 116–118, 153–154, 159, 164, 173–174, 177, 179, 187–188, 190–194, 198, 200, 203, 205
根源性 Ursprünglichkeit 18, 49–50, 91, 148, 153, 199, 205
根源的時間 ursprüngliche Zeit 16–18, 24, 47, 71, 74, 89, 106–107, 111–112, 114, 116–118, 120, 138, 140–141, 144, 146, 166, 168, 175, 178–180, 182, 185, 192, 198–202, 205
根源的時間性 ursprüngliche Zeitlichkeit 14, 18, 33, 49–53, 56, 60, 67, 69, 71, 95, 102–103, 108, 115–116, 146, 148–150, 158, 179, 187, 191, 199–200, 204
根源的自然 ursprüngliche Natur 10, 31–33, 67, 71, 74, 113–114, 203
根源的で本来的な時間性 unsprüngliche und eigentliche Zeitlichkeit 32, 35, 47, 49, 53, 60–61, 184
根源的歴史 ursprüngliche Geschichte 35, 67–71, 74, 79, 89, 97, 112, 114–116, 118, 120, 141, 147, 158, 166, 168, 175, 178, 180, 192, 198–202, 204–205
根源的歴史性 ursprüngliche Geschichtlichkeit 71, 146, 158, 179
痕跡 Spur, trace 23, 173, 189–192, 194, 200

【さ】

差延 différance 168, 173, 175, 180, 186, 189–194, 198, 202, 205
時間内部性 Innerzeitigkeit / 時間内部的 innerzeitlich 8–10, 14–21, 23, 31–33, 47, 64–67, 71, 75, 107, 113, 116–118, 148–151, 153–154, 159, 163–164, 184, 198, 203, 205
志向性 Intentionalität 12, 81–84
自己触発 Selbstaffektion, auto-affection 79, 109–112, 116, 140–141, 160, 163, 166, 168, 175, 178–180, 184, 185, 192, 198, 205
自己性 Selbstheit, ipséité 51, 81, 87, 102, 110, 143, 159, 160, 163, 166, 179, 195
自己伝承 Sichüberliefern 168, 175, 178–180, 192, 198–199, 202, 205
事実性 Faktizität / 事実的 faktisch 45, 48, 52, 54, 62, 66, 81, 93, 117, 130, 179, 191
時熟（時間化） Zeitigung, temporalisation 12, 14, 22, 24, 53, 59–61, 63, 65, 67–69, 82, 84, 89–90, 92, 95, 103–105, 109, 115–116, 124, 133, 138–141, 158, 160, 166, 168, 175, 179, 189–193, 198, 200, 202, 204
自然 Natur 24–31, 69, 71, 87, 97, 113–114, 117, 204
自然時間 Naturzeit 21, 25–26, 30–31, 152, 204
実詞化 hypostase 136–139, 197
実存性 Existenzialität 48, 52, 53, 66, 108,

117
実存範疇 Existenzialien　34, 40
実存変様 existenzielle Modifikation　38–39, 41
実存論的分析論 existenziale Analytik　8, 11, 25, 32, 42, 48, 50, 74, 77–78, 95, 98, 100–101, 115, 124, 134
死へとかかわる存在 Sein zum Tode　36, 54, 148, 150, 153, 158
周囲世界 Umwelt　27–29, 48–49
瞬間（瞬視）Augenblick, instant　35, 51, 53, 55–59, 63, 68–69, 115, 140
性起 Ereignis, appropriation　5, 72–74, 172, 177, 188–189, 193–194
状況 Situation 57–58
情態性 Befindlichkeit　29, 68, 70–71, 85, 97
将来 Zukunft　12, 14, 35, 48, 52–54, 56, 59–62, 66, 70, 93–96, 104, 108, 114, 117, 139, 143, 179, 191–192, 199–200
自立性 Selbständigkeit / 自‐立性 Selbst-ständigkeit　51–52, 108, 111, 150, 159–160
伸張 Erstreckung　63, 149–150
伸張性 Erstrecktheit　23, 67, 185
水平化 Nivellierung　18–20, 55, 113, 183, 184
図式機能 Schematismus　92, 99–100, 105, 165, 184
筋立て mise en intrigue　156–158, 160, 166, 198, 205
生起 Geschehen　23, 63, 66–67, 69, 88–89, 92, 118, 120, 168, 175, 180, 192, 198, 200, 202, 204–205
世界 Welt　17, 19–20, 24, 26–27, 29–30, 37, 46, 48, 54, 69, 72, 81, 84–88, 90, 113, 130–135, 137–138, 161
世界企投 Weltentwurf　84–85, 87, 92–93, 96
世界形成 Weltbildung　84
世界時間 Weltzeit　10, 19–23, 25–26, 30–31, 33, 113–114, 152–153, 204
世界進入 Welteingang　79, 82, 84–88, 115, 132
世界性 Weltlichkeit　26
世界内存在 In-der-Welt-sein　5, 11, 15, 20, 43, 60, 69, 72, 80–82, 84–85, 87, 97–98, 115, 126, 135, 137–138, 141, 197
世界内部性 Innerweltlichkeit / 世界内部的　Innerweltlich 15, 17, 19, 25–26, 28–29, 31, 38, 48–49, 51, 55–56, 61–62, 65, 68–69, 81, 84–87, 94–95, 97, 132, 134, 204
世人 Man　39–41, 46, 60, 161
世人自己 Man-selbst　40, 42–43
先駆 Vorlaufen　53–59, 63, 140, 143, 179
先存在論的 vorontologisch　29, 77, 90, 134
全体としての存在者 das Seiende im Ganzen　77–78, 82, 87, 97, 132–134, 137
存在可能 Seinkönnen　43, 50, 52, 54–55, 58–59, 63, 142, 159, 161–162, 191
存在了解 Seinsverständniss　11, 69, 71, 74–75, 77–78, 89–92, 97, 109, 116, 124–128, 131, 133–134, 136, 139, 141, 144–146, 165, 200–202, 204
存在論的差異 ontologische Differenz 123, 128, 133–134

【た】
退化 Degeneration　18, 150
頽落 Verfallen　18–19, 40–41, 60, 68, 70, 113, 139, 184, 187
頽落性 Verfallenheit　48, 51–52, 117
他性 altélité　140–141, 143, 147, 160–163, 166, 195, 201
脱構築 déconstruction　168–169, 172–173, 175, 193–194, 198–199

脱自域 Ekstema　12, 92, 114
脱自態 Ekstase／脱自的　ekstatisch 11–14, 20, 35, 48, 51–53, 55–56, 59–62, 68, 71, 84, 90–93, 95–97, 104, 114–115, 144, 178–179, 182, 199
脱性起 Enteignis, désappropriation　188–189
脱世界化 Entweltlichung　20–21
ために Um-zu　93–96
ために Umwillen　93–94, 96
遅延 temporisation　189–190
地平 Horizont／地平的 horizontal　11–12, 14, 20, 43, 71, 74, 84, 90–92, 96–98, 104, 110, 115–116, 135, 190, 200
地平的図式 horizontales Schema　12, 91–96, 104, 114–115, 139
超越 Transzendenz　20, 78–94, 97–98, 110, 115, 124–127, 130–134, 136–139, 153, 197, 200, 204
沈黙 Verschwiegenheit　68–69, 199
通俗的時間概念 vulgärer Zeitbegriff　10–11, 13, 18, 20–23, 31–33, 65–67, 71, 105, 113, 116, 120, 151–153, 180, 182–185, 187, 200–201, 204
定位 position　135, 137–139
手許性 Zuhandenheit／手許的 zuhanden　20, 27–28, 49, 94
転回 Kehre　71–74, 78, 172, 177–178, 181, 188, 205
転　換 Umschlag, μεταβολή　74, 76–78, 101
統覚 Apperzeption　102–103, 105, 107–109, 111, 184
統合形象化 configuration　157
等根源性 Gleichursprünglichkeit／等根源的　gleichursprünglich 12, 15, 34, 45–46, 60–61, 66–67, 112–113, 117–118, 149–150, 153–154, 159, 179, 198–200, 203
時性（テンポラリテート）Temporalität　5, 9, 65–66, 71, 73–75, 78, 89–92, 95–99, 102–103, 109, 111–112, 114–116, 186–189, 193, 200
どこに Woran　93, 96
どこへ Wohin　12, 92
取り戻し Wiederholung　54, 56–59, 63, 140, 191

【な】

日常性 Alltäglichkeit／日常的 alltäglich　10, 20, 23, 37–38, 40–48, 55, 57, 59, 95, 100, 113
ノエシス的 - ノエマ的 noetisch-noematisch　12

【は】

媒介 Vermittlung, intermédiaire　3, 6, 20–21, 31, 67, 71, 97, 107, 111–113, 118, 120, 147, 149, 150–151, 153–160, 163–164, 166, 193–194, 198, 201, 203–205
配慮 Besorgen　10, 15, 20–22, 24–25, 31, 48, 84
把持 Behalten　54–55
派生 Ableitung, dérivation　3, 6, 8–10, 14–21, 31–35, 45, 47, 61, 64–67, 71, 75, 105, 112–114, 116–118, 120, 149–153, 158–159, 163–164, 166, 175, 187–188, 194, 197–198, 200, 202, 204–205
発源 Entspringen　8, 13–14, 16–18, 47, 77
日付可能性 Datierbarkeit　20, 22, 24, 149
被投性 Geworfenheit, déréliction　24, 29, 85, 93, 129–130, 179, 191
被投的企投 geworfener Entwurf　85, 97, 130
被発見性 Entdecktheit　30
非本来性 Uneigentlichkeit／非本来的 uneigentlich　14–15, 33, 35–50, 53–56, 58, 60, 65, 69, 93, 95, 113, 124, 132, 159,

161–162, 179, 187, 205
非本来的時間性 uneigentliche Zeitlichkeit 14, 32, 34–35, 47, 50–56, 58, 60, 65
非本来的歴史性 uneigentliche Geschichtlichkeit 43, 65
ピュシス φύσις 28, 74
不安 Angst 37–41, 45, 48–49, 51, 56, 131–133
プレゼンツ Praesenz 94–95, 114
分散 Zerstreuung 60
平均性 Durchschnittlichkeit 42–44, 48
忘却 Vergessenheit 54–55
捕捉性 Eingenommenheit / 捕捉された eingenommen 85, 92, 94, 96
本来性 Eigentlichkeit / 本来的 eigentlich 15–16, 33, 35–50, 52–60, 65, 68–69, 93, 95, 113, 115–116, 124, 140, 142, 159, 161–162, 187–188, 192–193, 199, 205
本来的時間性 eigentliche Zeitlichkeit 16, 34–35, 47, 49–53, 55–56, 58–60, 63, 65, 95, 140, 191
本来的歴史性 eigentliche Geschichtlichkeit 65

【ま】

無 Nichts, néant 96, 131–133, 140
無限（性）Unendlichkeit, infini / 無限的 unendlich, infini 13, 59, 101, 104, 106, 127, 139, 166, 195, 201
無差別相 Indifferenz 35, 41–45, 48, 50
命運 Geschick 149
メタ存在論 Metontologie 74–77, 85–87, 141, 170, 201, 205
物語 récit 71, 151, 156, 158, 199, 202, 204
物語的自己同一性 identité narrative 143, 147, 158–160, 202

【や】

有意義性 Bedeutsamkeit 20–22, 94
有限性 Endlichkeit, finitude / 有限的 endlich, fini 13, 18, 36, 59, 100–101, 104, 106, 126–128, 139, 165–166, 179, 200–201
予期 Gewärtigen 53–54

【ら】

了解 Verstehen 11, 15–16, 19, 29, 36, 37, 44, 60, 62, 68–71, 75, 77–78, 85, 88, 93, 97–98, 101–102, 124, 127, 129, 134–137, 145, 191, 204
良心 Gewissen 39, 41, 142, 161, 162
（存在の）歴運 Geschick, Seinsgeschick 74, 177, 192
歴史学 Historie 114
歴史性 Geschichtlichkeit, historialité / 歴史的 geschichtlich, historial 8–9, 14–15, 23, 34–35, 62–71, 75, 79, 88–89, 107, 111, 113–118, 141, 146–151, 153–154, 156–159, 163–164, 175–180, 192, 197–200, 202–205

索　引(人名)

・ハイデガーはのぞく。
・本文のみを対象とする。
・著作や講義のタイトルに含まれるものは除外した。

【あ】

アール Michel Haar　25–26, 28–31, 113
アウグスティヌス Augustinus　151, 154, 181
アリストテレス Aristoteles　3, 13, 14, 76, 151, 153, 170, 181–183, 185–186
ヴァール Jean Wahl　80, 121
ヴァレリー Paul Valéry　33

【か】

カッシーラー Ernst Cassirer　100
カント Immanuel Kant　19, 51–52, 70–71, 79, 92, 98–111, 116–117, 147, 151, 154–159, 164–165, 178, 181, 183–185, 198
ギュルヴィッチ Georges Gurvitch　123
キルケゴール Søren Kierkegaard　18
クルティーヌ Jean-françois Courtine　137
グレーシュ Jean Greisch　68, 71
グロンダン Jean Grondin　73

【さ】

サリス John Sallis　64
ジャニコー Dominique Janicaud　188
ジャンケレヴィッチ Vladimir Jankélévitch　121

【た】

ダールシュトロム Daniel O. Dahlstrom　42, 49–50
デカルト René Descartes　51, 107, 140, 155, 159
デリダ Jacques Derrida　3, 64, 118, 120, 167–169, 172–202, 204
ド・ヴァーレンス Alphonse de Waelhens　46, 80, 121
ドレイファス Hubert L. Dreyfus　42

【は】

バウムガルテン　Alexander Gottlieb Baumgarten　101
ビーメル Walter Biemel　80
フッサール Edmund Husserl　12, 19, 83, 91, 100, 102, 151, 154, 173, 181, 190–191
フライシャー Margot Fleischer　42, 49
ブラットナー William D. Blattner　42, 49
フランク Didier Franck　68–69
ブレンターノ Franz Clemens Honoratus Hermann Brentano　83
ヘーゲル Gerog Wilhelm Friedrich Hegel　172–173, 182–185
ペゲラー Otto Pöggeler　57, 72
ベルクソン Henri Bergson　3, 13, 140–141, 183

【ま】

マルブランシュ Nicolas Malebranche　140
ミッシュ Gerog Misch　123

【や】

ヤスパース Karl Jaspers　57

【ら】

リクール Paul Ricœur　3, 71, 118, 120, 143, 146–167, 182, 193, 196–202, 204
レヴィナス Emmanuel Levinas　3, 46, 118, 120–147, 160–163, 166–167, 185–186, 191, 195–197, 199–202, 204
レーヴィット Karl Löwith　25, 28–29

文献表

I　マルティン・ハイデガー

(1) 刊行中のハイデガー全集

GA　*Gesamtausgabe*, Frankfurt am Main, Vittorio Klostermann, 1975-.〔『ハイデッガー全集』辻村公一、茅野良男、上妻精、大橋良介、門脇俊介、ハルムート・ブフナー、アルフレド・グッツオーニ、ゲオルク・シュテンガー編、創文社、1985-2011 年〕

GA1　*Frühe Schriften* (1912-1916), Friedrich-Wilhelm von Hermann (Hrsg.), 1978.〔『初期論文集』岡村信孝、丸山徳次、ハルムート・ブフナー、エヴェリン・ラフナー訳、創文社、1996 年〕

GA3　*Kant und das Problem der Metaphysik* (1929), Friedrich-Wilhelm von Hermann (Hrsg.), 1991.〔『カントと形而上学の問題』門脇卓爾、ハルムート・ブフナー訳、創文社、2003 年〕

GA5　*Holzwege* (1935-1946), Friedrich-Wilhelm von Hermann (Hrsg.), 1977.〔『杣径』茅野良男、ハルムート・ブフナー訳、創文社、1988 年〕

GA9　*Wegmarken* (1919-1958), Friedrich-Wilhelm von Hermann (Hrsg.), 1976.〔『道標』辻村公一、ハルムート・ブフナー訳、創文社、1985 年〕

GA14　*Zur Sache des Denkens* (1962-1964), Friedrich-Wilhelm von Hermann (Hrsg.), 2007.

GA20　*Prolegomena zur Geschichte des Zeitbegriffs* (Marburger Vorlesung Sommersemester 1924), Petra Jaeger (Hrsg.), 1979.〔『時間概念の歴史への序説』常俊宗三郎、嶺秀樹、レオ・デュムペルマン訳、創文社、1988 年〕

GA21　*Logik. Die Frage nach der Wahrheit* (Marburger Vorlesung Wintersemester 1925/26), Walter. Biemel (Hrsg.), 1995.〔『論理学――真理への問い』佐々木亮、伊藤聡、セヴェリン・ミュラー訳、創文社、1989 年〕

GA24　*Die Grundprobleme der Phänomenologie* (Marburger Vorlesung Sommersemester 1927) , Friedrich-Wilhelm von Hermann (Hrsg.), 1975.〔『現象学の根本諸問題』溝口兢一、松本長彦、杉野祥一、セヴェリン・ミュラー訳、創文社、2001 年〕

GA25　*Phänomenologische Interpretation von Kants Kritik der reinen Vernunft* (Marburger Vorlesung Wintersemester 1927/28), Ingtraut Görland (Hrsg.), 1977.〔『カントの純粋理性批判の現象学的解釈』石井誠士、仲原孝、セヴェリン・ミュラー訳、創文社、1997 年〕

GA26　*Metaphysische Anfangsgründe der Logik im Ausgang von Leibniz* (Marburger Vorlesung Sommersemester 1928), Klaus Held (Hrsg.), 1978.〔『論理学の形而上学的な始元諸根拠――ライプニッツから出発して』酒井

潔、ヴィン・クルンカー訳、創文社、2002年〕

GA28 *Der deutsche Idealismus (Fichte, Schelling, Hegel) und die philosophische Problemlage der Gegenwart* (Freiburger Vorlesung Sommersemester 1929), Claudius Strube (Hrsg.), 1997.

GA29/30 *Die Grundbegriffe der Metaphysik. Welt—Endlichkeit—Einsamkeit* (Freiburger Vorlesung Wintersemester 1929/30), Friedrich-Wilhelm von Hermann (Hrsg.), 1983.〔『形而上学の根本諸概念——世界—有限性—孤独』川原栄峰、セヴェリン・ミュラー訳、創文社、1998年〕

GA31 *Vom Wesen der menschlichen Freiheit. Einleitung in die Philosophie* (Freiburger Vorlesung Sommersemester 1930), Hartmut Tietjen (Hrsg.), 1982.〔『人間的自由の本質について』齋藤義一、ヴォルフガング・シュラーダー訳、創文社、1987年〕

GA40 *Einführung in die Metaphysik* (Freiburger Vorlesung Sommersemester 1935), Petra Jaeger (Hrsg.), 1983.〔『形而上学入門』岩田靖夫、ハルムート・ブフナー訳、創文社、2000年〕

GA49 *Die Metaphysik des deutschen Idealismus* (Freiburger Vorlesung I. Trimester 1941 / Freiburger Seminar Sommersemester 1941), Günter Seubold (Hrsg.), 1991.〔『ドイツ観念論の形而上学』菅原潤、ゲオルク・シュテンガー訳、創文社、2010年〕

GA62 *Phänomenologische Interpretationen ausgewählter Abhandlungen des Aristoteles zu Ontologie und Logik* (Frühe Freiburger Vorlesung Sommersemester 1922) / Anhang: *Phänomenologische Interpretationen zu Aristoteles (Anzeige der hermeneutischen Situation). Ausarbeitung für die Marburger und die Göttinger Philosophische Fakultät* (Herbst 1922), Günter Neumann (Hrsg.), 2005.

GA64 *Der Begriff der Zeit* (1924) / Anhang: *Der Begriff der Zeit. Vortrag vor der Marburger Theologenschaft* (Juli 1924), Friedrich-Wilhelm von Hermann (Hrsg.), 2004.

(2) その他のハイデガーの著作

KV „Wilhelm Diltheys Forschungsarbeit und der gegenwärtige Kampf um eine historische Weltanschauung“ (Kasseler Vortrag 1925), in *Dilthey-Jahrbuch für Philosophie und Geschichte der Geisteswissenschaften*, Bd. 8, 1992–93, Göttingen, Vandenhoeck & Ruprecht, pp. 121–232.〔『ハイデッガー　カッセル講演』後藤嘉也訳、平凡社ライブラリー、2006年〕

SZ *Sein und Zeit* (1927), Tübingen, Max Niemeyer, 16 Aufl., 1986.〔『存在と時間　(一)～(四)』熊野純彦訳、岩波文庫、2013年。『存在と時間』高田珠樹訳、作品社、2013年。『存在と時間　I～III』原佑・渡邊二郎訳、中公クラシックス、2003年。『存在と時間　上・下』細谷貞雄訳、ちくま学芸文庫、

1994 年。『世界の大思想 28　ハイデッガー　有と時』辻村公一訳、河出書房新社、1967 年〕

(3) 参照した各国語訳

L'être et le temps, traduction par Rudolf Boehm et Alphonse de Waelhens, Paris, Gallimard, 1964.

Être et temps, traduction par Emmanuel Martineau, Paris, Authentica, 1985.

Questions I, traduction par Henry Corbin, Roger Munier, Alphonse de Waelhens, Walter Biemel, et André Préau, Paris, Gallimard, 1968.

(4) 参照した二次文献

Bernet, Rudolf, « Origine du temps et temps originaire chez Husserl et Heidegger », dans *Revue philosophique de Louvain*, quatrième série, tome 85, n° 68, 1987, pp. 499–521.

———, « Transcendance et intentionnalité: Heidegger et Husserl sur les prolégomènes d'une ontologie phénoménologique », dans *Heidegger et l'idée de la phénoménologie*, Franco Volpi et al. (dir.), Dordrecht / Boston / London, Kluwer Academic Publischers, 1988, pp. 195–215.

Biemel, Walter, *Le concept de monde chez Heidegger*, Paris, J. Vrin, 1950.

Blattner, William D., "Existential Temporality in *Being and Time* (Why Heidegger is not a Pragmatist)," in *Heidegger: A Critical Reader*, Hubert L. Dreyfus and Harrison Hall (eds.), Oxford, Blackwell Publischers, 1992.

———, *Heidegger's Temporal Idealism*, Cambridge, Cambridge University Press, 1999.

Carman, Taylor, "Must We be Inauthentic?" in *Heidegger, Authenticity, and Modernity: Essays in Honor of Hubert L. Dreyfus*, Vol. 1, Mark A. Wrathall and Jeff Malpas (eds.), Cambridge, MA: MIT Press, 2000.

Carr, David, "Heidegger on Kant on Transcendance," in *Transcendental Heidegger*, Steven G. Crowell and Jeff Malpas (eds.), California, Stanford University Press, 2007.

Chernyakov, Alexei, *The Ontology of Time. Being and Time in the Philosophies of Aristotle, Husserl and Heidegger*, Dordrecht / Boston / London, Kluwer Academic Publischers, 2002.

Courtine, Jean-François, « L'idée de la phénoménologie et la problèmatique de la réduction », dans *Phénoménologie et métaphysique*, Jean-Luc Marion et Guy Planty-Bonjour (dir.), Paris, PUF, 1984, pp. 211–245.〔「現象学の理念と還元の問題性」『現象学と形而上学』三上真司・重永哲也・檜垣立哉訳、法政大学出版局、1994 年、277–322 頁〕

———, *Heidegger et la phénoménologie*, Paris, J. Vrin, 1990.

Crowell, Steven G., "Metaphysics, Metontology, and the End of *Being and Time*," in *Philosophy and Phenomenological Research*, Vol. LX, No. 2, 2000, pp. 307–331.

Dahlstrom, Daniel O., "Heidegger's Kant-Courses at Marburg," in *Reading Heidegger from the Start: Essays in His Earliest Thought*, Theodore Kisiel and John van Buren (eds.), Albany, State University of New York Press, 1994, pp. 298–308.

———, "Heidegger's Concept of Temporality: Reflection of a Recent Criticism," in *The Review of Metaphysics*, Vol. 49, No. 1, 1995, pp. 95–115.

Dastur, Françoise, « La constitution ekstatique-horizontale de la temopralité », in *Heidegger Studies*, Vol. 2, 1986, pp. 97–109.

———, *Heidegger et la question du temps*, Paris, PUF, 1990.

De Waelhens, Alphonse, *La philosophie de Martin Heidegger* (1942), 7e éd., Louvain, Nauwelaerts, 1971.

Dreyfus, Hubert L., *Being-in-the-World: A Commentary on Heidegger's "Being and Time" Division I*, Cambridge, MA: MIT Press, 1991.〔『世界内存在——『存在と時間』における日常性の解釈学』門脇俊介監訳、産業図書、2000年〕

Fleischer, Margot, *Die Zeitanalysen in Heideggers „Sein und Zeit": Aporien, Probleme und ein Ausblick*, Würzburg, Könighausen und Neumann, 1991.

Franck, Didier, *Heidegger et le problème de l'espace*, Paris, Minuit, 1986.

Görland, Ingtraud, *Transzendenz und Selbst. Eine Phase in Heideggers Denken*, Frankfurt am Main, Vittorio Klostermann, 1981.

Greisch, Jean, *Ontologie et temporalité. Esquisse d'une interprétation intégrale de Sein und Zeit*, Paris, PUF, 1994.〔『『存在と時間』講義——統合的解釈の試み』杉村靖彦・松本直樹・重松健人・関根小織・鶴真一・伊原木大祐・川口茂雄訳、法政大学出版局、2007年〕

Grondin, Jean, *Le tournant dans la pensée de Martin Heidegger*, Paris, PUF, 1987.

Guignon, Charles B., "Heidegger's "Authenticity" Revisited," in *Heidegger, Authenticity, and Modernity: Essays in Honor of Hubert L. Dreyfus*, Vol. 1, Mark Wrathall and Jeff Malpas (eds.), Cambridge, MA: MIT Press, 2000, pp. 191–209.

Gurvitch, Georges, *Les tendances actuelles de la philosophie allemande. E. Husserl — M. Scheler — E. Lask — M. Heidegger*, Paris, J. Vrin, 1930.

Haar, Michel, *Le chant de la terre. Heidegger et les assises de l'histoire de l'être*, Paris, L'Herne, 1987.

———, *Heidegger et l'essence de l'homme*, Paris, Jérôme Millon, 1993.

Heinz, Marion, *Zeitlichkeit und Temporalität: Die Konstitution der Existenz und die Grundlegung einer temporalen Ontologie im Frühwerk Martin Heidegger*, Würzburg, Königshausen und Neumann; Amsterdam, Rodopi, 1982.

Janicaud, Dominique, *Heidegger en France, I. Récit*, Paris, Albin Michel, 2001.

Janicaud, Dominique, et Mattéi, Jean-François, *La métaphysique à la limite: cinq études sur Heidegger*, Paris, PUF, 1992.

Jaran, François, « La pensée métaphysique Heidegger. La transcendance du Dasein comme source d'une metaphysica naturalis », dans *Les études philosophiques*, n° 76, 2006, pp. 47–61.

———, *La métaphysique du Dasein: Heidegger et la possibilité de la métaphysique (1927–1930)*, Paris, J. Vrin, 2010.

Kisiel, Theodore, „Der Zeitbegriff beim früheren Heidegger (um 1925)", in *Zeit und Zeitlichkeit bei Husserl und Heidegger*, Rudolf Bernet (Hrsg.), München, Karl Alber, 1983.

Krell, David Farrell, *Intimations of Mortality: Time, Truth, and Finitude in Heidegger's Thinking of Being*, University Park, Pennsylvania State University Press, 1986.

Löwith, Karl, *Heidegger, Denker in dürftiger Zeit* (1953), in *Sämtliche Schriften*, Bd. 8, Stuttgart, J. B. Metzler, 1990.〔『ハイデッガー――乏しき時代の思索者』杉田泰一・岡崎英輔訳、未来社、1968 年〕

Misch, Georg, *Lebensphilosophie und Phänomenologie. Eine Auseinandersetzung der Diltheyschen Richtung mit Heidegger und Husserl*, Bonn, F. Cohen Verlag, 1930.

Pöggeler, Otto, *Der Denkweg Martin Heidegger*, Pfullingen, Günther Neske, 1963.〔『ハイデッガーの根本問題――ハイデッガーの思惟の道』大橋良介・溝口宏平訳、晃洋書房、1980 年〕

Rosales, Alberto, *Transzendenz und Differenz. Ein Beitrag zum Problem der ontologischen Differenz beim frühen Heidegger*, Den Haag, Martinus Nijhoff, 1970.

Sallis, John, "Another Time," in *Appropriating Heidegger*, James E. Faulconer and Mark A. Wrathall (eds.), Cambridge, Cambridge University Press, 2000, pp. 175–190.

Taminiaux, Jacques, « Ποίησις et Πρᾶξις dans l'articulation de l'ontologie fondamentale », dans *Heidegger et l'idée de la phénoménologie*, Franco Volpi et al. (dir.), Dordrecht / Boston / London, Kluwer, Academic Publischers, 1988, pp. 107–125.

Tengelyi, László, « L'idée de métontologie et la vision du monde selon Heidegger », in *Heidegger Studies*, Vol. 27, 2011, pp. 137–153.

Tugendhat, Ernst, *Der Wahrheitsbegriff bei Husserl und Heidegger*, 2 unveränderte Aufl., Berlin, Walter de Gruyter & Co., 1970.

Volpi, Franco, "*Being and Time*: A "Translation" of the *Nicomachean Ethics*?" translated by John Protevi, in *Reading Heidegger from the Start. Essays in His Earliest Thought*, Theodore Kisiel and John van Buren (eds.), Albany, State University of New York Press, 1994, pp. 195–211.

Wahl, Jean A., *Esquisse pour une histoire de «l'existentialisme» : suivie de Kafka et Kierkegaard*, Paris, Arche, 1949.〔『実存主義的人間』永戸多喜雄訳、人文書院、1953 年〕

Wood, David, "Reiterating the Temporal. Toward a Rethinking of Heidegger on

Time," in *Reading Heidegger: Commemorations*, John Sallis (ed.), Bloomington and Indianapolis, Indiana University Press, 1993, pp. 136–159.

金成祐人「全体における存在者としての自然——前期ハイデガーにおける自然概念再考」『実存思想論集　XXXII　アーレントと実存思想』第2期、第24号、実存思想協会編、2017年、109–125頁。

木村史人『「存在の問い」の行方——『存在と時間』は、なぜ挫折せざるをえなかったのか』北樹出版、2015年。

酒井潔「モナド論・基礎有論・メタ有論——もうひとつの〈ライプニッツ - ハイデッガー問題〉」『思想』第930号、岩波書店、2001年、47–71頁。

仲原孝『ハイデガーの根本洞察——「時間と存在」の挫折と超克』昭和堂、2008年。

細川亮一『意味・真理・場所』創文社、1992年。

渡邊二郎『渡邊二郎著作集　第三巻　ハイデガーIII』高山守・千田義光・久保陽一・榊原哲也・森一郎編、筑摩書房、2011年。

II　エマニュエル・レヴィナス

(1) レヴィナスの著作

EE　*De l'existence à l'existant* (1947), 2e éd., Paris, J. Vrin, 2004.〔『実存から実存者へ』西谷修訳、ちくま学芸文庫、2005年〕

TA　*Le temps et l'autre* (1948), 6e éd., Paris, PUF, 1996.〔『時間と他者』原田佳彦訳、法政大学出版局、1986年。「時間と他なるもの」『レヴィナスコレクション』合田正人編・訳、ちくま学芸文庫、1999年、231–299頁〕

DE　*En découvrant l'existance avec Husserl et Heidegger*, Paris, J. Vrin, 1949.〔『実存の発見——フッサールとハイデガーと共に』佐藤真理人・三谷嗣・小川昌宏・河合孝昭訳、法政大学出版局、1996年〕

TI　*Totalité et infini. Essai sur l'extériorité* (1961), 4e éd., Den Hague / Boston / Lancaster, Martinus Nijhoff, 1984.〔『全体性と無限　上・下』熊野純彦訳、岩波文庫、2005年。『全体性と無限——外部性についての試論』合田正人訳、国文社、1989年〕

EN　*Entre nous. Essais sur le penser-à-l'autre*, Paris, Grasset, 1991.〔『われわれのあいだで——《他者に向けて思考すること》をめぐる試論』合田正人・谷口博史訳、法政大学出版局、1993年〕

(2) 参照した各国語訳

Vom Sein zum Seienden. übersetzt von Anna Maria Krewani und Wolfgang Nikoraus Krewani, Freiburg / München, Karl Alber, 2008.

(3) 参照した二次文献

Angelova, Emilia, "Time's Disquiet and Unrest: The Affinity between Heidegger and Levinas," in *Between Levinas and Heidegger*, John E. Drabinski and Eric P. Nelson

(eds.), Albany, State University of New York Press, 2014, pp. 85–108.
Bernet, Rudolf, « Lévinas et l'ombre de Heidegger », dans *Revue philosophique de Louvain*, n° 4, 2002, pp. 786–793.
Bovo, Elena, « Le temps, cette altérité intime. La critique de la temporalité husserlienne par Lévinas », dans *Cahiers d'études lévinasiennes*, n° 1, 2002, pp. 7–20.
Ciocan, Cristian, « Le problème de la corporéité chez le jeune Levinas », dans *Les études philosophiques*, n° 105, 2013, pp. 201–219.
Courtine, Jean-françois, *Levinas. La trame logique de l'être*, Paris, Hermann, 2012.
Dastur, Françoise, "Levinas and Heidegger. Ethics or Ontology?" in *Between Levinas and Heidegger*, John E. Drabinski and Eric P. Nelson (eds.), Albany, State University of New York Press, 2014, pp. 133–158.
Legros, Robert, « L'expérience originaire du temps. Lévinas et Husserl », dans *Cahiers d'études lévinasiennes*, n° 1, 2002, pp. 77–79.
Raffoul, François, "Responsibility for a Secret: Heidegger and Levinas," in *Heidegger, Levinas, Derrida: The Question of Difference*, Lisa Foran and Rozemund Uljée (eds.), Basel, Springer International Publishing AG, 2016, pp. 133–147.
Vanni, Michel, „Oubli de l'autre et oubli de l'être. Une étrange proximité entre Heidegger et Lévinas", in *Phänomenologische Forschungen*, Ernst Wolfgang Orth und Karl-Heinz Lembeck (Hrsg.), Neue Folge 4, Freiburg / München, Karl Alber, 1999, pp. 77–92.

III　ポール・リクール

(1) リクールの著作

HF　*Philosophie de la volonté. Tome II : finitude et culpabilité*, I. *L'homme faillible*, Paris, Seuil, 1960.〔『人間この過ちやすきもの——有限性と有罪性』久重忠夫訳、以文社、1978 年〕
CI　*Le conflit des interprétations*, Paris, Seuil, 1969.
TR1　*Temps et récit. Tome I : l'intrigue et le récit historique*, Paris, Seuil, 1983.〔『時間と物語Ⅰ　物語と時間性の循環　歴史と物語』久米博訳、新曜社、1987 年〕
TR3　*Temps et récit. Tome III : le temps raconté*, Paris, Seuil, 1985.〔『時間と物語Ⅲ　物語られる時間』久米博訳、新曜社、1990 年〕
SA　*Soi-même comme un autre*, Paris, Seuil, 1990.〔『他者のような自己自身』久米博訳、法政大学出版局、1996 年〕

(2) 参照した二次文献

Bourgeois, Patrick L., « Ricœur between Levinas and Heidegger: Another's Further Alterity », dans *Bulletin de la Société Américaine de Philosophie de Langue Française*, Vol. 11, 1999, pp. 32–51.

Bourgeois, Patrick L. and Schalow, Frank, *Traces of Understanding: A Profile of Heidegger's and Ricœur's Hermeneutics*, Amsterdam / Atlanta, GA: Rodopi B. V., 1990.

Greisch, Jean, « Témoignage et attestation », dans *Paul Ricœur. L'herméneutique à l'école de la phénoménologie*, Jean Greisch (dir.), Paris, Beauchesne, pp. 305–326.

Jervolino, Domenico, *Paul Ricœur. Une herméneutique de la condition humaine*, Paris, Ellipses, 2002.

Kemp, Peter, « Ricœur entre Heidegger et Levinas. L'affirmation originaire entre l'attestation ontologique et l'injonction éthique », dans *Paul Ricœur. L'herméneutique à l'école de la phénoménologie*, Jean Greisch (dir.), Paris, Beauchesne, pp. 235–259.

Sugimura, Yasuhiko, « Pour une philosophie de témoignage: Ricœur et Heidegger autour de l'idée d' « attestation » (Bezeugung) », dans *Études théologiques religieuse*, tome 80, n° 4, 2005, pp. 483–498.

Vanhoozer, Kevin J., "Philosophical Antecedents to Ricœur's *Time and Narrative*," in *On Paul Ricœur: Narrative and Interpretation*, David Wood (ed.), London, Routledge, 1991, pp. 34–54.

IV　ジャック・デリダ

(1) デリダの著作

HQ　*Heidegger: la question de l'Être et l'Histoire. Cours de l'ENS-Ulm 1964–1965*, Thomas Dutoit (dir.), Paris, Galilée, 2013.

VR　*La voix et le phénomène: Introduction au problème du signe dans la phénomenologie de Husserl*, Paris, PUF, 1967.〔『声と現象』林好雄訳、ちくま学芸文庫、2005年。『声と現象――フッサール現象学における記号の問題への序論』高橋允昭訳、理想社、1970年〕

ED　*L'ecriture et la différence*, Paris, Seuil, 1967.〔『エクリチュールと差異』合田正人訳、法政大学出版局、2013年。『エクリチュールと差異　上・下』若桑毅ほか訳、法政大学出版局、1977年〕

DG　*De la grammatologie*, Paris, Minuit, 1967.〔『根源の彼方に――グラマトロジーについて　上・下』足立和浩訳、現代思潮新社、1976年〕

M　*Marges de la philosophie*, Paris, Minuit, 1972.〔『哲学の余白　上・下』高橋允昭・藤本一勇訳、法政大学出版局、2007年〕

PO　*Positions*, Paris, Minuit, 1972.〔『ポジシオン』高橋允昭訳、美成社、1981年〕

(2) 参照した二次文献

Bernet, Rudolf, „Differenz und Anwesenheit", in *Studien zu neueren französischen Phänomenologie: Ricœur, Foucault, Derrida*, Ernst Wolfgang Orth (Hrsg.), München, Karl Alber, 1986, pp. 51–112.

Critchley, Simon, *The Ethics of Deconstruction: Derrida and Levinas*, Oxford,

Blackwell Publischers, 1992.
Dastur, Françoise, « Derrida et la question de la présence: une relecture de *la voix et le phénomène* », dans *Revue de métaphysique et de morale*, n° 53, 2007, pp. 5–20.
———, *Déconstruction et phénoménologie. Derrida en débat avec Husserl et Heidegger*, Paris, Hermann, 2016.
Dillon, Martin C., "The Metaphysics of Presence: Critique of a Critique," in *Working through Derrida* (Studies in Phenomenology and Existential Philosophy), Gary B. Madison (ed.), Evanston, Northwestern University Press, 1993, pp. 189–203.
Evans, Joseph Claude, *Strategies of Deconstruction: Derrida and the Myth of the Voice*, Oxford, University of Minnesota Press, 1991.
Ferry, Luc, et Renault, Alain, *La pensée 68*, Paris, Gallimard, 1985.〔『68年の思想——現代の反 - 人間主義への批判』小野潮訳、法政大学出版局、1998年〕
Janicaud, Dominique, "Presence and Appropriation. Derrida and the Question of an Overcoming of Metaphysical Language," in *Research in Phenomenology*, Vol. 8, 1978, pp. 67–75.
Lawlor, Leonard, "Phenomenology and metaphysics: Deconstruction in *La voix et le phénomène*," in *Journal of the British Society for Phenomenology*, Vol. 27, No. 2, 1996, pp. 116–136.
Marrati, Paola, *La genèse et la trace: Derrida lecteur de Husserl et Heidegger*, Dordrecht / Boston / London, Kluwer Academic Publishers, 1998.
Sallis, John, "Heidegger / Derrida — Presence," in *Journal of Philosophy*, No. 81, 1984, pp. 594–601.
Sheehan, Thomas, "Derrida and Heidegger," in *Hermeneutics and Deconstruction*, Hugh J. Silverman (ed.), Albany, State University of New York press 1985, pp. 201–218.

V　そのほかの参考文献

(1) 外国語文献

Kant, Immanuel, *Kritik der reinen Vernunft* (1781). Nach der ersten und zweiten Originalausgabe herausgegeben von Jens Timmermann, Philosophische Bibliothek Bd. 505, Hamburg, Felix Meiner, 1998.〔『カント全集　4～6　純粋理性批判　上・中・下』有福孝岳・久呉高之訳、岩波書店、2001-2006年。引用にさいしては、略号KrVの後に第一版（= A）と第二版（= B）の頁数を示す。〕
Hegel, Georg Wilhelm Friedrich, *Enzyklopädie der philosophischen Wissenschaften im Grundrisse* (1830), sechste Aufl., Friedhelm Nicolin und Otto Pöggeler (Hrsg.), Hamburg, Felix Meiner, 1959.〔『ヘーゲル全集　2a・b　自然哲学　哲学体系2』加藤尚武訳、岩波書店、1996年〕
Husserl, Edmund, „Zur Phänomenologie des inneren Zeitbewusstseins", in *Jahrbuchs für Philosophie und phänomenologische Forschung*, Bd. IX, 1928, pp. 367–498.〔『内的時間

意識の現象学』谷徹訳、ちくま学芸文庫、2016年。『内的時間意識の現象学』立松弘孝訳、みすず書房、1967年〕

Valéry, Paul, *L'idée fixe* (1832), 49e éd., Paris, Gallimard, 1934.〔『ヴァレリー集成VI』恒川邦夫・松田浩則編訳、筑摩書房、2012年〕

(2) 日本語文献

アリストテレス『新版 アリストテレス全集　第4巻　自然学』内山勝利・神崎繁・中畑正志編、岩波書店、2017年。『アリストテレス全集　第3巻　自然学』出隆・岩崎允胤訳、岩波書店、1968年。

セーレン・キルケゴール『不安の概念』斎藤信治訳、岩波文庫、1951年。

プラトン『プラトン全集　IV　パルメニデス　ピレボス』水地宗明・田中美知太郎訳、岩波書店、1975年。

【著　者】

峰尾　公也（みねお　きみなり）

1986年、東京都生まれ。2018年、早稲田大学大学院文学研究科哲学コース博士後期課程単位取得退学。現在、早稲田大学非常勤講師。
主要業績:「ハイデガー、デリダ、現前性の形而上学――その「批判」の解明」（『終わりなきデリダ――ハイデガー、レヴィナス、サルトルとの対話』齋藤元紀・澤田直・渡名喜庸哲・西山雄二編、法政大学出版局、2016年）。「時間性のアポリアの詩的解決――リクールのハイデガー解釈について」（『実存思想論集 XXXII』実存思想協会編、理想社、2017年）。

ハイデガーと時間性の哲学――根源・派生・媒介

2019年8月10日　発行

著　者　峰尾　公也
発行所　株式会社　溪水社
広島市中区小町1-4（〒730-0041）
電話 082-246-7909　FAX082-246-7876
e-mail: info@keisui.co.jp
URL: www.keisui.co.jp

ISBN978-4-86327-484-6 C3010